本书出版受湖北省社科基金项目（项目号：2015057）和文华学院博士基金项目（项目号：2013Y03）资助

光明社科文库
GUANGMING DAILY PRESS:
A SOCIAL SCIENCE SERIES

·教育与语言书系·

王念孙的古音学和
《读书杂志》研究

彭晓艳 | 著

光明日报出版社

图书在版编目（CIP）数据

王念孙的古音学和《读书杂志》研究 / 彭晓艳著
. -- 北京：光明日报出版社，2022.5
ISBN 978 - 7 - 5194 - 6609 - 1

Ⅰ.①王… Ⅱ.①彭… Ⅲ.①汉语—上古音—研究
Ⅳ.①H111

中国版本图书馆 CIP 数据核字（2022）第 087433 号

王念孙的古音学和《读书杂志》研究
WANGNIANSUN DE GUYINXUE HE《DUSHUZAZHI》YANJIU

著　　者：彭晓艳			
责任编辑：李壬杰		责任校对：阮书平	
封面设计：中联华文		责任印制：曹　净	

出版发行：光明日报出版社
地　　址：北京市西城区永安路 106 号，100050
电　　话：010 - 63169890（咨询），010 - 63131930（邮购）
传　　真：010 - 63131930
网　　址：http://book.gmw.cn
E - mail：gmrbcbs@ gmw.cn
法律顾问：北京市兰台律师事务所龚柳方律师

印　　刷：三河市华东印刷有限公司
装　　订：三河市华东印刷有限公司
本书如有破损、缺页、装订错误，请与本社联系调换，电话：010-63131930

开　　本：170mm×240mm
字　　数：291 千字　　　　　印　　张：19
版　　次：2022 年 5 月第 1 版　　印　　次：2022 年 5 月第 1 次印刷
书　　号：ISBN 978 - 7 - 5194 - 6609 - 1
定　　价：98.00 元

序　言

　　本书是在作者博士论文的基础上修改而成的。彭晓艳当年在武汉大学攻读博士时，我们师生曾为博士论文选题进行过相当长时期的探索。曾经想校勘《文苑英华》中所收唐代的省试诗，但由于无法超过傅增湘而放弃了。后来，又开始研究朱骏声的《说文通训定声》，重点在其对字词义项系统的整理，但工作量太大了，无法在攻博这有限的几年内完成，不过，晓艳很有毅力，她不轻言放弃，她发现该书中的"别义"一项颇具特色，能反映朱骏声义项系统整理工作的特点，且这一项别人研究较少，于是穷尽性搜集资料，写成了高水平的学术论文。通过这件事，我知道了晓艳特别能吃苦，不但沉得下心做材料收集整理工作，而且不缺乏敏锐的眼光和缜密的思考能力。于是，我们最终选择了"王念孙的古音学和《读书杂志》研究"这个难度系数相当高的题目。

　　学界对王念孙的古音学有研究，对其《读书杂志》的研究也不少，但是，对王念孙在撰写《读书杂志》时是如何运用自己的古音学的，《读书杂志》是如何反映王念孙的古音学及其变化的，对诸如此类涉及两者关系的问题，罕见有人深入加以研究。而要做这项工作，说空话是没有用的，只有老老实实研读原著，钩稽材料，并将之与王念孙有关古音学的论述加以对比。

　　对于王念孙的古音学，作者也没有停留在一般的介绍中，而是仔细阅读《释大》等原始文献，深入理解其古声分组、古韵分部的精髓。接下来的问题是如何展现《读书杂志》对王念孙古音学学说的运用，一般的写法往往是马上举一些训诂方面和校勘方面的例子。但晓艳采用先从大处着眼的思路，先紧紧抓住《读书杂志》在对古籍字词的新解中所表现出的"通"与"隔"的判断，正是这些判断最能反映其古音学。所以，该书第一章抓住"声组相通"、第二章抓住"韵部相转"这些关键问题，从而取得了纲举目张、高屋建瓴的效果。第三章研究《读书杂志》在重新训解古代群籍中的字词时如何运用自己的古音学理论，抓住了破假借、系同源和辨连语三个重点。第四章研究《读书杂志》在重新校勘古代群籍时因为握有古音学的利器而独具慧眼的实例，重点在研究其如何运用古音学辨别音近而误、辨别韵文失韵以及一些因不明假借而致误的情况。最后一章，站在今天的学术立场和视野，研究王念孙在古音学方面和古音学应用方面的失误。这些研究都进行得井井有条，有理有据，新见迭出。我想这与晓艳在写博士论文之前对《文苑英华》的校勘、对《说文通训定声》的研究不无关系，正是因为博士论文定题之前的广泛涉猎和大量训练，再加上定题之后对《读书杂志》及其相关古籍的深入研读，才使得她能够写出这样一部材料翔实、功底扎实、干货满满的好著作。

罗积勇

2021 年秋于武汉大学

前　言

　　《读书杂志》是清代杰出的小学大家王念孙撰写的一部读书札记类著作，记录了王念孙晚年研究一些史部书、子部书和集部书的学术成果。《读书杂志》校读的古籍有《逸周书》《战国策》《史记》《汉书》《管子》《晏子春秋》《墨子》《荀子》《淮南子》及研究汉代碑文的材料，王念孙去世后，其子王引之从他的遗稿中整理出《读书杂志余编》二卷，涉及的古籍包括《后汉书》《老子》《庄子》《吕氏春秋》《韩非子》《法言》《楚辞》和《文选》。王念孙的文字、音韵、训诂之学功力深厚，成就斐然，他在校读古籍的过程中，综合运用各种知识，古音学的应用尤其值得后人探索和研究。

　　本书以《读书杂志》文本作为主要研究对象，旨在对王念孙的古音学理论（包括古声母、古韵部和古声调）进行全面而深入的研究，并以现代古音学理论和成果作为对照，对王念孙的古音学理论在具体的校释实践中的指导意义作一些探讨。涉及的问题主要有：王念孙古音学理论的形成过程和理论构架，王念孙古音学在《读书杂志》训诂实践中的应用，王念孙古音学在《读书杂志》校勘实践中的应用，以及《读书杂志》在运用古音学进行训诂和校勘时偶尔出现的失误。主要内容如下：

　　一、绪论。本章主要概述四个方面的问题：第一，王念孙的生平及其学术活动简介，重点放在和《读书杂志》有关的活动方面。第二，乾嘉时期的学术特色和王念孙的学术特点。着重介绍王念孙不据守一家而淹通的学术特色，以及和清代其他主要学者的学术往来。第三，古音学在古籍研究中的作用。主要阐述从许慎时代到段、王时代，语文学研究史上从重形到重声的变化。清代语言学研究达到高峰的重要原因是古音学的发展。第四，王念孙的古音学和《读书杂志》关系的研究现状。此处除了对现代学术界对《读书杂志》的研究现状进行阐述外，也特别说明针对王念孙的古音学在《读书杂志》中的实践这方面的研究尤有不足。

二、王念孙的上古声纽体系和《读书杂志》。根据王国维的考证和《释大》的编排体例，挖掘和再现了王念孙的上古二十三声纽体系，说明了王念孙二十三声纽对中古声纽的归并情况。介绍了王念孙上古声纽体系的来源，特别是戴震的古声"同位""位同"说对王念孙的影响。以《读书杂志》语料为考察对象，勾选出有关声母相近而通的条目，分析它们的相通类型，并对之进行评说，如对"古无轻唇音"的接受，舌头音对舌上音的归并，中古喻母在上古的归类，舌齿音的关系，以及牙舌音的相通等。

三、王念孙的古韵学和《读书杂志》。王念孙对古韵分部的贡献有四点：缉、盍部的独立，分出至部，分出祭部，给侯部配上入声。王念孙的古韵二十一部向二十二部的发展。以《读书杂志》语料为考察对象，介绍了《读书杂志》校释中有关韵部相通转的实际。勾选出《读书杂志》中直接言明古韵分合的材料，真实再现王念孙的一些古韵分合理论，如可以相通的韵部有文元、鱼宵、之蒸、歌元、侯东、东幽、蒸侵等，不能相通的韵部有之脂、职月、微鱼、歌侵、缉质、职铎等。另外简单介绍了王念孙主张上古有平上去入四个声调的说法。

四、王念孙的古音学在《读书杂志》训诂实践中的应用。第一，概述王念孙训诂实践的理论基础，即古音学理论、音转学理论以及对音义关系的认识。第二，论述了王念孙的古音学在《读书杂志》破读假借实践活动中的作用，介绍了王念孙破读假借的语音原则，训释假借字时对本字和本义的认定，同音假借和同源通用的假借类型。第三，论述了《读书杂志》揭示同源词的方法主要有三：用声训法说解；透过音转现象考察；根据右文声符归纳。第四，介绍了《读书杂志》中对一词多义现象的说解。第五，论述了王念孙的连语理论，以及和双声叠韵字、复语、平列上下同义的关系。

五、王念孙的古音学在《读书杂志》校勘实践中的应用。主要从下面几个方面进行论述：辨明声之误；纠正失韵；辨别讹字和假借字；纠正传抄者和注释家因古书假借造成的错误。

六、王念孙古音学理论和应用中有待商榷之处。古音方面存在古声组体系不完善、古韵分部不足、古韵部相转和不相转的矛盾等；训诂校勘方面：偶尔有以今音说解古字的现象，审音不当导致训诂说服力不足，对"失韵"校勘有时存在失误，等等。

由于本书以传统语言学为视角，为方便读者阅读，故需要就一些问题做如下说明：

一、本书加以对照的古音体系主要依据王力先生的研究成果。具体用字的古音归类主要依据唐作藩先生编著的《上古音手册》（江苏人民出版社，1982 年版），理由有三：第一，该手册所据的上古韵部，取自王力先生的十一类三十部；第二，该手册根据前人研究成果所定的三十二上古声组，和王力先生的声组体系基本一致；第三，该手册对上古声调的处理，主要采取王念孙和江有诰认为上古有平上去入四个声调的主张。用字的中古音归类主要依据丁声树编录的《古今字音对照手册》（中华书局，1981 年版）。

二、本书所考察的《读书杂志》文本，以江苏古籍出版社 2000 年 9 月第一版为底本。其理由是：该本是以王氏家刻本为底本影印的，材料真实可信；该本为一册，编有统一的页码，又备有索引，查找翻阅方便。

三、本书对《读书杂志》校释中所揭示古声组、古韵部关系的考察和统计，完全出于作者对《读书杂志》阅读理解的程度，其遗漏在所难免；对所引《读书杂志》原文进行断句，所作的标点，由于各种原因，可能有的会有误判；对《读书杂志》所引用的古籍文献，没有进行一一校对，也就是说，《读书杂志》有时引错了，作者也会跟着错，但并不妨碍对其中所训字词的古音分析。

四、本书在引用《读书杂志》条目时，尽可能保持其完整性，但由于有些条目过长又与本文研究对象关联不大，就删除多余部分，有的不做额外说明，有的根据需要在删除的部分用"……"表示；本书对引文出处的标示，有的注明词条、页码和出处，如"請對以臆"（第 137 页，《史记·屈原贾生列传》），有的注明页码和词条，如（第285页，"肺附"条），各依需要而定，没有本质的区别；本书所用的字体为简体字，但为了解说的需要，对引用的《读书杂志》的引文保留繁体字。

　　五、本书研究的基本方法是：（一）本体研究，立足于《读书杂志》文本，采取分析和描写相结合的方法，力求详尽地统计有关的例子和类型，再进行分类。（二）比较研究，采用横向比较和纵向比较相结合的方法。（三）对相关理论的研究采用逻辑推理和事实现象相联系的方法。

目 录
CONTENTS

绪　论

第一节　王念孙生平及其学术活动简介

王念孙（1744—1832），字怀祖，号石臞，亦号石渠①，江苏高邮人，与其子王引之被称为"高邮王氏父子"，以小学闻名天下。王念孙幼有神童之誉，四岁读《尚书》，随口成诵。八岁学为制义，提笔便能撰写整篇文章。十岁时已经读完了《十三经》，同时对子书和史书也有所涉及。② 乾隆二十一年（1756 年，王念孙十三岁），其父王安国延请当代硕儒戴震为之授学，念孙从之学习一年，为以后的学术活动打下了扎实的小学基础。乾隆二十二年（1757 年，王念孙十四岁），父王安国在京邸去世，王念孙乃扶柩回到高邮，从师于翰林院侍讲夏啸门。丧期结束后，参加会试，州试为第二，府院试皆为第一。乾隆三十年（1765 年，王念孙二十二岁），乾隆皇帝巡幸江南，王念孙以大臣子迎接銮驾，因献颂册而被诏赐举人。乾隆三十一年（1766 年，王念孙二十三岁）、乾隆三十四年（1769 年，王念孙二十六岁）、乾隆三十七年（1772 年，王念孙二十九岁），三次入京参加会试，皆不第。乾隆

---

① 因为王念孙身材瘦削，面庞清瘦，所以自号"石臞"。又号"石渠"者，一则因"石渠"与"石臞"谐音，更重要的是反映了王念孙对汉学的向往和尊崇，《汉书·刘向传》中说到"讲论五经于石渠"，石渠是西汉皇宫藏书的阁名，也是儒生们讲论经书的处所。

② 徐士芬. 王公念孙事略状 ［M］//罗振玉. 高邮王氏遗书. 南京：江苏古籍出版社，2000：9.

四十年（1775年，王念孙三十二岁）中进士，选翰林院庶吉士。乾隆四十五年（1780年，王念孙三十七岁）入都，供职翰林院，正式步入仕途。后补行散馆，改工部主事，升郎中，擢山西道御史，转吏科给事中。嘉庆四年（1799年，王念孙五十六岁），首劾大学士和珅，疏语援据经义，大契圣心。从这一年开始，王念孙多年任河道之职，他"精熟水利书，官工部，著《异河议》上下篇。乃奉旨纂《河源纪略》，议者或误指河源所出，念孙力辩其讹，议乃定，《纪略》中《辩讹》一门，念孙所撰也"。他对水利书的熟稔在《读书杂志》对古书的校勘中有直接的体现。嘉庆十五年（1810年，王念孙六十七岁）因永定河水异涨，南北两岸同时漫溢，获罪以六品休致，并应赔偿河工堵筑漫口例银一万七千二百五十九两，这笔赔偿与其子引之一共还了十几年才算完缴。王念孙罢职后，被其子王引之迎养于京邸，终日以著述自娱。道光十二年（1832年）卒于北京寓所，年八十有九。①

王念孙从小熟读经史子集之书，从少年时就喜欢与前辈和同辈学者交游，唱和歌诗，切磋学问。乾隆三十一年（1766年），王念孙入京会试，不第后第二年，和任大椿一起游历多地，赋诗二十首，编为《丁亥诗钞》一卷，多为写志之佳作。在京时，得到江永的《古韵标准》进行研读，得知顾炎武所分古韵的十部，还有罅漏之处。回到高邮后，取《诗经》三百零五篇、九经、《楚辞》反复研究探讨，发觉江氏所分的十三部，仍未近善，于是重加釐定，分古韵为二十一部，于支、脂、之三部之分，段玉裁《六书音均表》亦见及此，其分至、祭、盍、辑为四部，则段书所未及也。念孙以段书先出，遂辍作。② 乾隆四十一年（1776年），王念孙中进士后，乞假回乡，至乾隆四十五年（1780年）之间四年，独居于高邮湖滨精舍，以读书著述为事，常不理人事，广搜博采，写下了大量的音韵训诂书稿笔记，对先秦两汉群书音韵训诂作了大规模的综合研究工作，为日后校释群书，考证经义作好了学术研究上的充分准备。在此期间，写就的书稿大致有：《方言疏证补》《毛诗群经楚辞古韵谱》《雅诂表》《尔雅分韵》《方言广雅小尔雅分韵》《古

① 有关王念孙的生平事迹可参阅赵尔巽《清史稿》卷四八一《儒林传二·王念孙传》第13211页至第13212页、阮元《王石臞先生墓志铭》《清儒学案》卷一百、《张舜徽集·清代扬州学记》第74页等。
② 《雅诂表》二十一册即以古韵二十一部为纲，将古书训诂列成二十一表。

音义杂记》《雅诂篡》《叠韵转语》《周秦韵谱》《两汉合韵谱》《谐声谱》《古音索隐》《雅音释》《逸周书战国策合韵谱》《说文谐声谱》《谐声表》，加上此前写就的《群经字类》《六书正俗》《说文考正》《读说文札记》等书稿，可谓是蔚为大观。① 这个阶段王念孙的学术活动主要是以自己所考定的古韵二十一部为基础，编写各种古韵谱，以及依韵分类，对古书进行训诂。

王念孙在京任职期间，曾参与校对《四库全书》，对他以后的学术活动打下了更深厚的文献基础。王念孙从乾隆五十二年（1787 年，时四十四岁）开始写作《广雅疏证》，日三字为程，阅十年而书成，凡三十二卷。王引之曰："（王念孙）官御史时，治事之余，必注释《广雅》，日以三字为率，寒暑无间，十年而成书，凡二十二卷，名曰《广雅疏证》。学者比诸郦道元之注《水经》，注优于经云。《疏证》校订甚精，援引甚确，断制甚明。尤善以古音求古义而旁推交通，辟先儒之困奥，作后学之津梁，为自来训诂家所未有。金坛段茂堂先生为之序，且诒书云：'读《疏证》如入武陵桃园，取径幽深而其中旷朗。'盖知之深也。"② 其书就古音以求古义，引申触类，扩充于《尔雅》《说文》，无所不达。其书和段玉裁的《说文解字注》一样是我国 18 世纪最重要的语言学著作之一，是我国传统"小学"研究进入近代语言学研究的标志之一 。段玉裁曾对此书推崇备至，他在《广雅疏证序》中云："小学有形、有音、有义，三者互相求，举一可得其二；有古形、有今形，有古音、有今音，有古义、有今义，六者互相求，举一可得其五。……怀祖氏能以三者互求，以六者互求，尤能以古音得经义，盖天下一人而已矣。"③国学大师黄侃先生曾说："训诂书如王氏《广雅疏证》、郝氏《尔雅义疏》之类，郝疏较王疏为疏略。王氏书在四种中最为精密，其发明以声音穿串训诂之法，则继往开来，成小学中不祧之祖。"④ 王念孙能得到如此高的评价在语言学著作中是少有的。

嘉庆十五年（1810 年，王念孙六十七岁），王念孙罢职后，开始正式校

---

① 参阅《高邮王氏遗书》和王国维的《高邮王怀祖先生〈训诂音韵书稿〉叙录》。

② 王引之. 石臞府君形状［M］//罗振玉. 高邮王氏遗书. 南京：江苏古籍出版社，2000：13.

③ 王念孙. 广雅疏证［M］. 北京：中华书局，2004：1.

④ 黄侃述，黄焯. 文字声韵训诂笔记［M］. 上海：上海古籍出版社，1983：7.

释史书和子书，直到去世前，校完十种，编就八十二卷，定名为《读书杂志》。一般认为《读书杂志》为王念孙晚年的作品，《清史稿》载："念孙罢官后，日以著述自娱，著《读书杂志》，分《逸周书》《战国策》《管子》《荀子》《晏子春秋》《墨子》《淮南子》《史记》《汉书》《汉隶拾遗》，都八十二卷。于古义之晦，于钞之误写、校之妄改，皆一一正之。一字之证，博及万卷，其精于校雠如此。"① 其书自嘉庆十七年（1812 年）陆续付梓，直到道光十一年（1831 年）刊成。实际上《读书杂志》开始写作的年代应早于罢官之年，"先生既罢职，乃以著述自娱。函取所校《淮南子内篇》重加校正，博考诸书以订讹误。由是校《战国策》《史记》《管子》《晏子春秋》《荀子》《逸周书》及旧所校《汉书》《墨子》附以《汉隶拾遗》，凡十种八十二卷，名曰《读书杂志》。"② 可见其中《汉书》《墨子》当时已经完稿，《淮南子内篇》也已有初稿。王念孙卒后，王引之从其父遗稿中整理出 260余条，刻为《读书杂志余编》二卷，上卷《后汉书》21 条、《老子》4 条、《庄子》35 条、《吕氏春秋》38 条、《韩子》14 条、《法言》8 条，下卷《楚辞》26 条、《文选》115 条。这就是今天我们所见到的《读书杂志》的全貌。是书写作跨越年代之久，材料选取之丰富，世所罕见。王念孙的《读书杂志》是乾嘉时期最重要的代表著作之一。《读书杂志》以分条札记的形式对各书的字词或语句进行考释校订，属于笔记体著作。清代撰写笔记的风气很盛，但一般文人只是在读一些著作时，记下自己或别人的观点、体会，并非以做学问为主，但《读书杂志》则有明显的不同，具有纯粹的学术专著的独特风格。

王念孙一生著述颇丰，不仅数量多，而且涉及面广，"王氏诸书，既多流传，非但治训诂、校雠者奉为宗匠，研读古籍者受其资益，即治古代历史及典制、名物、历算、地理者亦多采用其说，其说不可谓不煊赫矣。"③ 其中最重要，最受时人和后人推崇的当是《广雅疏证》和《读书杂志》，此二书

---

① 《清史稿》卷四八一《儒林传二·王念孙传》第 13212 页。

② 罗振玉辑《高邮王氏遗书》第 31 页王引之《石臞府君形状》，第 10 页徐士芬《王公念孙事略状》所载亦同。

③ 萧璋. 王念孙父子治学之精神与方法——纪念王念孙诞生二百周年 [J]. 思想与时代周刊, 1944, 11 (37)：23.

和其子引之的《经义述闻》《经传释词》，成为人们津津乐道的"高邮王氏四种"。除了"王氏四种"之外，王念孙少年时期所著的《释大》① 也是值得一提的。这是我国训诂学史上第一篇系统地研究同源词的专门论文，以声母为纲，分为 8 卷，第 8 卷还未来得及定稿。王念孙虽然并不否定因形求义这种重要的训诂方法，但他更注重语言的声音和意义的相依关系，他知道语音是语义的物质载体，他在《广雅疏证自序》中云："窃以为训诂之旨，本于声音。故有声同字异，声近义同，虽或类聚群分，实亦同条共贯。譬如振裘必提其领，举网必挈其纲。"②

王念孙从小熟读经史子书，少年时就打下了良好的学问功底，穷毕生精力研究各种古籍中的疑难词语和讹误，加上他衣食无忧的生活以及罕有的长寿，使他有条件成为超越前人，甚至同时代人的大学问家。他的研究范围涉及经史子集，他的研究方法遍及文字、音韵、训诂、校勘、辑佚、辨伪甚至语法等多方面。翁方纲曾经称赞他"识过铉锴两徐而上，学居后先二郑之间"。③ 确实不是溢美之词。

第二节 乾嘉时期的学术特色和王念孙的学术特点

王国维以一个"精"字来概括乾嘉时期的学术特色，他在总结清代学术的时候说："国初之学大，乾嘉之学精，而道咸以来之学新。"④乾嘉学术以精湛独步古今，其时文字学、音韵学、校勘学、辑佚学等，都成为专门的学问而蔚成风气，专家辈出，他们往往由博转精，有的毕终生心力于某一专门

---

① 《释大》的著书时期，历来众说纷纭，有人认为是王念孙早年的著作，也有人认为是王念孙晚年的著作。从书中对文义的说解来看，应该是少年时的著作。（王章涛.王念孙王引之年谱［M］.扬州：广陵书社，2006：374-375.）

② 王念孙. 广雅疏证［M］. 北京：中华书局，2004：2.

③ 这是乾隆二十九年（1764 年），翁方纲赠给王念孙的楹贴。"铉锴两徐"指五代宋初的徐铉（人称"大徐"，校订《说文解字》）和徐锴（人称"小徐"，著有《说文解字系传》）。"后先二郑"指东汉著名的经学家郑玄（后郑）和郑众（先郑）。

④ 王国维. 沈乙庵先生七十寿序［M］//观堂集林：第 23 卷. 上海：上海书店，1983：583.

研究，用力专一，是学术史上罕见的。梁启超评价乾嘉学术云："以乾嘉学派为中坚之清代学者，一反明人空疏之习，专从书本上钻研考索，想达到他们所谓'事实求是'的目的。"① 这一评价充分概括了乾嘉学术"实"的特色。自清初顾炎武开创朴学风气，到乾嘉时期，考据学成了主要的学术，当时的学者主要以考证经史为要务，从而衍生出训诂、声韵、校勘、辑佚、名物、目录等专门的学科。范文澜说："自明清之际起，考据学是一种很发达的学问，自顾炎武启其先行，戴震为其中坚，王国维集其大成，其间卓然名家者数十人，统称为乾嘉考据学派。"② 那么乾嘉考据学派的学术特点是怎样的呢？漆永祥的评述最为中肯，他说："在考据学诸学科中，以小学为先导与枢纽，小学之中又绝重音韵学。四部书中经史子集兼治但又以经史为主。考据与义理兼治但又偏重考据；词章之学与释道之学被排斥在学术以外。"③ 这种分析充分抓住了乾嘉时期考据学家们朴实而又专精的学术特色。

在学术研究中，由于学术倾向、治学方法等的不同，常常有学术流派之争，汉代的今文学派和古文学派就是典型的代表。到了清代，随着学术活动在各个方面的空前繁荣，流派之别更多。乾嘉时期的学术流派最被人称道的通常有吴派、皖派和扬州学派，吴派以惠栋、钱大昕等为代表，皖派以江永、戴震等为代表，扬州学派则以王念孙王引之父子为代表。今人张舜徽这样评价三派的特点，"吴学最专，徽学最精，扬州之学最通。无吴、皖之专精，则清学不能盛；无扬州之通学，则清学不能大。"④

王氏父子最能体现扬州学派淹通的学术特点，他们不拘守一家，交友广泛，择善而从。"不为凿空之谈，不为墨守之见，聚讼之说，则求其是，假借之字，则正其解。熟于汉学之门径，而不囿于汉学之藩篱。"⑤ 王氏家族世代重视朱子之学，他们往往从宋儒朱熹那里吸收营养，注重"学问、人品、

① 梁启超. 中国近三百年学术史 [M]. 北京：商务印书馆，2011：216.
② 范文澜. 看看胡适的历史态度与治学方法 [M] //范文澜历史论文选集. 北京：中国社会科学出版社，1979：224.
③ 漆永祥. 乾嘉考据学研究 [M]. 北京：中国社会科学出版社，1998：2.
④ 张舜徽. 清代扬州学记·前言 [M] //张舜徽. 张舜徽集：第二辑. 武汉：华中师范大学出版社，2005：6.
⑤ 王寿昌. 伯申府君形状 [M] //罗振玉. 高邮王氏遗书. 南京：江苏古籍出版社，2000：43.

政事三者的同条共贯"。因此王念孙崇尚汉学，大力倡导汉学实事求是的治学风气，但又反对拘守汉学。他认为做学问应不守门户之见。而当时以惠栋为代表的吴派学者极力尊汉排宋，而崇尚宋学的方东树等学者针锋相对，极力反驳，他们的汉宋之争一度成为清代学术史上的大事。而王念孙以通达的学术胸怀和学术立场，赢得了汉宋两派学者的认可，如方东树从未对王念孙有过诋毁之语，可见王念孙实有调和汉宋的能力。王念孙通达的学术胸怀还表现在他博采众家之长的特点上，他虚心继承和接受前人或同时代学者的学术理论和学术成果，所以他在进行学术实践活动时，往往能精研博考，不参成见，采众家之长而糅合己意，取得了令人瞩目的学术成就。王念孙和段玉裁同受业于戴震，是继承和发展戴震之学的典范。和段玉裁的交往自不必多说，段为《广雅疏证》作序，王亦为《说文解字注》撰序。和江有诰、钱大昕、程瑶田、卢文弨、孔广森等学者都有学术上的交流，对他们的学说有驳正，也有引说肯定。比如，他在《汉书杂志》《史记杂志》中多次引用钱大昕《廿二史考异》中的观点。

　　王念孙"淹通"的学术特点不仅表现在学术立场方面，在学术领域方面也是值得称道的。王念孙作为具有通博学术特色的扬州学派的杰出代表，不仅精通文字、音韵、训诂之学，并以此为基础研究遍及经史子集。他的治学原则是"不取凿空之谈，亦不为株守之见，惟其义之平允而已"。① 他在文字学上的成就虽不如段玉裁突出，但他对《说文》学的研究也是很透彻的，《广雅疏证》《读书杂志》不时体现出他研究《说文》的卓见。他在训诂学方面的成就以《广雅疏证》一书足以为他赢得独步古今的地位。他的音韵学成就和戴震、段玉裁相比，毫不逊色。乾嘉时期的学者少有单纯治音韵者，他们治音韵的目的是为了给自己的学术活动构建音韵系统，如戴震以他的古音部为理论基础，撰写《转语二十章》②。段玉裁作《六书音均表》，以他的十七部古韵系统为基本框架，完成了《说文解字注》这部伟大的著作。王念孙更是将他的音韵学思想和成果，贯穿于他的整个学术研究活动中。他的古

---

① 王寿昌. 伯申府君形状 ［M］//罗振玉. 高邮王氏遗书. 南京：江苏古籍出版社，2000：14.

② 现已不存，只存《转语二十章序》载其主要观点。

音学见解和研究主要见于：《毛诗群经楚辞古韵谱》《与李方伯书》《与江晋三书》《与陈硕甫书》《与段玉裁书》《书钱氏〈答问〉地字音后》《六书音均表后》《重修古今韵略凡例》等，《释大》《广雅疏证》《读书杂志》《经义述闻》《经传释词》①等学术著作中不但体现了王氏的古音学思想，更重要的是王氏将自己的古音学思想和主张渗透到学术实践的各个方面，远远超出了"因声求义"的范围。

同时，这也反映出王念孙的另外一个重要的学术特点，即学术的实践性特点。王念孙在学术实践活动中，非常重视第一手材料并且广求证据。王念孙很少孤立地谈"训诂"或"校勘"，甚至他的古韵二十一部学说，不仅仅是为了治韵学。他往往把音韵、训诂、校勘等当作学术工具，其目的是能够正确地理解古籍文献。正如胡朴安所说："吾人读古书之目的，不仅明声音、训诂、名物之变迁而已，其最重要在于得古书之义理。……所以推求义理，当先以文字、声音、训诂、名物，求古书之真。然后据一种古书分析而综合之，比较而贯穿之，以得义理之所在。"② 这段话正符合王念孙重理论、重方法，更重实践的学术特点。

第三节　古音学在古籍研究中的作用

古音学在古籍研究中是非常重要的，主要表现在三个方面：一、正确认识古籍韵文的押韵；二、为训诂提供帮助；三、辅助校勘和订正古书在传抄过程中的讹误。

一、正确认识古籍韵文的押韵

六朝、隋唐时代的学者，根据当时的语音阅读古代有韵之文，常常会发

---

① 《经义述闻》是王引之闻于其父所作，也有王引之自己的见解，王念孙的见解用"家大人曰"，王引之的主张用"引之谨案"说明。《经传释词》亦多引王念孙所说。实际上王氏父子的学术观念基本是一致的，不必分得过于清楚，《广雅疏证》和《读书杂志》也多用"引之曰"。

② 胡朴安. 中国训诂学史［M］. 北京：商务印书馆，1937：341-342.

现在该押韵的地方韵脚不协和，他们一般用三种方式来处理这种情况。第一，临时改读认为不协和的韵脚字，以和其他的韵脚字押韵。第二，凭臆断更改认为不协韵的韵脚字以就韵。第三，就是陆德明的"韵缓"说，认为"古人韵缓，不烦改字"。"韵缓"之说比"协韵"，更比"改字"的做法有了明显的进步，已经对古今音异的事实有了模糊的认识。但真正开始研究古音，是从宋代开始的。

宋代的吴棫、郑庠开始研究古音，明代的陈第更是认识到语音演变的客观性和必然性，他在《毛诗古音考自序》中提出"时有古今，地有南北，字有更革，音有转移，亦势所必至"① 的主张，为清代古音学的研究指明了方向和奠定了基石。清初顾炎武《音学五书》（《音论》《诗本音》《易音》《唐韵正》《古音表》）的出现，其中"古诗无叶音"的主张、"离析《唐韵》求古音"的方法等，为古音学的研究不仅指明了方向，还提供了有系统有条理的研究方法。此后，一发不可收拾，清代的学者少有不以研究古音为要务的。江永、钱大昕、戴震、孔广森、段玉裁、朱骏声、王念孙、江有诰等一大批学者，纷纷沿着顾炎武开辟的道路，对古音理论特别是古韵的分部做了深入的研究，并有了清醒的认识。到江有诰、王念孙分古韵为二十二部为止，清代考古派的古音学已经到了登峰造极的阶段，后来的学者，甚至近现代的学者，只在入声的独立等少数问题上有所突破。正是因为古音学昌明，清代的学者已经能正确认识古代有韵之文押韵的事实，对古文韵脚字的处理和韵例的分析都有了科学的认识。

二、为训诂提供帮助

梁启超说："小学本经学附庸，音韵学又小学附庸，但清儒向这方面用力最勤，久已蔚为大国了。方才说，他们最大的贡献在训诂。他们为什么能有这种贡献？就因为小学、音韵学成为专门之业。"② 这段话申明了音韵学在对古书进行训诂时的重要作用。

---

① 陈第. 毛诗古音考 [M]. 康瑞琮，点校. 北京：中华书局，2011：7.
② 梁启超. 中国近三百年学术史 [M]. 北京：商务印书馆，2011：247-248.

从许慎时代到段、王时代一千七百年的中国古代语言学①，一直是重形不重音的。随着时地的变迁、口语的消失，对于古代的书面语言，人们仿佛只能通过文字形体才能达到对其思想内容的认识，文字形体仿佛是直接表示概念的。虽然汉代的声训、南唐徐锴的《说文系传》②、北宋的右文说，也注意到音义之间的关系，注意到音在语言中的作用，但仍然没有突破字本位的思想。直到段、王时代才彻底打破了这一藩篱。可以说，中国古代语言学发展到清代，特别是到乾嘉时代，取得了前所未有的成就。乾嘉时期是"清代语言学的高峰，也是中国古代语言学最为辣桀的一个高峰"。③ 王力先生认为："到了第三期的清儒手里，才算真正搞起科学研究来了，具体表现在搜集和鉴别材料，充分掌握材料，用观点来处理材料，得出一些科学的结论，发前人所未发。"④ 这一时期的杰出代表当数段玉裁和王念孙，"他们的著作是中国语言学走上科学道路的里程碑。"⑤ 段、王受以反切发生、韵书出现为标志的音韵学的影响，又接受了陈第等人的历史语音观念⑥，以古音学为中心来研究古代文献，将古代语言学推向了一个崭新的阶段。清代的古音学为训诂学提供了许多帮助，其中最精彩的是清儒们把古音学带入了训诂学的语义研究当中。段玉裁《广雅疏证·序》云："小学有形、有音、有义，三者互相求，举一可得其二。有古形、有今形，有古音、有今音，有古义、有今义，六者互相求，举一可得其五。……圣人之制字，有义而后有音，有音而后有形。学者之考字，因形以得其音，因音以得其义。治经莫重于得

---

① 王力先生说："在鸦片战争以前，中国的语言学，基本上就是语文学。"王力. 中国语言学史·前言［M］. 上海：复旦大学出版社，2006：2. 为了表述方便，我们仍采用"语言学"的说法，但其实质和现代所说的语言学是有区别的。

② 徐氏《说文系传》开始注意从声音上探讨字义。一方面他注意到谐声字的意义有时可以与其声旁相通，有时同声旁的谐声字也可相通；另一方面他有时用声韵相同的字去说明字的相类似。他的这种考索字义的方法可以说是乾嘉学者"因声求义"理论的前驱。

③ 何九盈. 中国古代语言学史［M］. 北京：北京大学出版社，2006：239.

④ 王力. 中国语言学史·前言［M］. 上海：复旦大学出版社，2006：173. 王力把中国语言学分为四个时期：第一个时期是经学时期，以疏解经义为目的；第二个时期是佛学与理学时期，以阐述章句为中心；第三个时期是经学复兴时期，清儒在研究方法上超越前人；第四个时期是西学东渐时期，以资产阶级语言学为主流。

⑤ 王力. 中国语言学史·前言［M］. 上海：复旦大学出版社，2006：133.

⑥ 陈第说："时有古今，地有南北，字有更革，音有转移，亦势所必至。"

义，得义莫切于得音。"王念孙《广雅疏证·自序》云："窃以训诂之旨，本于声音。故有声同字异，声近义同；虽或类聚群分，实亦同条共贯。譬如振裘必提其领，举网必挈其纲。故曰：'本立而道生'，'知天下之至赜而不可乱也'。……今则就古音以求古义，引申触类，不限形体。"王念孙《说文解字注·序》云："训诂声音明而小学明，小学明而经学明，盖千七百年来无此作矣。"朱骏声《说文通训定声自叙》云："不知假借者，不可与读古书。不明古音者，不足以识假借。"因此，乾嘉时期的许多学者，不光在音韵研究上有很大的建树，而且还把自己的研究成果应用到文字、训诂研究中去，作出了很大的成绩。这之后的学者运用音韵学知识来识假借、推同源、辨连语等，解决了一系列前人没有解决的问题。

三、辅助校勘和订正古书在传抄过程中的讹误

古书经过历代流传钞刻，讹误较多，后代的注释年代久远之后，也变得不可尽信。清代俞樾在《古书疑义举例·序》中说："执今日传刻之书，而以为是古人之真本，譬犹闻人言笋可食，归而煮其箦也。"① 所以要读通古书，必须首先要做一番校勘的工作。俞樾又在《札迻序》中说："欲使我受书之益，必先使书受我之益。"② 说的就是这个道理。要恢复古书原貌，辨析传注真伪，需要用到许多种知识，如文字学、训诂学、社会学、历史学等，其中音韵学的利用就是非常重要的一环。在先秦两汉古籍中，韵文较多。因为时代久远以及声音的历时变迁，失韵情况严重，离开了音韵学的知识，根本无法恢复韵文的本来面目，就会影响对古书的正确理解。阮元说："穷经之道，必先识字；识字之要，又在审音。"王念孙在《读书杂志》中屡屡谈道："不识三代两汉之音，莫能正古书之讹谬。"周祖谟在分析王念孙校勘古书的方法时，说王念孙校书"或求之于本书，或旁证之要籍及援引之类书，而以声类通转为之关键"。③ 王念孙、王引之父子在校释古籍文献的过程中，运用古音学的知识审定古文押韵，判定后人传写摹刻的校改中造成的失韵、

---

① 俞樾，等. 古书疑义举例五种 [M]. 北京：中华书局，2005：78.
② 孙诒让. 札迻 [M]. 北京：中华书局，1989：1.
③ 周祖谟. 论校勘古书的方法 [M] // 周祖谟. 文字音韵训诂论集. 北京：北京大学出版社，2000：243.

改字，甚至纠正不识假借而脱字、衍文、倒文等，这些工作在"王氏四种"（《广雅疏证》《读书杂志》《经义述闻》《经传释词》）中都有所体现。

第四节 王念孙的古音学和《读书杂志》关系的研究现状

王念孙是清代杰出的古音学家，他的著作蕴含着丰富的古音学知识和资料，全面贯彻了王念孙的古音学主张。他的《读书杂志》和《广雅疏证》一样，也贯彻了他的因声求义的原则，揭示了上古声纽之间、上古韵部之间的关系。

王念孙和段玉裁一样，早年的基础研究工作是他们能最终达到学术高峰的前提，"段、王在编撰《说文解字注》《广雅疏证》以前，曾经对群经训诂都做过大规模的综合研究工作：一种是以韵部为纲，依据他们自己所考定的古韵部，将古书训诂，列表分类，如段氏为《六书音均表》，立十七部以综考之，而念孙分古韵二十一部，编为《毛诗群经楚辞古韵谱》；一种是古书训诂，汇而释之，如段氏有《古文尚书撰异》《毛诗小学》《周礼汉读考》《仪礼汉读考》等，而念孙则有《释大》《雅诂表》《群经字类》《读说文记》等。"[①] 他编撰《广雅疏证》时就综合了以前所有的研究工作，何况《读书杂志》成书在《广雅疏证》之后。这部巨著可以说贯穿王念孙整个的学术观念之中，也可从此窥测出一些王念孙学术思想的进展和变化情况，比如，王念孙早年于古韵东冬二部不分立，但到晚年受孔广森的影响，东冬分立，使自己的古韵二十一部变成二十二部，这些在《读书杂志》中就有所体现，后文有论述，此不赘言。

《读书杂志》的研究内容和方式已经超越了语言学的范围，将它归于文献学研究更能体现是书的特点。《读书杂志》中蕴含着巨大的文献学价值，虽是就史书和子书而考校之，但其中的内容于经、史、子、集，无所不有涉

---

① 薛正兴. 高邮王氏遗书弁言［M］//罗振玉. 高邮王氏遗书. 南京：江苏古籍出版社，2000：2.

猎。他在《史记杂志叙》（时年七十有四）中说："研究《集解》《索隐》《正义》三家训释，而参考经史诸子及群书所引以釐正讹脱。"王氏的学问精博淹通，"积之厚而取之精，一字一义亦皆本其所学"①。因此《读书杂志》的内容不仅包括文字、音韵、训诂，而且涉及校勘、句读、辑佚等。但从最重要的特点来说，《读书杂志》作为校勘学和训诂学的典范之作历来为世人称道。其子王引之更是受其直接影响而编撰《经义述闻》和《经传释词》。②"阮云台先生深重府君训诂之学，以为出惠定宇、戴东原两先生上，遂以《广雅疏证》《经义述闻》《经传释词》及《史记》《汉书》杂志内旁通经训者采入《皇清经解》"。"陈观楼先生见府君所校《大戴礼记》《淮南子》，叹为卓识精思，超越流辈"。"阳湖孙渊如观察见府君所校《管子》，叹其精确，以为他人百思而不能到"。③ 前面已经说到，王念孙的音韵学思想，特别是古音学思想是很先进科学的，在他的学术研究中，特别是古籍整理中，很自然就会以他的古音学思想为原则和指导，去自觉地进行他的实践活动（不仅仅是训诂实践）。《广雅疏证》是这样，《读书杂志》也是如此。《广雅疏证》自问世以来，对它的研究非常充分。和它相比，《读书杂志》由于其札记体例，更由于其涉的材料浩繁复杂，对它的研究显得不够充分。特别是王氏的古音学思想在该书中的体现和运用的研究还没有进行全面的总结，这方面的研究虽有，但大多见于各种训诂学和校勘学著作的条例之中，都是零散的，不成体系。到目前为止，专门研究《读书杂志》的成果并不是很多。程艳梅在其 2007 年博士论文《〈读书杂志〉专题研究》中把对《读书杂志》的研究分为 1982 年前后两个时期，1982 年以后的研究又分为五种情况：（一）综论性质；（二）校勘研究；（三）"因声求义"研究；（四）语法分析研究；（五）匡正《读书杂志》。归纳比较详细全面，可参阅。2009 年又有一篇研究《读书杂志》假借字的硕士论文。对王念孙古音学的研究方面，赵

---

① 夏昆林. 王石臞先生遗文序 [M] //罗振玉. 高邮王氏遗书. 南京：江苏古籍出版社，2000：116.

② 徐士芬《王公念孙事略状》载："吾师（案：即王引之）承庭训著《经义述闻》及《经传释词》行世，海内宗之。"（徐士芬. 王公念孙事略状 [M] //罗振玉. 高邮王氏遗书. 南京：江苏古籍出版社，2000：10.）

③ 王引之. 石臞府君形状 [M] //罗振玉. 高邮王氏遗书. 南京：江苏古籍出版社，2000：32.

永磊于 2016 年在《中国学术年刊》第 38 期（春季号）发表了《王念孙"古韵二十二部"形成源流考》，文中详细地阐述了王念孙古韵体系的各个阶段，考证了古韵十七部（古无去声）、古韵二十二部（古无去声）、古韵二十一部（古无去声）、古韵二十一部（古无入声）、古韵二十一部（古有四声）、古韵二十二部（古有四声）等六个阶段的形成渊源及分布，材料翔实，很有借鉴意义。另外，针对《读书杂志》中具体的校释内容进行质疑或勘正的研究成果，近几年也有零星出现。但专门以王氏的古音学思想来贯穿《读书杂志》的研究还没有人涉及，因此笔者拟把王氏的古音学思想作为丝绳，作为纲领，对王氏在《读书杂志》中的学术实践活动进行更深入的研究，为人们认识《读书杂志》博大精深的学术价值作出微薄的贡献。

第一章

王念孙的上古声纽体系和《读书杂志》

第一节　王念孙上古二十三声纽的挖掘和再现

　　钱大昕说："叠韵易晓，双声难知。"[①] 清代学者的古音学水平和研究成果是空前绝后的，但对于古音学研究所囊括的古声研究、古韵研究和古声调研究，并没有形成三足鼎立之势，其中古韵研究的成果最丰，古声调研究往往附属于古韵研究而次之，古声研究最为不足。董同龢曾就清儒的上古声母研究有过这样的评价："清代研究古代声母，成绩远在古代韵母之下，主要原因在没有注意好的材料。他们最熟悉的韵语，在声母方面毫无疑问是无用武之地的。至于假借、异文、读如，一方面是受人注意比较晚，另一方面则是一直没有经过全盘的汇集和整理，真正的价值从来不曾显露。"[②] 这段评价剖析了清代上古声纽研究相对滞后的原因，是完全符合事实的。然而，研究不足并不等于没有研究。成书于南宋时期的《韵镜》就已经合并北宋三十六字母为上古二十三字母了[③]。然而《韵镜》在国内竟至失传，所幸流传到日本的《韵镜》直到清光绪初年以后才辗转回归祖国，因此乾嘉时期的学者无缘目睹，清儒主要以合并三十六字母的方法来研究上古声纽的模式并没有

---

①　钱大昕. 潜研堂文集·卷十五·答问十二 ［M］. 上海：商务印书馆，1935：97.

②　董同龢. 汉语音韵学 ［M］. 北京：中华书局，2001：287-288.

③　《韵镜》将宋人的三十六字母中的轻唇音、重唇音合并为唇音，舌头音、舌上音合并为舌音，齿头音、正齿音合并为齿音，这种看似简单的分类对后世开展上古声母的研究有着深远的影响。

改变。

王念孙对于上古声母的研究并没有形成系统的论述，后人只能凭借他的传世文献来勾勒其对古声母的研究情况。王国维在《高邮王怀祖先生〈训诂音韵书稿〉叙录·〈释大〉七篇二册》中较为全面地揭示了王念孙的古声母研究概况，为方便讨论，现抄录如下：

> 正书清稿，取字之有大义者，依所隶之字母汇而释之，并自为之注，存见、谿、羣、疑、影、喻、晓七母，凡七篇。篇分上下。余从雜稿中蒐得匣母一篇，草书初稿，附錄卷末，并爲八篇。據第四篇"岸"字注云："說見第十八篇洒字下"；又第三篇"犕"字注云："物之大者皆以牛馬稱之，說見第二十三篇。"是先生此書畧已竣事，惜遺稿中已不可見矣。案唐宋以來相傳字母凡三十有六，古音則舌頭舌上、邪齒正齒、輕唇重唇并無差別，故得二十三母。先生此書亦當有二十三篇，其前八篇爲牙候。而洒字在第十八篇，馬字在第二十三篇，則此書自十五篇至十九篇當釋齒音精、清、從、心、邪五母之字；自二十篇至二十三篇當釋邦、滂、并、明四母之字；然則第九至第十四六篇，其釋來、日、端、透、定、泥六母字無疑也。①

《释大》可以说是第一篇系统地研究同源词的专门论文，今所见八篇（第八篇为王国维从其杂稿中辑出）收入了176个含有"大"义的字。王念孙在《释大》中舍弃了韵部的联系，而以声母分组，因此我们可以从此窥测王氏对上古声母的研究和认识。从王国维的分析中可知王氏分上古声母为二十三。刘盼遂对于《释大》是否成书是有所质疑的，但对于王念孙上古声母的意见和王国维并没有差异。他在《高邮王氏父子著述考》中提到王念孙的上古声母理论时说道："见一、溪二、群三、疑四、影五、喻六、晓七、匣八、端九、透十、定十一、泥十二、来十三、日十四、精十五、清十六、从

---

① 王国维. 王国维遗书·观堂集林：第八卷［M］. 上海：上海书店，1983：411-412.

十七、心十八、邪十九、帮二十、滂二十一、并二十二、明二十三。"① 舒怀也同意王国维的意见，他认为："王念孙的古韵和古声调研究，约在乾隆三十二年至三十四年，而古声纽研究当在乾隆三十五年之后，大概是在《释大》完稿以后，因见到钱氏的结论，以为可信，就又一次因羞于雷同，弃而不用。这正与羞于与段玉裁《六书音均表》雷同，而不复有古韵学之作一样。"② 综合他们的理论，依据牙、喉、舌、齿、唇的顺序，王念孙的上古声纽体系可制成下列表格：

表 1-1　王念孙上古声纽体系

	牙音	喉音	舌音	齿音	唇音
全清	见 1	影 5	端 11	精 15　心 18	帮 20
次清	溪 2	喻 6	透 12	清 16	滂 21
全浊	群 3	晓 7	定 13	从 17　邪 19	并 22
次浊	疑 4	匣 8	泥 14　来 9 日 10		明 23

王念孙将三十六字母中的知彻澄娘四母合并于端透定泥，照穿床审禅五母合并于精清从心邪，非敷奉微四母合并于帮滂并明。下面将黄侃的古音十九纽、王力的上古三十二母列出，和王念孙的上古二十三声纽作一个比较。

表 1-2　黄侃古音十九纽③

	喉音	牙音	舌音	齿音	唇音
全清	影（喻三、喻四）	见（群）	端（知照）	精（庄） 心（山邪）	帮（非）
次清		溪	透（彻穿审）	清（初）	滂（敷）
全浊	晓		定（澄神禅）	从（床）邪	并（奉）
次浊	匣	疑	泥（娘日）来		明（微）

---

① 刘盼遂. 高邮王氏父子年谱［M］//罗振玉. 高邮王氏遗书. 南京：江苏古籍出版社，2000：65.

② 舒怀. 高邮王氏父子学术初探［M］. 武汉：华中理工大学出版社，1997：124.

③ 根据邹晓丽《传统音韵学实用教程》附录所录进行整理。（邹晓丽. 传统音韵学实用教程［M］. 上海：上海辞书出版社，2002：237.）

表 1-3　王力上古三十二声母系统①

	牙音	喉音	舌音		齿音		唇音
			舌头音	舌面音	正齿音	齿头音	
全清	见	影	端（知）	章书	庄生	精心	帮（非）
次清	溪		透（彻）喻四	昌	初	清	滂（敷）
全浊	群 晓		定（澄）	船禅	崇	从邪	並（奉）
次浊	疑 匣（喻三）		泥（娘）来	日			明（微）

从上面的对比可以看出，牙音：黄侃把群母并入了见母，其他三家相同。喉音：主要差别是在对喻母的处理上。王念孙的喻三喻四没有分化，作为独立的声母位于喉音类；黄侃把喻三喻四归并于影母；王力把喻三归并于匣母，喻四放在舌头音内。舌音：王念孙和黄侃都只有一组，王力分为两组，把照三（章昌船禅）和日母单独列出。齿音：王念孙和黄侃只有一组，王力分为两组，把照二（庄初崇山）单独列出。唇音：三家没有区别，都把轻唇音归并于重唇音内。

黄侃和王力提出他们的上古声纽体系时，上古声纽的研究较王念孙时代已经有了相当大的进展，他们都能明确地申明中古声纽在上古的合并情况，而王念孙的上古声纽系统似乎过于简略，只是守温三十六字母的简单归并。这也许是王念孙并没有成熟的上古声母理论传世而造成的，在后面我们将在对他的《读书杂志》进行具体的研究分析后，再结合王国维的推定，来再现王念孙上古二十三声纽对中古声纽的归并和相通情况。

张舜徽说："当时他（王念孙）所做的综合研究工作，是采取两种方式进行的：一种以韵部为纲，依据他自己所考订的古韵二十一部的分类，将古书训诂，列成二十一表；一种是以声纽为纲，依据古声二十三母，将古书训诂，汇而释之。"② 王念孙以韵部为纲所做的研究工作将在后面进行讨论。

---

① 根据王力的《汉语史稿》和《同源字典》进行整理。

② 张舜徽. 张舜徽集·清儒学记［M］. 武汉：华中师范大学出版社，2005：272.

以声纽为纲进行古籍研究工作，王念孙并非偶然，应该是自觉地进行的。他采用以上古声母为序而列字的编次方法，除了《释大》比较典型外，还有别的著作也遵循这种方法和原则。王国维在《高邮王怀祖先生〈训诂音韵书稿〉叙录》中还提到两篇已经不完整的著作：

　　《雅诂杂纂》一册
　　杂纂雅诂中同义同母之字而疏释之，以字母分类，存见母四十一条，匣母一条，精母一条。
　　《叠韵转语》散片
　　杂记联绵字，以字母二字为之纲，如"具区"二字入见溪部，"扶疏""夫须""扶苏""扶胥"诸字入并心部，所记几寥寥，亦无解说。①

　　从王国维之所见来看，虽然只记录了见母、匣母、精母、溪母、心母，但也说明了王念孙自觉运用上古声母来沟通语言音义关系的事实。其子王引之以父为师，得到王念孙的真传，二王的语言学思想一脉相承。王引之的《经传释词》就是在其父的启发下完稿并成为不朽名著的。《经传释词》是一部解释儒家经典虚词的著作，古书中的虚词很多用假借字来表示，研究虚词以语音为纲来分析可能更为有效。《经传释词》就是按照声母的发音部位，以喉、牙、舌、齿、唇为顺序，分十卷来编次上古 160 个虚词。卷一、卷二为影喻二母，卷三、卷四为影喻晓匣四母，这四卷收录的都是喉音字；卷五收录属于见母、溪母、群母、疑母这四个牙音的字；卷六、卷七两卷是舌音字，卷六收录端透定泥四母之字，卷七为来日二母字；卷八、卷九为齿音精清从心邪五母之字；卷十收录唇音帮滂并明四母之字。《经传释词》按上古声母列字的编排实际，是王念孙上古二十三声纽的再一次体现和实践。

---

　　① 王国维. 王国维遗书·观堂集林：第八卷［M］. 上海：上海书店，1983：412.

第二节 王念孙的上古声纽体系探源

受研究材料不足的制约，清儒古声母研究的规模和成果都不如古韵研究，近现代学者在讨论清代上古声母研究时，往往只关注钱大昕、章炳麟等有限的几家，就连王力也说："在钱氏以前，研究古音的人，如陈第、顾炎武、江永、段玉裁、戴震等，都只注重古韵，没有讨论到古纽。首先注意到古纽的问题的，恐怕要算钱氏了。"[1] "然而，每种学术研究都有其自身沿革，古声研究在清代学术研究中也是一股潮流，各个似乎单独的研究之间有着内在的继承与发展。"[2] 据李葆嘉的考证，清代对古声纽做过研究的学者有 17 人，按时间顺序依次是：顾炎武、毛奇龄、李光地、徐用锡、江永、戴震、钱大昕、段玉裁、洪榜、任兆麟、钱坫、李元、夏燮、邹汉勋、陈澧、章炳麟、黄侃[3]。这里没有提到王念孙，因为王念孙既没有专门研究古声纽的著作，也没有著名的论断流传于世。但是说王念孙没有研究过上古声纽，那恐怕不是事实。(1) 研究古音学（包括古声纽学）需要深厚的文献功底和古籍考据以及审音的能力，这一点王念孙是绝对具备的[4]；（2）研究上古声纽的材料主要是异文、通假、读若、声训、谐声等，作为博识通采、具有近代语言学萌芽思想的王念孙，对形、音、义三者关系有清醒的认识，无论是他和其子引之的"王氏四种"，还是论学的序跋、往来信函，都不缺乏研究上古声纽所需要的材料；（3）王念孙是清代有名的古音学家，他既是贯彻"以古声求古义"的实践大家，又擅长通过古音学知识来进行校勘、考证等工作，在这些实践过程中，只运用古韵和古声调的理论是远远不够的，他不

---

[1] 王力. 汉语音韵学 [M]. 北京：中华书局，1981：336.

[2] 李葆嘉. 清代上古声纽研究史论 [M]. 台北：台北五南图书出版有限公司，1996：6.

[3] 章炳麟、黄侃生活于清末民国初年。章氏提出古声纽说的时间是在清朝；黄侃的古声纽学说虽在民国初年提出，但他的学术思想孕育于清末，是清代古声纽研究的集大成者。因此把章、黄二氏的古声纽研究算在清代学者的研究之中。

[4] 后来的学者往往把清代的古音学家分为考古派和审音派，如把戴震归入审音派，把王念孙、段玉裁归入考古派。其实这不是绝对的，只是各个研究者的侧重点不一样，并不是说戴震就不考古，王念孙、段玉裁就不审音。

可能使用宋人的三十六字母去驾驭他所采用的隋唐以前的古籍语料。清初毛奇龄（1623—1716）的音韵学理论虽然受到很多人的批评，但他明确倡言应该声韵兼治的主张还是很有见地的，黄侃在《近代古音学发明之次第》中曰："始则知古有本音，而以韵脚推求之，然知韵而不知声。自毛氏倡言兼有声韵，于是知前之仅言韵脚者，止得其半耳。"① 因此，和他的古韵部理论一样，王念孙肯定有他自己对上古声纽的认识和理论，只是当时讨论韵部的风气更盛和理论更成熟，他对韵部的关注自然更多些。

为了更加全面地总结王念孙的学术成就，我们的任务是要把人们不重视甚至忽视的东西揭示出来。正如前面所说，王念孙的上古声纽研究没有专门的著作或论文流传于世，所以我们只能通过他的其他论著和其他学者的评论来挖掘他的上古二十三声纽体系。同样我们也只能通过他的论著来了解他对上古声纽的实际应用，通过归纳他在考证和校勘中对上古声纽的实际应用来再现他的上古二十三声纽体系。如果能够将王念孙和王引之所有的论著中有关上古音的内容钩沉出来进行研究，当然是最好的，但那样耗费的时间太长，因为我们首先要精读他所有的论著和专文，再进行甄别和整理，这个过程是无法用计算机来代替的。幸好王念孙的学术是有体系的，他的学术思想贯彻于他甚至王引之的小学研究的整个实践过程当中。我们选择《读书杂志》进行具体细致地研究，原因是王念孙写作《读书杂志》的时间最长，直到他去世前才完稿，所涉及的语料也足够丰富，不光收集子、史、集三部的材料，而且在论说中大量引用经部的语料。我们相信这样的研究方式是能说明问题的。

王念孙的古声纽思想无疑受到戴震的古声"同位""位同"说的影响。

戴震和钱大昕都是清代古音学大家，对上古声纽的研究都有很大的贡献。钱大昕在古音学中最大的贡献是：他广泛收集和考证了大量的声类资料，终于发现了关于上古声母的两个带有规律性的现象，即古无轻唇音和舌音类隔之说不可信。也就是说，钱大昕的着眼点在于归并古声母，最终目的是古音学。戴震更加关注的则是语音的流转，他的最终目的是训释古籍，他的古音学是为他的解释学服务的。戴震古音学的成就体现在他的《转语二十

① 黄侃，黄焯. 文字声韵训诂笔记 [M]. 上海：上海古籍出版社，1983：66.

章序》和《声类表》中。《转语二十章序》写于戴震早年，《声类表》完成于晚年，①《声类表》以韵为经，以声为纬来罗列字的音韵地位，其中声母排列的实际情况和《转语二十章》的位次是一样的。下面我们逐录《转语二十章序》，并结合《声类表》列出戴震的声母同位表和声母位同表。

　　人之語言萬變，而聲氣之微，有自然之節限。是故六書依聲託事，假借相禪，其用至博，操之至約也。學士茫然，莫究所以。今別爲二十章，各從乎聲，以原其義。

　　夫聲自微而之顯，言者未終，聞者已解。辨於口不繁，則耳治不惑。人口始喉，下底脣末，按位以譜之，其爲聲之大限五，小限各四，於是互相參伍，而聲之用蓋備矣。

　　參伍之法：台、余、予、陽，自稱之詞，在次三章；吾、卬、言、我，亦自稱之詞，在次十有五章。截四章爲一類，類有四位，三與十有五，數其位，皆至三而得之，位同也。凡同位爲正轉，位同爲變轉。爾、女、而、戎、若，謂人之詞，而、如、若、然，義又交通，竝在次十有一章。《周語》"若能有濟也"，《注》云："若，乃也"；《檀弓》"而曰然"，《注》云："而，乃也"；《魯論》"吾末如之何"，卽柰之何；鄭康成讀如爲那。（乃簡切。案《集韻》三十八簡云："如，乃個切，若也。《書》曰：'如五器，卒乃復'，鄭康成讀。"今《尚書音義》無此，蓋開寶中所删，丁度等據未改《釋文》有之。《毛詩》"柔遠能邇"，箋云："能，伽也"，伽字當亦音乃個切。）曰乃、曰柰、曰那，在次七章。七與十有一，數其位，亦至三而得之。若此類，遽數之不能終其物，是以爲書明之。凡同位則同聲，同聲則可以通乎其義；位同則聲變而同，聲變而同則其義亦可以比之而通。

　　更就方音言，吾郡歙邑，讀若攝（失葉切），唐張參《五經文字》、顏師古注《漢書·地理志》已然。歙之正音讀如翕，翕與歙，

────────────

① 《转语》一书今所未见，有的学者认为《转语》并未成书，有的学者认为《声类表》就是《转语》。

聲之位同者也。用是聽五方之音，及少兒學語未清者，其展轉謅溷
必各如其位，斯足證聲之節限位次，自然而成，不假人意厝設也。

古今言音聲之書，紛然淆襍，大致去其穿鑿，自然符合者近
是。猷人旣作《爾雅》《方言》《釋名》，余以謂猶闕一卷書，創爲
是篇，用補其闕。俾疑於義者，以聲求之，疑於聲者，以義正之。
說經之士，按小學之奇觚，訪六書之逸簡，溯厥本始，其亦有樂乎
此也。時乾隆丁卯仲春，戴震撰。①

戴震对转语的研究可能是受了《方言》的启发，扬雄的《方言》和郭璞
的注是最早提到转语的。转语是指因时间、空间或其他因素的不同，而语音
按一定规律转变的词。转语与被转语往往指同一种事物。那么语音按照什么
样的规律转变呢？戴震的《转语序》提出了两个声组流转的规律，即同位而
转和位同而转。为了更加明了戴震的各个声组之间的变转关系，我们借鉴吴
泽顺博士的同位表和位同表②，结合蔡锦芳教授的研究成果③，制成表格
如下：

表1-4 转语二十章同位表

		1	歌	见
一	同位	2	珂	溪（群）
		3	阿	影（喻微）
		4	诃	晓（匣）
二	同位	5	多	端
		6	佗	透（定）
		7	那	泥
		8	罗	来

① 戴震. 转语二十章序 [M] // 戴震. 戴震集：第四卷. 上海：上海古籍出版社，
1980：106-107.
② 吴泽顺. 汉语音转研究 [M]. 长沙：岳麓书社，2006：242-243.
③ 蔡锦芳. 戴震生平与作品考论 [M]. 桂林：广西师范大学出版社，2006：215-216.

续表

		9	注	章（知）
三	同位	10	处	昌（彻澄床）
		11	乳	日（娘）
		12	恕	书（禅）
四	同位	13	奏	精
		14	辏	清（从）
		15	偶	疑
		16	速	心（邪）
五	同位	17	伯	帮
		18	拍	滂（并）
		19	陌	明
		20	风	敷（非奉）

一、二、三、四、五分别为喉、舌、腭、齿、唇五大限，指发音部位而言，每一大限内的四行为四小限，指发音方法而言。

表1-5　转语二十章位同表

		1	歌	见
一	位同	5	多	端
		9	注	章（知）
		13	奏	精
		17	伯	帮
二	位同	2	珂	溪（群）
		6	佗	透（定）
		10	处	昌（彻澄床）
		14	辏	清（从）
		18	拍	滂（并）

		3	阿	影（喻微）
三	位同	7	那	泥
		11	乳	日（娘）
		15	偶	疑
		19	陌	明
四	位同	4	诃	晓（匣）
		8	罗	来
		12	恕	书（禅）
		16	速	心（邪）
		20	风	敷（非奉）

以戴震在《转语序》中所举的例子而言，台、余、予、阳为影母（实为喻母），在第3章，处于第一大限的第三位；吾、卬、言、我为疑母，在第15章，处于第四大限的第三位。所以这两组是位同。尔、女、而、戎、若、如、然是日母（女实为娘母），在第11章；能、乃、奈、那是泥母，在第7章。11章和7章分别处于第三大限和第二大限的第三位，所以是位同。歃，读若摄，是书母，在第12章；读如翕，是晓母，在第4章。12章和4章分别处于第三大限和第一大限的第四位，所以也是位同。

戴震与当时其他研究上古声母的学者不同，他更关注的是声母之间的关系。从以上表格可以看出，戴震的上古声母体例主要将声母分为20个，根据发音部位分类（不包括合并的声母），牙喉音：见溪影晓；舌音：端透泥来；腭音（舌面音）：章昌日书；齿音：精清疑心；唇音：帮滂明。王念孙是戴震的学生，并且曾经校勘过《声类表》，他对戴震的音转理论是知晓的，他的即音求义的理论和实践就是从戴震那里继承并发扬光大的，在王氏父子的著作中，经常出现"一声之转""语之转"这样的术语。另外，王念孙对中古喻母三等和喻母四等在上古时代的关系，就是继承了其师戴震的思想，详见下面的分析。

第三节 《读书杂志》校释中上古声纽相通之概况

一、王念孙研究上古音相通的材料

《读书杂志》的内容浩繁博大，王念孙训释古籍的方法在此书中都能得到体现。书中能体现王念孙古音学思想的材料也是不胜枚举，按其内容大致可分为以下几类：

（一）异文材料

古籍中的异文是指：一句话中的同一个词，不同版本或引用了不同的字形来代替；或同一个词，在不同的古书、古文中，所用的字形不同。钱大昕在古声研究中就大量采用了异文材料。

（二）通假材料

古籍多通假现象，而王念孙又最善于揭示后人不能识别的通假。《读书杂志》中王念孙运用通假原理来训释古书的情况非常之多。根据通假的原则，借字与被借字不是音同即为音近。

（三）声义同源材料

揭示语词的同源现象，《广雅疏证》运用得最精彩，而《读书杂志》一方面多次采用《广雅疏证》的资料，一方面又运用"声转义通"理论来校释古籍。同源词之间的读音无疑是音同音近的。

（四）音注材料

这类材料既指王念孙在训释古书时，自己所说的直音、譬况、读若、读如等①，也指王念孙所引用的其他小学家所说的音注材料。

---

① 读若、读如这些术语在《读书杂志》中有时是为了注音，有时是阐明通假，要仔细甄别。

（五）声训材料

声训材料，以引用刘熙的《释名》为主，也有王念孙自己的创见。

（六）谐声材料

接受段玉裁"凡谐声必同部"的思想，利用谐声字的音同音近关系来校释古书。

（七）同义连文材料

王念孙在《读书杂志》中揭示的同义连文，和联绵词既有联系又有不同，但连文的字之间有时能够揭示语音关系。

（八）声误材料

声误的实质是因为两个词音同音近，古书在传抄的过程中，传抄者或者因为匆忙，或者因为学力水平问题，不小心把甲字写成了乙字。声误和通假有着性质上的不同，通假是一种习惯性行为，而声误则是错讹行为。但误字和被误字的读音又是相同或相近的，这一点和通假现象是一致的。因此我们可以通过王念孙揭示的声误材料来论证他对古音的认识。

二、上古声纽相通之分类

我们把《读书杂志》作为考察对象，对其条目内容进行穷尽性研读的基础上，经过严格的甄别、淘汰和选择，勾选出 912 条语音有关系的条目，581 条声母是双声关系之外，还有 331 条的声母之间存在相近而相转的关系，我们主要从这 331 条声母相转的关系来再现王念孙的上古声纽相通的理论体系。我们采用王力先生在《汉语史稿》中所建立的上古三十二声纽体系，借鉴邹晓丽教授所作的上古声母表，① 为了使用方便，我们把邹表中的照穿神审四母改称为章昌船书，把床山二目改称为崇生，去掉俟母，形成下面表格。

---

① 邹晓丽. 传统音韵学实用教程 [M]. 上海：上海辞书出版社，2002：139.

表 1-6　上古声纽体系

喉		影 0（零）						
牙		见 k	溪 kh	群 g	疑 ŋ		晓 x	匣 h
舌	舌头	端 t	透 th	定 d	泥 n	来 l		
	舌面	章 tj	昌 thj	船 dj	日 nj	喻 j	书 sj	禅 zj
齿	正齿	庄 tzh	初 tsh	崇 dzh			生 sh	
	齿头	精 tz	清 ts	从 dz			心 s	邪 z
唇		帮 p	滂 ph	并 b	明 m			

这个表格照顾到上古声母的远近关系，共分为喉、牙、舌、齿、唇五大类七系，舌类又有舌头音端系和舌面音章系，齿类又有正齿音章系和齿头音精系。根据学术界的传统，对声母之间的关系我们采用双声、准双声、旁纽、准旁纽和邻纽来指称，同属于一个声母为双声，同属于一系声母为旁纽，同类中同直行（如端和章、生和心）以及舌齿类同直行（如书和生）为准双声，喉类与牙类、舌类与齿类、鼻音与鼻音（明、泥、疑）以及鼻音与边音（来）为邻纽关系。

每个字的上古音归属，我们采用唐作藩先生的《上古音手册》中的意见，未收入《上古音手册》的字，根据《汉语大字典》以及谐声关系来论定。

每一个条目为王念孙认为有语音关系的两个或多个字头组成，中间用冒号隔开，每个字后面的括号内是它们所属的韵部、声纽和声调。每一个条目都注明出处，中文数字代表各子、史《杂志》，即一、《逸周书杂志》；二、《战国策杂志》；三、《史记杂志》；四、《汉书杂志》；五、《管子杂志》；六、《晏子春秋杂志》；七、《墨子杂志》；八、《荀子杂志》；九、《淮南内篇杂志》；十、《汉隶拾遗》。第一个阿拉伯数字代表页码，第二个阿拉伯数字表示该《杂志》中涉及音韵的条目的第几条，后面说明字头所归属上古声纽的关系。如：

泽（铎定入）：释（铎书入）三，97，127　　定（d）书（sj）

准旁纽

表示这个条目出自《史记杂志》，在第 97 页，是所有涉及音韵条目中的第 127 条，"泽"字和"释"字是舌头音定母和舌面音书母之间的准旁纽关系。

需要说明的是，在下列古音相通条目中，说某字与某字是邻纽、旁纽等关系，并不是说王念孙就有这个概念或定义。而是我们为了研究的需要，以王力先生的上古音系为统一的标准，从理论上去逆推《读书杂志》的校释中揭示的古代文献语言存在的音近而通的事实。如知（支端平）：咨（脂精平）三，100，131　端（t）精（tz）准双声。这条条目来自《史记杂志》第 100 页"所知"条"不干所問，不犯所知。念孫案：知當爲咨，聲之誤也"。这是一条根据声误关系来反映古音相通关系的条目，由于知、咨不叠韵，同样这条也归入下章的韵部相转条例中，即支部和脂部通转条目中。又同源关系的如：《荀子杂志》第 636 页"以不善先人者謂之諂"条说到"諂之言導也，……導與諂聲之轉"。依据《上古音手册》，导和谄的古音地位分别为（幽定去）和（谈透上），王念孙的意思是声同而韵转，但我们按照从细从分的原则，把导和谄纳入声纽透定旁纽的条例，韵部幽谈异类相转的条例。当然如果是叠韵关系的两个字，就只纳入声纽相通条目中，同理声纽相同的条例也只归入韵部相转条例中。又如：《荀子杂志》第 647 页"君子安雅"条说："引之曰：雅讀爲夏，夏謂中國也。……古者夏雅二字互通。"根据这条破释假借的校释，我们构成牙音旁纽的条目，即，雅（鱼疑上）：夏（鱼匣上）八，647，797　疑（ŋ）匣（h）旁纽。下列声纽相通的条目（包括下章韵部相转的条目）都是根据诸如此类的关系归纳的。①

喉音和牙音异系相通：

贯（元见平）：弯（元影平）二，64，91　　　　影（0）见（k）邻纽

册（元见平）：弯（元影平）三，152，207　　　影（0）见（k）邻纽

奇（歌群平）：倚（歌影上）三，110，149　　　影（0）群（g）邻纽

倚（歌影上）：奇（歌群平）五，419，450　　　影（0）群（g）邻纽

---

① 当然由于笔者的学术功力有限和理解的不透彻，还有文献语言中时空动态变化的复杂性，所以下列条目的分类和分析，存在一些谬误和纰漏，实在是在所难免。

倚（歌影上）：奇（歌群平）五，422，452　　影（0）群（g）邻纽

倚（歌影上）：奇（歌群平）五，470，524　　影（0）群（g）邻纽

景 yǐng（阳影上）　　jǐng（阳见上）：彊（阳群平）三，78，104

影（0）见（k）群
（g）邻纽　　见群
旁纽

于（鱼匣平）：於（鱼影平）一，26，40　　　影（0）匣（h）邻纽

于（鱼匣平）：於（鱼影平）六，532，605　　影（0）匣（h）邻纽

焉（元匣平）：於（鱼影平）三，76，102　　　影（0）匣（h）邻纽

曷（月匣入）：遏（月影入）三，131，174　　影（0）匣（h）邻纽

河（歌匣平）：阿（歌影平）四，199，256　　影（0）匣（h）邻纽

倚（歌影上）：荷（歌匣上）四，398，425　　影（0）匣（h）邻纽

案（元影去）：焉（元匣平）五，421，451　　影（0）匣（h）邻纽

获（铎匣入）：矱（铎影入）五，427，461　　影（0）匣（h）邻纽

于（鱼匣平）：迂（鱼影平）八，665，824　　影（0）匣（h）邻纽

　　喉音影母和牙音相转的条目有 16 条，影见相通 2 条，影群相通 5 条，影匣相通 9 条。学术界向来有喉牙不分、喉牙互通的说法，在古籍经传异文、通假借用以及谐声关系中，喉音和牙音通用的情况很普遍，戴震把喉音和牙音看作同一大限，是同位关系，可以正转。《读书杂志》中，喉音影母和匣母相通的条目较多，王念孙是把匣母和影母归为同一类的，都是喉音。王力先生在《汉语史稿》中把晓母和匣母当作喉音，和影母同一系，后来在研究同源字的实践中，发现晓匣母应归入牙音类，他说："黄侃以晓匣两母归入浅喉（牙音），与见溪群疑同类，今以《同源字典》证明，这样归类是很合理的。"① 于是在《同源字典》中把晓匣母归入牙音了。可见，在牙喉音相通的实际中，影母和匣母相通的关系最为普遍。

　　牙音同系相通：

蛙（支影平）：圭（支见平）：支（真溪平）：蹊（支匣平）

蛙（支影平）：蠲（支见平）一，17，82，21

---

① 王力. 古音说略［M］//王力. 同源字典. 北京：商务印书馆，1982：70.

见（k）溪（kh）匣（h）旁纽　　与影（o）邻纽

光（阳见平）：黄（阳匣平）一，25，37　　见（k）匣（h）旁纽

固（鱼见去）：姻（鱼匣去）一，27，42　　见（k）匣（h）旁纽

㲉（屋见入）：後（侯匣去）三，96，125　　见（k）匣（h）旁纽

假（鱼见上）：瑕（鱼匣平）三，104，42　　见（k）匣（h）旁纽

蓋（月见入）：盍（叶匣入）四，189，245　　见（k）匣（h）旁纽

盇（月见入）：盍（叶匣入）七，591，704　　见（k）匣（h）旁纽

盇（月见入）：盍（叶匣入）七，604，726　　见（k）匣（h）旁纽

假（鱼见上）：瑕（鱼匣平）四，398，423　　见（k）匣（h）旁纽

故（鱼见去）：胡（鱼匣平）七，564，649　　见（k）匣（h）旁纽

閒（元见平）：闲（元匣平）七，582，682　　见（k）匣（h）旁纽

横（阳匣平）：广（阳见上）八，638，782　　见（k）匣（h）旁纽

㩅（药溪入）：較（宵见去）二，69，97　　见（k）溪（kh）旁纽

苦（鱼溪上）：盬（鱼见上）四，216，272　　见（k）溪（kh）旁纽

弓（蒸见平）：穹（蒸溪平）四，236，295　　见（k）溪（kh）旁纽

繑（宵溪平）：屩（药见入）五，516，589　　见（k）溪（kh）旁纽

几（微见上）：屺（微溪上）八，648，800　　见（k）溪（kh）旁纽

睾（鱼见平）：枯（鱼溪平）八，711，866　　见（k）溪（kh）旁纽

钦（侵溪平）：歆（侵晓平）四，380，414　　晓（x）溪（kh）旁纽

康（阳溪平）：荒（阳晓平）五，491，562　　晓（x）溪（kh）旁纽

䞤（侯群平）：蚼（侯见上）一，24，35　　见（k）群（g）旁纽

艰（文见平）：勤（文群平）三，84，110　　见（k）群（g）旁纽

己（之见上）：忌（之群去）三，107，144　　见（k）群（g）旁纽

枸（侯见平）：胸（侯群平）四，196，251　　见（k）群（g）旁纽

几（微见平）：屺（微溪上）四，283，326　　见（k）群（g）旁纽

巨（鱼群上）：榘（矩）（鱼见上）五，461　　见（k）群（g）旁纽

亟（职见入）：极（职群入）五，465，515　　见（k）群（g）旁纽

其（之群平）：萁（之见平）六，524，599　　见（k）群（g）旁纽

瞿（鱼群去）：戄（铎见入）六，526，600　　见（k）群（g）旁纽

危（微疑平）：诡（微见上）三，129，170　　见（k）疑（n）旁纽

危（微疑平）：诡（微见上）六，542，618　　见（k）疑（ŋ）旁纽
危（微疑平）：诡（微见上）八，688，867　　见（k）疑（ŋ）旁纽
欣（文晓平）：斤（文见平）七，603，723　　见（k）晓（x）旁纽
洭（阳溪平）：湟（阳匣平）四，262，310　　溪（kh）匣（h）旁纽
克（职溪入）：核（职匣入）五，488，554　　溪（kh）匣（h）旁纽
可（歌溪上）：何（歌匣平）六，552，631　　溪（kh）匣（h）旁纽
睘（元群平）：還（元匣平）七，580，677　　群（g）匣（h）旁纽
伪（歌疑上）：为（歌匣平）一，28，43　　疑（ŋ）匣（h）旁纽
伪（歌疑上）：为（歌匣平）三，102，137　　疑（ŋ）匣（h）旁纽
为（歌匣平）：伪（歌疑上）三，159，212　　疑（ŋ）匣（h）旁纽
袨（真匣去）：元（元疑平）七，594，709　　疑（ŋ）匣（h）旁纽
雅（鱼疑上）：夏（鱼匣上）八，647，797　　疑（ŋ）匣（h）旁纽
儇（元晓平）：还（元匣平）八，648，799　　晓（x）匣（h）旁纽
违（微匣平）：讳（微晓去）八，692，856　　晓（x）匣（h）旁纽
卻（铎溪入）：卻（铎群入）二，59，86　　溪（kh）群（g）旁纽
阙（月溪入）：掘（屋群入）五，506，583　　溪（kh）群（g）旁纽

牙音同系相通的条目有46条，其中与见母相通的条目就有30条，与匣母旁纽的条目有20条，可见王力先生把匣母归入牙音类是有道理的。声母同系的字，主要是清浊或送气与不送气的区别，在古人看来就是双声关系，不仅声音关系密切，有时意义也可相通。戴震在《转语二十章序》中说到，“凡同位则同声，同声则可以通乎其义”。现代学术界类分趋向于细化，一般看作旁纽关系。

舌音舌头音端系同系相通：

独（屋定入）：涿（屋端入）一，23，36　　端（t）定（d）旁纽
单（元端平）：惮（元定去）二，42，66　　端（t）定（d）旁纽
杜（鱼定上）：堵（鱼端上）三，84，110　　端（t）定（d）旁纽
传（元定平）：转（元端上）七，579，674　　端（t）定（d）旁纽
匿（职泥入）：慝（职透入）五，418，448　　透（th）泥（n）旁纽
能（之泥平）：态（之透去）八，704，864　　透（th）泥（n）旁纽
犁（脂来平）：迟（脂定平）三，81，106　　定（d）来（l）旁纽

迟（脂定平）：黎（脂来平）　　四，175，233　　　　　定（d）来（l）旁纽

履（脂来上）：体（脂透上）　　八，639，784　　　　　透（th）来（l）旁纽

导（幽定去）：餂（谈透上）　　三，103，141　　　　　透（t）定（d）旁纽

忒（职透入）：贷（月定入）　　五，478，540　　　　　透（th）定（d）旁纽

汤（阳透平）：荡（阳定上）　　五，515，588　　　　　透（th）定（d）旁纽

导（幽定去）：餂（谈透上）　　八，636，777　　　　　透（th）定（d）旁纽

陶（幽定平）：謟（幽透平）　　八，646，796　　　　　透（th）定（d）旁纽

端系同系相通的条目有 14 条，其中和定母相通的有 11 条。值得注意的是来母的相通条目。来母在古音里是个很活跃的声母，它甚至能和很多异类的声母发生互转（这点下面还有介绍）。这里的定母或透母和来母互转是很自然的，在戴震的转语二十章里，分别位于第二大限的第 6 章和第 8 章，是同位正转的关系。

舌音舌面音章系同系相通：

与（鱼喻上）：如（鱼日平）　　四，276，319　　　　　喻（j）日（nj）旁纽

与（鱼喻上）：如（鱼日平）　　七，572，663　　　　　喻（j）日（nj）旁纽

荣（耕日平）：营（耕喻平）　　六，536，609　　　　　喻（j）日（nj）旁纽

施（歌书平）：移（歌喻平）　　三，108，145　　　　　喻（j）书（sj）旁纽

醳（铎喻入）：舍（鱼书上）　　三，109，147　　　　　喻（j）书（sj）旁纽

失（质书入）：佚（质喻入）　　四，327，367　　　　　喻（j）书（sj）旁纽

失（质书入）：佚（质喻入）　　五，425，459　　　　　喻（j）书（sj）旁纽

施（歌书平）：移（歌喻平）　　五，504，579　　　　　喻（j）书（sj）旁纽

施（歌书平）：移（歌喻平）　　六，554，636　　　　　喻（j）书（sj）旁纽

说（月书入）：悦（月喻入）　　八，644，793　　　　　喻（j）书（sj）旁纽

佳（微章平）：惟（微喻平）　　七，588，696　　　　　喻（j）章（tj）旁纽

至（质章入）：实（质船入）　　二，44，70　　　　　　章（tj）船（dj）旁纽

时（之禅平）：之（之章平）　　五，445，484　　　　　章（tj）禅（zj）旁纽

丞（蒸禅平）：烝（蒸章平）　　五，482，546　　　　　章（tj）禅（zj）旁纽

商（阳书平）：章（阳章平）　　五，448，488　　　　　章（tj）书（sj）旁纽

遮（鱼章平）：庶（鱼书去）　　五，463，512　　　　　章（tj）书（sj）旁纽

正（耕章平）：圣（耕书去）　　五，466，517　　　　　章（tj）书（sj）旁纽

志（之章去）：识（职书入）八，645，794　　章（tj）书（sj）旁纽

商（阳书平）：章（阳章平）八，676，845　　章（tj）书（sj）旁纽

时（之禅平）：而（之日平）四，307，351　　禅（zj）日（nj）旁纽

顺（文船平）：慎（真禅去）五，476，536　　船（dj）禅（zj）旁纽

慎（真禅去）：顺（文船平）八，660，817　　船（dj）禅（zj）旁纽

王力先生在《汉语史稿》中说："钱大昕证明古无舌上音，那是说上古知徹澄娘并入端透定泥。但是上古另有一套舌上音，就是后代的照系三等字。它们和舌头音相近。"① 所以章系就归为舌类音，与舌头音端系同类。曾运乾在《喻母古读考》中把喻母（实际上是喻母四等）并入定母，罗常培考证喻母三等应并入匣母，王力先生在此基础上，把喻四看成和定母读音相近而不完全相同的声母，并把喻四归入章系。在章系同系相通的 22 条条目当中，喻母和其他章系声母相通就有 11 条。

舌头端系和舌面章系同类异系相通：

招（宵章平）：旳（药端入）二，52，78　　端（t）章（tj）准双声

之（之章平）：知（支端平）二，53，79　　端（t）章（tj）准双声

咮（侯端去）：注（侯章去）四，233，292　　端（t）章（tj）准双声

直（职章入）：置（职端入）七，617，746　　端（t）章（tj）准双声

转（元端上）：抟（元定平）：专（元章平）四，284，328

　　　　　　　　　　　　　　　　　　端（t）章（tj）准双声

　　　　　　　　　　　　　　　　　　端（t）定（d）旁纽

　　　　　　　　　　　　　　　　　　定（d）章（tj）准旁纽

都（鱼端平）：诸（鱼章平）六，541，616　　端（t）章（tj）准双声

谆（文章平）：敦（文端平）八，699，861　　端（t）章（tj）准双声

知（支端平）：折（月章入）六，544，620　　端（t）章（tj）准双声

知（支端平）：之（之章平）七，574，665　　端（t）章（tj）准双声

致（质端入）：质（质章入）八，655，808　　端（t）章（tj）准双声

醜（幽昌上）：耻（之透上）一，4，7　　透（th）昌（thj）准双声

醜（幽昌上）：耻（之透上）四，300，341　　透（th）昌（thj）准双声

---

① 王力. 汉语史稿：上册［M］. 北京：科学出版社，1957：66.

而（之日平）：能（之泥平）二，47，73　　　泥（n）日（nj）准双声

而（之日平）：能（之泥平）三，234，180　　泥（n）日（nj）准双声

能（之泥平）：而（之日平）五，465，514　　泥（n）日（nj）准双声

能（之泥平）：而（之日平）六，554，635　　泥（n）日（nj）准双声

能（之泥平）：而（之日平）六，554，636　　泥（n）日（nj）准双声

能（之泥平）：而（之日平）七，598，716　　泥（n）日（nj）准双声

适（锡书入）：谪（锡端入）一，6，12　　　　端（t）书（sj）准旁组

翠（铎喻入）：泽（铎定入）三，86，113　　　喻（j）定（d）准旁组

誓（月禅入）：哲（月端入）一，14，18　　　　端（t）禅（zj）准旁组

执（缉章入）：籋（缉泥入）四，195，250　　　章（tj）泥（n）准旁组

挚（质章入）：疐（质透入）四，196，252　　　章（tj）透（th）准旁组

哲（月透入）：折（月章入）七，602，720　　　章（tj）透（th）准旁组

直（职章入）：特（职定入）四，228，284　　　章（tj）定（d）准旁组

正（耕章平）：定（耕定去）五，445，483　　　章（tj）定（d）准旁组

柱（侯定上）：祝（觉章入）八，631，767　　　章（tj）定（d）准旁组

搏（元定平）：专（元章平）三，102，138　　　章（tj）定（d）准旁组

填（真定平）：镇（真章平）三，103，140　　　章（tj）定（d）准旁组

直（职章入）：特（职定入）三，112，152　　　章（tj）定（d）准旁组

党（阳端上）：昌（阳昌平）五，449，489　　　端（t）昌（thj）准旁组

泽（铎定入）：斥（铎昌入）三，155，208　　　定（d）昌（thj）准旁组

驰（歌定平）：施（歌书平）：移（歌喻平）二，64，92

　　　　　　　　　　　　　　　　　　　　定（d）与书（sj）喻（j）
　　　　　　　　　　　　　　　　　　　　准旁组
　　　　　　　　　　　　　　　　　　　　书（sj）喻（j）旁纽

道（幽定上）：首（幽书上）一，28，44　　　　定（d）书（sj）准旁组

泽（铎定入）：释（铎书入）三，97，127　　　　定（d）书（sj）准旁组

泽（铎定入）：释（铎书入）五，413，437　　　书（sj）定（d）准旁组

泽（铎定入）：舍（鱼书上）五，452，498　　　书（sj）定（d）准旁组

适（锡书入）：敌（锡定入）五，470，525　　　书（sj）定（d）准旁组

泽（铎定入）：舍（鱼书上）六，553，633　　　书（sj）定（d）准旁组

世（月书入）：大（月定入）　八，644，791　　书（sj）定（d）准旁纽

储（鱼定平）：奢（鱼书平）　八，663，821　　书（sj）定（d）准旁纽

褫（支透上）：弛（歌书上）　八，652，805　　书（sj）透（th）准旁纽

饰（职书入）：饬（职透入）　八，674，840　　书（sj）透（th）准旁纽

著（鱼端去）：处（鱼昌上）　四，211，271　　昌（thj）端（t）准旁纽

尚（阳禅去）：当（阳端平）　四，281，321　　端（t）禅（zj）准旁纽

淳（文禅平）：敦（文端平）　五，455，502　　端（t）禅（zj）准旁纽

植（职禅入）：置（职端入）　五，486，551　　端（t）禅（zj）准旁纽

当（阳端平）：尝（阳禅平）　七，585，689　　端（t）禅（zj）准旁纽

澹（谈定去）：赡（谈禅去）　五，505，582　　定（d）禅（zj）准旁纽

时（之禅平）：待（之定上）　六，543，619　　定（d）禅（zj）准旁纽

擅（元禅去）：撣（元定上）　七，615，741　　定（d）禅（zj）准旁纽

遊（幽喻平）：流（幽来平）　七，559，641　　喻（j）来（l）准双声

他（歌透平）：也（鱼喻上）　三，116，154　　喻（j）透（th）准旁纽

偷（侯透平）：愈（侯喻上）：愉（侯喻平）　三，120，521，156

　　　　　　　　　　　　　　　　　　　　　喻（j）透（th）准旁纽

愈（侯喻上）：偷（侯透平）　四，296，336　　喻（j）透（th）准旁纽

通（东透平）：踊（东喻上）　六，547，624　　喻（j）透（th）准旁纽

也（鱼喻上）：他（歌透平）　七，600，719　　喻（j）透（th）准旁纽

也（鱼喻上）：他（歌透平）　七，612，738　　喻（j）透（th）准旁纽

愉（侯喻平）：偷（侯透平）　八，678，851　　喻（j）透（th）准旁纽

兑（月定入）：锐（月喻入）　三，93，121　　喻（j）定（d）准旁纽

逞（耕定平）：盈（耕喻平）　五，427，462　　喻（j）定（d）准旁纽

軼（质喻入）：迭（质定入）　四，319，362　　喻（j）定（d）准旁纽

尤（之匣平）：饴（之喻平）：治（之定平）　四，260，1118，308

　　　　　　　　　　　　　　　　　　　　　喻（j）定（d）准旁纽

葉（叶喻入）：堞（叶定入）　七，626，762　　喻（j）定（d）准旁纽

　　王念孙的二十三声组体系中，没有章系声母，他似乎没有把照二照三分开而是都并入了精系声纽。戴震要进步些，在他的转语理论中，章系和端系或精系都有交替的现象，如他把透（定）放在第6章，昌母放在第10章，

清母放在第 14 章，是位同变转的关系，戴氏说："位同则声变而同，声变而同则其义亦可以比之而通。"黄侃把照系三等声母（章系）并入端系，章太炎不但把娘母并入泥母，连日母也并入泥母。王力先生认为照系三等和端系，日母和泥母，读音只是相近，而不是相同，他的理由是如果相同，到中古就没有分化的条件了。无论是分还是合，章系声母和端系声母的关系非常密切是没有疑问的，《读书杂志》反映出来的端系和章系相通的条目就有 65条，并且端章准双声关系的条目有 11 条，透昌准双声有 2 条，泥日准双声有 6 条，喻来准双声有 1 条，可见黄侃和章太炎的说法也不是没有根据的。从这类相通关系发现，尽管后人推断王氏的二十三声纽体系对中古照系声母的处理过于简单，但从他的校释实践所反映的情况来看，他对照三声纽和端系声纽的关系应该是有明确的认识的。

上古喻母（中古喻母四等）的归属一直成为学术界的争论问题，黄侃将喻母并入影母。曾运乾在《喻母古读考》中，把喻母归入定母。王力先生早期在《汉语史稿》中将余母（喻四）归入端组，放在透母和定母中间，[①] 后期在《汉语语音史》中改为归入章系，[②] 他认为喻母实际上是假四等，真三等，若并入定母，也和澄母混同起来（《同源字典》第 73 页），我们采用这种说法。总之，上古喻母与端系和章系的关系很密切，从《读书杂志》中所体现出来的事实也是这样，喻母和端系、章系相通的情况很普遍，如喻母和章系相通有 11 条，喻母与端系相通有 12 条。王念孙在那个时候能认识到这样的音近关系，是很难得的。

舌音和齿音异系：

知（支端平）：咨（脂精平）三，100，131　　端（t）精（tz）准双声

术（物船入）：遂（物邪入）五，449，490　　船（dj）邪（z）邻纽

躲（射）（铎船入）：榭（铎邪入）五，500，574

　　　　　　　　　　　　　　　　　　　　　船（dj）邪（z）邻纽

顺（文船平）：循（文邪平）八，700，862　　船（dj）邪（z）邻纽

寺（之邪去）：侍（之禅去）四，209，268　　邪（z）禅（zj）邻纽

---

① 王力. 汉语史稿：上册 ［M］. 北京：科学出版社，1957：66.

② 王力. 汉语语音史 ［M］. 北京：商务印书馆，2008：20.

诚（耕禅平）：请（耕清上）六，546，622　清（ts）禅（zj）邻纽
情（耕从平）：诚（耕禅平）七，571，660　从（dz）禅（zj）邻纽
脩（幽心平）：条（幽定平）一，33，55　心（s）定（d）邻纽
信（真心平）：伸（真书平）二，42，66　心（s）书（sj）邻纽
虽（微心平）：唯（微喻平）二，39，60　心（s）喻（j）邻纽
虽（微心平）：唯（微喻平）三，123，161　心（s）喻（j）邻纽
唯（微喻平）：虽（微心平）四，282，324　心（s）喻（j）邻纽
唯（微喻平）：虽（微心平）七，565，650　心（s）喻（j）邻纽
唯（微喻平）：虽（微心平）七，571，659　心（s）喻（j）邻纽
紲（月心入）：枻（月喻入）八，653，806　心（s）喻（j）邻纽
惟（微喻平）：虽（微心平）七，580，678　心（s）喻（j）邻纽
綏（微心平）：緌（微日平）八，660，815　心（s）日（nj）邻纽
泄（月心入）：泰（月透入）八，644，791　心（s）透（th）邻纽
脩（幽心平）：絛（幽定平）八，667，827　心（s）定（d）邻纽
申（真书平）：信（真心平）五，486，550　心（s）书（sj）准双声
紃（文邪平）：铅（元喻平）八，656，810　邪（z）喻（j）邻纽
隋（歌邪平）：堕（歌定上）三，167，225　邪（z）定（d）邻纽
隨（歌邪平）：隋（歌定上）四，233，291　邪（z）定（d）邻纽
褺（叶定入）：襲（缉邪入）四，402，428　邪（z）定（d）邻纽
夺（月定入）：隧（物邪入）六，532，605　邪（z）定（d）邻纽
队（物定入）：隧（物邪入）六，546，621　邪（z）定（d）邻纽
遁（文定去）：循（文邪平）六，555，638　邪（z）定（d）邻纽
遂（物邪入）：墜（物定入）八，672，836　邪（z）定（d）邻纽
胜（蒸书平）：省（耕生上）五，491，561　书（sj）生（sh）准双声
殺（月生入）：術（物船入）七，593，707　船（dj）生（sh）邻纽
麤（屋来入）：麤（鱼清平）六，536，610　来（l）清（ts）邻纽

舌齿邻纽或准双声关系有 28 条条目。心母和舌音相通有 12 条。现代古音学家对心母字是非常重视的，认为心母具有广泛的通转能力，吴泽顺先生甚至认为“心母字几乎可以和所有的声母互谐，由心母和其他辅音构成的复

辅音也最多"①。这种说法是否过于绝对，还有待进一步的研究，但心母通转的活跃性是无疑的。邪母与定母邻纽相通有 6 条，邪母与喻母相通有 1 条。现代古音学家对邪母与其他声母的相转现象研究较多，发现邪母与同系相转相通的情况很少（下文精系同系相转条目中，只有心母和从母各与邪母相转一次），所以喻世长认为邪母在上古时期不属于精系，不能作为单声母使用，而是和喻母构成复辅音。李方桂认为中古的邪母和喻母在上古都来源于 r，只不过邪母后面有一个介音 j，喻母后面没有介音②。陆志韦认为"定与邪的通转是大路，不是例外"③。由于时代的局限性，王念孙不可能和现代学者一样从音理上作出解释，但他在对古书的校释实践中对这些复杂的声转关系有清醒的认识，不愧是了不起的古音学家和小学家。

　　齿类齿头音精系同系相通：

　　戚（觉清入）：蹙（觉清入）：就（觉从入）：蹙（屋精入）三，102，434，136

精（tz）清（ts）从（dz）
旁纽

　　苴（鱼精平）：粗（鱼清平）五，449，492　　精（tz）清（ts）旁纽

　　且（鱼清上）：駔（阳精上）四，334，373　　精（tz）清（ts）旁纽

　　戚（觉清入）：蹙（屋精入）四，350，381　　精（tz）清（ts）旁纽

　　俊（文清平）：遵（文精平）四，398，422　　精（tz）清（ts）旁纽

　　且（鱼清上）：兹（之精平）六，532，605　　精（tz）清（ts）旁纽

　　次（支清去）：即（质精入）七，582，683　　精（tz）清（ts）旁纽

　　遵（文精平）：逡（文清平）八，666，825　　精（tz）清（ts）旁纽

　　聚（侯从上）：陬（侯精平）三，89，118　　精（tz）从（dz）旁纽

　　绝（月从入）：最（月精入）四，182，236　　精（tz）从（dz）旁纽

　　薦（元精去）：荐（文从去）四，184，239　　精（tz）从（dz）旁纽

　　精（耕精平）：情（耕从平）五，473，532　　精（tz）从（dz）旁纽

---

① 吴泽顺. 汉语音转研究 [M]. 长沙：岳麓书社，2006：183.

② 李方桂. 上古音研究 [M]. 北京：商务印书馆，1982：14.

③ 陆志韦. 古音说略 [M] //陆志韦. 陆志韦语言学著作集：（一）. 北京：中华书局，1985：240.

39

造（幽从上）：竈（觉精入）五，488，556　精（tz）从（dz）旁纽

譖（侵精平）：馋（谈从平）七，559，642　精（tz）从（dz）旁纽

叢（东从平）：蓛（幽精平）七，587，695　精（tz）从（dz）旁纽

樵（宵从平）：醮（宵精去）七，616，745　精（tz）从（dz）旁纽

瘠（锡精入）：眥（支从去）八，649，801　精（tz）从（dz）旁纽

粗（鱼清平）：㨾（屋从入）：苴（鱼精平）五，473，533

精（tz）清（ts）从（dz）旁纽

松（东邪平）：从（东从平）七，622，755　邪（z）从（dz）旁纽

昔（铎心入）：夕（铎邪入）五，444，480　邪（z）心（s）旁纽

杲（宵心去）：繰（宵精上）七，585，690　精（tz）心（s）旁纽

散（元心上）：粲（元清去）四，188，244　清（ts）心（s）旁纽

橚（觉心入）：楸（幽清平）六，553，633　清（ts）心（s）旁纽

鲜（元心平）：迁（元清平）三，171，231　清（ts）心（s）旁纽

俏（宵清去）：肖（宵心平）五，516，590　清（ts）心（s）旁纽

措（铎清入）：昔（铎心入）七，578，672　清（ts）心（s）旁纽

耸（东心上）：从（东从平）一，19，26　从（dz）心（s）旁纽

从（东从平）：耸（东心上）四，331，371　从（dz）心（s）旁纽

须（侯心平）：从（东从平）三，143，197　从（dz）心（s）旁纽

叢（东从平）：緅（侯庄平）：取（侯清上）四，193，248

清（ts）从（dz）旁纽

庄（tzh）清（ts）准旁纽

清（耕清平）：静（耕从平）三，149，203　清（ts）从（dz）旁纽

樵（宵从平）：萩（幽清平）五，488，556　清（ts）从（dz）旁纽

请（耕清上）：情（耕从平）七，569，656　清（ts）从（dz）旁纽

情（耕从平）：请（耕清上）：诚（耕禅平）七，581，681

清（ts）从（dz）旁纽

清（ts）从（dz）禅（zj）邻纽

请（耕清上）：情（耕从平）七，587，694　清（ts）从（dz）旁纽

请（耕清上）：情（耕从平）七，620，750　清（ts）从（dz）旁纽

精系同系相通的条目有 37 条。其中和心母相通的有 10 条，也证明了心母是一个通转能力很强的声母。

正齿庄系和齿头精系同类异系相通：

楷（质精入）：笮（铎庄入）一，13，17　精（tz）庄（tzh）准双声

冣（侯从上）：骤（侯崇去）三，132，178　从（dz）崇（dzh）准双声

数（屋生入）：速（屋心入）一，22，28　生（sh）心（s）准双声

生（耕生平）：性（耕心平）五，417，446　生（sh）心（s）准双声

生（耕生平）：性（耕心平）八，630，765　生（sh）心（s）准双声

生（耕生平）：性（耕心平）八，677，850　生（sh）心（s）准双声

素（铎心入）：蔬（鱼生平）五，490，559　生（sh）心（s）准双声

西（脂心平）：駪（文生平）七，603，721　生（sh）心（s）准双声

糈（鱼心上）：所（鱼生上）七，606，728　生（sh）心（s）准双声

蔬（鱼生平）：素（铎心入）八，676，846　生（sh）心（s）准双声

刺（锡清入）：策（锡初入）三，166，223　清（ts）初（tsh）准双声

此（支清上）：差（歌初平）六，529，602　清（ts）初（tsh）准双声

察（月初入）：际（月精入）三，132，177　精（tz）初（ths）准旁纽

愁（幽崇平）：摯（幽精平）五，427，463　崇（dzh）精（tz）准旁纽

騶（侯庄平）：趋（侯清平）：骤（侯崇去）四，305，347

　　庄（tzh）崇（dzh）旁纽

　　清（ts）崇（dzh）准旁纽

崇（冬崇平）：嵩（冬心平）四，186，242　崇（dzh）心（s）准旁纽

接（叶精入）：插（叶初入）四，297，338　精（tz）初（tsh）准旁纽

《读书杂志》中精系和庄系异系相通的条目有 18 条，其中准双声关系就有 14 条。黄侃把照系二等字并入精系也是有一定根据的。但现代学术界一般采用王力先生的理论，认为庄系声纽和精系声纽只是相近，而不是相同。在这 18 条相通条目中，其中心母的相通关系就占了 9 条，又一次说明了心母的活跃性。

唇音同系相通：

辟（锡帮入）：匹（质滂入）二，40，64　　帮（p）滂（ph）旁纽

苞（幽帮平）：莩（幽滂上）五，431，466　　帮（p）滂（ph）旁纽

偏（真滂平）：褊（真帮去）七，575，666　　帮（p）滂（ph）旁纽

偏（真滂平）：褊（真帮去）七，595，710　　帮（p）滂（ph）旁纽

偏（真滂平）：褊（真帮去）八，672，837　　帮（p）滂（ph）旁纽

比（脂帮上）：庀（脂滂上）八，646，795　　帮（p）滂（ph）旁纽

负（之並上）：否（之帮上）一，17，87，23帮（p）並（b）旁纽

芾（物帮入）：佛（物並入）：拂（物滂入）：艴（物滂入）一，22，110，30

　　　　　　　　　　　　　帮（p）滂（ph）並（b）
　　　　　　　　　　　　　旁纽

发（月帮入）：伐（月並入）一，23，32　　帮（p）並（b）旁纽

方（阳帮平）：旁（阳並平）一，27，41　　帮（p）並（b）旁纽

背（职帮入）：倍（之並上）二，42，65　　帮（p）並（b）旁纽

倍（之並上）：背（职帮入）五，417，447　　帮（p）並（b）旁纽

辨（元並上）：班（元帮平）四，181，235　　帮（p）並（b）旁纽

施（月並入）：发（月帮入）四，221，277　　帮（p）並（b）旁纽

背（职帮入）：倍（之並上）四，232，289　　帮（p）並（b）旁纽

背（职帮入）：倍（之並上）六，536，608　　帮（p）並（b）旁纽

辟（锡並入）：卑（支帮平）五，447，487　　帮（p）並（b）旁纽

辩（元並上）：褊（真帮去）七，570，658　　帮（p）並（b）旁纽

别（月並入）：褊（真帮去）七，584，687　　帮（p）並（b）旁纽

愤（文並上）：奋（文帮去）七，625，761　　帮（p）並（b）旁纽

伯（铎帮入）：白（铎並入）八，669，833　　帮（p）並（b）旁纽

伯（铎帮入）：白（铎並入）八，675，844　　帮（p）並（b）旁纽

辨（元並上）：变（元帮去）八，693，857　　帮（p）並（b）旁纽

伯（铎帮入）：陌（铎明入）四，376，408　　帮（p）明（m）旁纽

愎（职並入）：覆（觉滂入）五，424，456　　滂（ph）並（b）旁纽

辟（锡並入）：僻（锡滂入）四，197，253　　滂（ph）並（b）旁纽

猋（宵帮平）：瀌（宵並平）：飘（宵滂平）四，209，920，270

帮（p）滂（ph）並（b）

旁纽

肺（月滂入）：附（侯並去）四，285，330　滂（ph）並（b）旁纽

拂（物滂入）：茀（物並入）四，398，424　滂（ph）並（b）旁纽

蕡（之並上）：秠（之滂平）五，494，569　滂（ph）並（b）旁纽

仆（屋滂入）：部（之並上）七，620，751　滂（ph）並（b）旁纽

费（物滂入）：祕（质明入）四，195，249　滂（ph）明（m）旁纽

漂（宵滂平）：秒（宵明上）二，46，71　　滂（ph）明（m）旁纽

腐（侯並上）：柎（侯滂上）三，140，191　滂（ph）並（b）旁纽

蝮（觉滂入）：愎（职並入）三，162，214　滂（ph）並（b）旁纽

泮（元滂平）：畔（元並平）五，427，460　滂（ph）並（b）旁纽

辟（锡並入）：譬（锡滂入）五，428，464　滂（ph）並（b）旁纽

腓（微並平）：菲（微滂平）五，462，510　滂（ph）並（b）旁纽

费（物滂入）：悖（物并入）七，608，732　滂（ph）並（b）旁纽

繁（元並平）：敏（之明上）八，682，860　並（b）明（m）旁纽

唇音同系相转有 40 条。从钱大昕"古无轻唇音"的理论提出以后，一直到现代古音学家，这点已经成为定论。但戴震保留了敷母（包括非母和奉母）和重唇音同位，和晓来书心位同，把微母并入影母。从今天看来，戴氏对轻唇音的处理，没有钱大昕先进。李方桂先生根据谐声字的系统考察，发现"有 p，ph，b 声母的字时常谐声，我们可以算为一类，但它们大多数不跟鼻音 m 谐声"。[①] 也就是说帮、滂、並三母的字不常和明母字相通。从以上 40 条唇音相通的条目来看，明母和其他唇音相通的仅有四例，王念孙在校释实践中反映的唇音相通事实也证明了李先生说法的可信性。

异类相通：

1. 牙音和舌音相通

为（歌匣平）：与（鱼喻上）二，36，59　　匣（h）喻（j）相通

为（歌匣平）：与（鱼喻上）三，126，165　匣（h）喻（j）相通

---

① 李方桂. 上古音研究［M］. 北京：商务印书馆，2003：99.

以（之喻上）：矣（之匣上）三，87，115　匣（h）喻（j）相通

有（之匣上）：以（之喻上）三，132，176　匣（h）喻（j）相通

尤（之匣平）：饴（之喻平）：治（之定平）四，260，308

喻（j）定（d）准旁纽

匣（h）喻（j）定（d）

相通

与（鱼喻上）：为（歌匣平）四，385，418　匣（h）喻（j）相通

环（元匣平）：营（耕喻平）五，457，504　匣（h）喻（j）相通

环（元匣平）：营（耕喻平）八，692，870　匣（h）喻（j）相通

营（耕喻平）：还（元匣平）八，691，869　匣（h）喻（j）相通

宥（之匣上）：异（职喻入）五，464，513　匣（h）喻（j）相通

友（之匣上）：以（之喻上）五，472，529　匣（h）喻（j）相通

予（鱼喻上）：于（鱼匣平）五，504，580　匣（h）喻（j）相通

野（鱼喻上）：宇（鱼匣上）七，589，698　匣（h）喻（j）相通

也（鱼喻上）：邪（鱼疑平）三，163，217　喻（j）疑（n）相通

遇（侯喻去）：愚（侯疑平）七，592，705　喻（j）疑（n）相通

果（歌见上）：裸（歌来上）一，25，38　见（k）来（l）相通

增（幽来去）：簋（幽见上）三，77，103　见（k）来（l）相通

格（铎见入）：辂（铎来入）六，530，603　见（k）来（l）相通

隆（冬来平）：降（冬见平）七，567，652　见（k）来（l）相通

淪（文来平）：薰（文晓平）四，406，433　晓（x）来（l）相通

立（缉来入）：泣（缉溪入）六，524，598　溪（kh）来（l）相通

位（物匣入）：涖（质来入）二，65，3　匣（h）来（l）相通

臽（谈匣去）：啗（谈定去）三，87，114　匣（h）定（d）相通

验（谈疑去）：敛（谈来上）三，89，117　疑（n）来（l）相通

举（鱼见上）：与（鱼喻上）一，5，17，10　见（k）喻（j）相通

举（鱼见上）：与（鱼喻上）七，621，753　见（k）喻（j）相通

举（鱼见上）：与（鱼喻上）八，669，831　见（k）喻（j）相通

举（鱼见上）：与（鱼喻上）八，677，848　见（k）喻（j）相通

举（鱼见上）：与（鱼喻上）八，711，892　见（k）喻（j）相通

汁（缉禅入）：協（叶匣入）五，444，481　　匣（h）禅（zj）相通

救（幽见去）：仇（幽禅平）五，442，479　　见（k）禅（zj）相通

训（文晓平）：顺（文船平）七，576，669　　晓（x）船（dj）相通

堪（侵溪平）：湛（侵定上）：渐（谈精平）七，560，644

　　　　　　　　　　　　　　　　　　　　溪（kh）定（d）精（tz）相通

　　牙音和舌音异类相通有33条。最突出的是匣母和喻母的相通，有13条。牙音和来母相通次之，有9条。在王念孙的思想里，匣母和喻母相通是很自然的，因为他把匣母和喻母看作同一系，都是喉音。另外，喻母和其他牙音相通的例子有：疑喻相通2例，见喻相通5例。来母和牙音相通（还有群音帮母和来母的相通）较频繁的事实可能为后来的学者提出复辅音提供了证据，高本汉、林语堂、陈独秀等学者是主张上古汉语有复辅音声母的。程瑶田的《果赢转语记》提供了大量的牙音和来母相通的语音特征。可见牙音和舌音相通在古时不是个别现象。

　　2. 唇音和舌音相通

稟（侵帮上）：廩（侵来上）三，109，146　　帮（p）来（l）相通

　　3. 牙音和齿音相通

所（鱼生上）：许（鱼晓上）三，148，202　　生（sh）晓（x）相通

所（鱼生上）：许（鱼晓上）四，238，297　　生（sh）晓（x）相通

损（文心上）：抎（文匣平）七，566，651　　匣（h）心（s）相通

谦（谈清平）：嫌（谈匣平）八，660，818　　匣（h）清（ts）相通

汜（之邪上）：垠（文疑平）四，404，430　　疑（ŋ）邪（z）相通

谦（谈清平）：兼（谈见平）七，586，693　　见（k）清（ts）相通

嗛（谈溪上）：谦（谈清平）八，660，816　　溪（kh）清（ts）相通

　　4. 牙音和唇音相通

沆（阳匣去）：莽（阳明上）四，221，276　　匣（h）明（m）相通

愐（文晓平）：闷（文明平）六，534，606　　晓（x）明（m）相通

烹（阳滂平）：享（阳晓平）七，596，712　　晓（x）滂（ph）相通

　　5. 齿音和唇音相通

丧（阳心平）：亾（阳明平）七，580，679　　明（m）心（s）相通

6. 喉音和舌音相通

黟（支影平）：多（歌端平）四，261，309　　影（0）端（t）相通

佚（质喻入）：溢（锡影入）六，520，594　　影（0）喻（j）相通

委（微影上）：妥（歌透上）八，660，815　　影（0）端（th）相通

异类相转有 48 条。其中牙舌音相转 33 条，约占异类相转的 69%。牙音和舌音相通的现象，今人已经有许多证明和发挥，王念孙能和现代学者不谋而合，可见王氏在校释实践中对古声母相通把握的精确性。其他 12 条异类相通的条目中，除了氾（之邪上）和垠（文疑平）、黟（支影平）和多（歌端平）、佚（质喻入）和溢（锡影入）3 条外，都是韵部相同而声纽异类相通的关系，还有的甚至是谐声关系，这是值得注意的，这种现象反映了汉语音节中声和韵的互相制约和互相依存的关系，吴泽顺先生说："声母之间的关系越近，韵部的流转比较宽泛；韵部的关系越近，声母的流转亦较自由。"① 当然，这种宽泛和自由是相对的，还要受到语义等其他因素的共同制约，不然会陷入"无所不通，无所不转"的怪圈中去而失之荒诞。黟和多是谐声关系，《说文解字》："黟，从黑多声。"可见黟和多相通是事实。佚和溢，韵部质部和锡部通转，声纽为喻母影母异类，声韵关系都不是很相近，黄侃认为中古的喻母是从上古的影母变化而来，他认为"今读喻者，古音皆读影"。这种说法被后来的古音学家证明不够精确，但喻母和影母在古时有所纠葛应该是可能的。再回到文献中去考察氾和垠的音义关系，《汉书杂志》第 404 页"邥沂"条，王念孙引用服虔的话曰："氾音颐，楚人謂橋曰氾。氾垠語之轉。"颐古音在之部喻母，之部和文部有通转关系，喻母和疑母牙舌相通是可能的，可知氾和垠异类相通和方音有关，陆宗达和王宁对同源词有时语音不相近原因的分析很有借鉴意义，他们认为："（同源词）分化完成以后，由于语言环境的影响，方言的影响，使用中的讹传等原因，两词自身还可能各自发生音变，这是从有直接派生关系的同源词来说的。还有些同源词是间接派生的，它们之间可能经过多次音变，这种音变的轨迹越长，同源词之间的语音差异就越大，纽或韵的距离远些是并不奇怪的。"②

---

① 吴泽顺. 汉语音转研究［M］. 长沙：岳麓书社，2006：333.

② 陆宗达，王宁. 浅论传统字源学［J］. 中国语文，1984（5）.

我们从《读书杂志》所选的 912 条声母相通关系中，581 条是双声关系，可见王念孙在用声母相通说明问题时是相当谨慎的。在 331 条声近而通的关系中，同系相转的有 158 条，约占 48%；同类异系相转的有 127 条，约占 38%；异类相转的有 46 条，约占 14%。可见在王念孙的校释实践中，声母相近而通的情况主要以同系相转和同类相转为主，异类相转则以发音部位相邻近的为主。

第四节 《读书杂志》上古声纽相通之评说

一、上古轻唇音和重唇音的关系问题

黄侃在《尔雅略说》中说："古声类之说，萌芽于顾氏。"① 又在《音略》中说："古声数之定乃今日事，前者顾亭林知古无轻唇，钱竹汀知古无舌上，吾师章氏知古音娘、日二纽归泥。"② 顾炎武在《音学五书》《日知录》等书中，虽然没有明确的"古无轻唇音"的论断，但根据他在《音学五书》中关于重唇和轻唇的一些例说，说明他已经悟出了轻唇音和重唇音在上古的关系，至少是相通的关系。引录几条例句如下：

> 《说文》："冯，从马，仌声。"元吾丘衍《闲居录》曰："舜生诸冯及晋人有冯妇之类，皆音皮冰反，古不音房戎反也。"

皮，为并纽字；房，为奉纽字。冯，在上古不读轻唇冯纽，而读重唇并纽。

> 《释名》："邦，封也，有功于是故封之也。"《说文》："邦，从邑，丰声。"

---

① 黄侃. 黄侃论学杂著［M］. 上海：上海古籍出版社，1980：399.
② 黄侃. 黄侃论学杂著［M］. 上海：上海古籍出版社，1980：69.

邦和封为同源词。邦，为帮纽字；封，为丰纽字。上古帮、非重唇和轻唇相通。

> 《仪礼·乡射礼》："君国中射则皮树中"，今文皮为繁。《汉书》："御史大夫繁延寿"，"繁"音婆。按此则鄙、番、蕃、繁四字皆得与"皮"通，以皮字音婆故也。

鄙，並纽；番，敷纽；蕃，非纽和奉纽两音；繁，奉纽。皮，並纽。前四字皆读为重唇並纽。

"顾炎武对古声纽现象的例说，是清代学者上古声纽研究的肇端。他的一些例说，尽管是零碎的，肤浅而未深入的，但是，只要看过《音学五书》的清代古音学者，都可能从中得到启发。因此，可以这样说，古韵学的研究从顾氏开始才是科学的研究，古声纽的研究在顾氏这里也已萌动。"① 王念孙研究过《音学五书》，特别是《唐韵正》，以他的学术素养和学术敏感性，不可能不受到顾炎武的启发。

顾炎武对轻唇和重唇在上古的相通关系不够成熟，只是悟出了轻重唇相通的道理，之后钱大昕明确地提出了"古无轻唇音"的理论。他在《古无轻唇音》② 一文中列举了大量的材料并进行了详尽的疏通考据，如：

> 凡輕脣之音，古讀皆爲重脣。《詩》"凡民有喪，匍匐救之"。《檀弓》引《詩》作"扶服"，《家語》引作"扶伏"。又"誕實匍匐"，《釋文》本亦作"扶服"。《左傳·昭十二年》"奉壺飲冰以蒲伏焉"，《釋文》"本又作匍匐，蒲，本亦作扶"。《昭二十一年》"扶伏而擊之"，《釋文》"本或作匍匐"。《史記·蘇秦傳》"嫂委蛇蒲服"，《范睢傳》"膝行蒲服"，《淮陰侯傳》"俛出袴下蒲伏"，《漢書·霍光傳》"中孺扶服叩頭"，皆匍匐之異文也。

---

① 李葆嘉. 清代上古声纽研究史论［M］. 台北：台北五南图书出版公司，1996：20.
② 钱大昕. 十驾斋养新录：第五卷［M］. 上海：上海书店，1983：101-117.

古音"負"如"背"，亦如"倍"。《史記·魯周公世家》"南
面倍依"，《漢書·徐樂傳》"南面背依"。"倍"與"背"同，卽負
戾也。《書·禹貢》"至于陪尾"，《史記》作"負尾"，《漢書》作
"倍尾"。《漢書·宣帝紀》"行幸蒉陽宮"，李斐曰"負音倍"。《東
方朔傳》"倍陽宣曲尤幸"，師古曰："倍陽卽蒉陽也"。《釋名》
"負，背也，置項背也"。

据李葆嘉的考证，钱大昕在此文中使用的材料约有 202 例，分为五大类、
十八小类，以下引录他的统计结果：

第一大类是异文类，包括异文、通假、破字、异体。凡八十八
类，占总数的 43.5%。

第二大类是音注类，包括音注、又音、古读、声训、谐声、双
声、译音。凡七十一类，占 35%。

第三大类是方言类，包括古方言、今方言、古语、今语。凡十
二例，占 5.9%。

第四大类是训诂类，包括训诂、类义词。凡二十四例，
占 11.8%。

第五大类是音变类，凡七类，占 3.8%。①

钱大昕又在《答问十二》一文中进一步重申"古无轻唇音"的理论，他
说："凡今人所谓轻唇者，汉魏以前皆读重唇，知轻唇之非古矣。"又说：
"后儒不通古音，乃有类隔之别，不知古音本无轻唇。"

王念孙虽然没有这些精彩的论断，但以他的博通，他不可能不受到钱大
昕正确结论的影响。事实上，他完全赞同这种观点，并把它运用到对古籍的
校释当中。

《读书杂志》第 17 页，"咎徵之咎"条下曰："負婦二字古皆讀如否泰之

---

① 李葆嘉. 清代上古声组研究史论 [M]. 台北：台北五南图书出版公司, 1996：80-
81.

否（説見唐韻正）。"否，中古读重唇並母，上古读重唇帮母；负、妇中古为轻唇非母，上古读重唇並母，与否读音相近。王念孙还明确表态借鉴了《唐韵正》的观点，可见其受到了顾炎武的影响。

《读书杂志》第 22 页，"薾然"条下曰："怒色薾然以侮。引之曰：'薾'字義不可通。'薾'當爲'茀'字，形相近而誤也。'茀'與'艴'同，《孟子·公孫丑篇》'曾西艴然不悦'，趙注曰'艴然，愠怒色也'，《音義》'艴'丁音'勃'，張音'佛'。《楚策》曰'王怫然作色'，'怫'與'茀'皆艴之借字也。《莊子·人間世篇》'獸不擇音氣息茀然'，義與艴然亦相近。《大戴記》作'怒色拂然以侮'，'拂'亦'艴'之借字，以是明之。"先辨别字讹，找出正字，再辨明假借，进而引用先秦书证，归纳出一组谐声字茀、怫、拂，说明这组谐声字在有关文献中都是"艴"的借字。茀、拂，中古为轻唇敷母，"怫"中古读轻唇奉母，上古都读与重唇，与重唇字"艴"相近。

《读书杂志》第 27 页，"大開方封于下土"条下曰："自三公上下辟于文武，文武之子孙大開方封于下土。引之曰：當作大開封方于下土。封邦古字通，方旁古字通。"封邦、方旁轻重唇相通。

《读书杂志》第 42 页，"棓而殺之"条曰："大夫種爲越王禽勁吴，成霸功，句踐終棓而殺之。念孫案：《史記·越世家》'越王賜大夫種劒，種自殺，不言棓而殺之'。姚本作'棓'，鮑本譌作'拮'，注云'拮戛同轢也'，尤非'棓'。當爲'倍'字之誤也。'倍'與'背'同，言越王背德而殺之也。《史記》作'句踐終負而殺之'，'負'亦'背'也。《史記·魯世家》'南面倍衣以朝諸矦'，'倍衣'即'負衣'，《主父偃傳》'南面負扆'，《漢書》'負'作'背'。《漢書·高祖紀》'項羽背約'，《史記》'背'作'負'。'背''倍''負'三字古同聲而通用。"负，中古读轻唇音奉母，背、倍中古读重唇並母，上古负也读为重唇，所以王氏说"三字古同声而通用"。这条和上文所引的钱大昕论说"负""背""倍"关系的观点基本一致，可见王念孙对中古轻唇音上古读为重唇是有清醒的认识的。

又"载斾"条（第 221 页，《汉书·刑法志》）（"《詩》曰：武王载斾，有虔秉鉞。念孫案：'斾'本作'發'，今作'斾'者，後人依《毛詩》改之也。"）认为《汉书》此句用的是本字"发"，后人根据《毛诗》改为

"旆"，其实《毛诗》用的是借字。既然"发"可借作"旆"，那么"发"和"旆"肯定音同或音近。在中古时代，这两个字的读音差别很大，旆，《广韵》为蒲蓋切，蟹摄开口一等去声泰韵滂母；发，《广韵》为方伐切，山摄合口三等入声月韵非母。不识古音或古音学不精者，难以识别二者的假借关系。在上古时代，中古轻唇音还没有分化出来，都读作重唇音。"旆"属于月部并母入声，亦属于月部帮母入声，帮母和并母为旁组关系，二字读音非常相近，具备假借的条件。王念孙正因为深知此音理，又佐以相关古籍文献和注文，才弄清了《汉书》用字的本来面貌，也顺便解释了《毛诗》使用借字的真相。

二、舌上音和舌头音在上古的关系

最早注意到守温三十六字母中舌上音"知、彻、澄、娘"在上古和舌头音关系密切的是清代的徐用锡（1657—1736）。徐用锡著有《字学音韵辩》，未刊行，抄本今也已亡佚，近人刘赜曾见过沈大成抄本，并通过所见抄本在《声韵学表解》中对徐氏的学说作了简要摘引。

等韵、古音，端透定泥是矣。知彻澄娘不与照穿等同乎？曰：此古今异耳。

今惟娘字尚有古音，然亦有顺知彻澄而读若瓢者。知，古读若低，今读若支；彻，古读若铁，今读若赤折切；澄，古读若登之下平，今读若惩；故曰：舌上音。

自端透定泥为舌头，知彻澄娘为舌上；精清从心邪为轻齿，照穿床审禅为重齿；帮滂并明为重唇，非敷奉微为轻唇；皆分两类。

今闽音，尚于知彻澄一如古呼。

不尔，岂舌音少四声，而齿音独多四声？斯亦不论之甚矣！①

对于徐氏的等韵之说，我们存而不论。徐氏关于上古舌音的说法可以概括为：古音中无舌上音，中古知组读同端组，今读同照穿；中古娘母字在上

① 刘赜. 声韵学表解 [M]. 上海：商务印书馆，1934：183.

古有的读为娘母，有的并入泥母。

特别要注意的是，徐氏对娘母的意见甚至比钱大昕还要全面，钱大昕只说："古无舌头舌上之分，知彻澄三母，以今音读之，与照穿床无别，求之古音，则与端透定无异。"① 并没有提到娘母和泥母的关系，直到章太炎先生那里才正式提出"娘日归泥"的理论。虽然徐用锡的"舌上古读舌头"说还带有先验性，例证不够翔实，方法不够完善，但他的先导之功是不应该被忽视的。

当然，最后明确地总结出"古无舌上音"结论的还是钱大昕，他在《舌音类隔之说不可信》一文中，不光提出了上述理论观点，还引用大量的材料进行了考证。如：

> 冲读若动，中读若得，陟读若得，赵音如搁，竹音如笃，稠音如祷，追读如堆，卓音近的，倬读如菿，枨读如棠，池读如沱，褫读如拕，沈读如潭，廛读如坛，秩读如豑，侄娣双声，陈读如田，甸或谓之乘，堂途谓之陈，咮读如斗，涿读如独。②

后来的学者又根据方音、译音、谐声等材料进一步证明了钱大昕"古无舌上音"结论的正确性。王念孙的上古二十三声纽体系中，舌音有端透定泥来日六纽，可见他对钱大昕的意见是赞同的，并且把这条理论作为训释古书的原则用到了他的训诂实践中。

三、喻母与相关声纽的关系

喻母在《切韵》时代，有三等和四等之分，到宋人的三十六字母里，喻三和喻四合流为一个喻母，而在上古时代，中古的喻三母字和喻四母字界限是很分明的，喻三读与匣母同，喻四读与定母近。较早认识到中古喻母三等和四等在上古有别的是江永，他认为"喻母之三、四等字不通用"，"喻母三

---

① 钱大昕. 舌音类隔之说不可信［M］//十驾斋养新录. 南京：江苏古籍出版社，2000：101-117.

② 万献初. 音韵学要略［M］. 武汉：武汉大学出版社，2008：165.

等、四等亦必有别也"。陈澧的《切韵考》考证了喻三和喻四应分为两类。黄侃的古音十九纽将喻三和喻四都并入了影母。曾运乾在《喻母古读考》一文中提出了"喻三归匣，喻四归定"的著名论断，他说："喻于（近人分喻母三等为于母）本非影母浊声。于母古隶牙音匣母，喻母古隶舌音定母。部件秩然，不相陵犯。"并从异文和异读中列举了大量的例证，如古读营为还、古读于如乎、古读围如回等；古读夷如弟、古读逸如迭、古读轶如辙等。王力先生早期接受高本汉的意见，在其《汉语史稿》中将余母（喻四）隶属于端组，后期又有所改变，在其《汉语语音史》中将余母隶属于章组。现在学术界基本达成共识，中古的喻三是从上古匣母中分化出来的，中古的喻四在上古的读音和定母甚至整个端组都是很接近的。

王国维所推定的王念孙上古二十三声纽中，喻母属于喉音，和影晓匣同为一类。但中古的喻母在上古是否分属于两类？和其他类别的声母有无关系？这是王国维没有考虑过的。依据王念孙在《读书杂志》中训诂和校勘实践来看，王念孙中古的喻三和喻四在上古的发音相近，并且可以通用。

第36页，"秦與天下俱罷"条："念孫案：秦與天下俱罷，俱字後人所加也。秦與天下罷者，與猶爲也。……爲謂之與，與亦謂之爲。……是爲與二字聲相轉而義亦相通也。後人未達與字之義而以爲秦與天下俱罷，故加入俱字，不知秦攻周，而天下未攻秦，不得言俱罷也。"为，《广韵》于伪切，属于止摄合口三等去声寘韵，声纽为云母（喻三）；与，《广韵》余吕切，属于遇摄合口三等上声语韵，声纽为以母（喻四）。唐作藩的《上古音手册》中，为字为歌部匣母字；与字为鱼部喻母字。王念孙所说的"声相转"包括韵部相转和声纽相转，即韵部鱼部和歌部通转，声纽喻三和喻四相通，并列举了《战国策·齐策》《孟子·公孙丑》和《史记·淳于髡》中的例子为证。

有时，王念孙甚至认为中古的喻三和喻四在上古时期根本就是一个读音。第126页，"爲"条："豈寡人不足爲言邪？念孫案：不足爲言，不足與言也。《李斯傳》斯其猶人哉，安足爲謀？亦謂安足與謀也。與爲一聲之轉，故謂與曰爲。"他认为与和为是双声关系，由于"一声之转"而造成义通。

第87页，"不外是以"条："是以當爲是矣，聲之誤也。"即以和矣是因为读音相近而造成的讹误。① 以和矣在中古和上古的读音都不同，以，《广韵》羊己切，止摄开口三等上声止韵，声纽为以母，上古音为之部喻母；矣，《广韵》于纪切，止摄开口三等上声止韵，声纽为云母，上古音为之部匣母。至于王念孙认为以和矣是声同而误还是声近而误，他并没有明确的说明，但根据上一条的意思，认为声同的可能性大些。再看以下几个条目的情况：

为（歌匣平）：与（鱼喻上）二，36，59　　　　匣（ɦ）喻（j）相通

为（歌匣平）：与（鱼喻上）三，126，165　　　匣（ɦ）喻（j）相通

"为""与"中古分属喻三和喻四，上古一归匣母，一近舌面章组。

以（之喻上）：矣（之匣上）三，87，115　　　　匣（ɦ）喻（j）相通

有（之匣上）：以（之喻上）三，132，176　　　匣（ɦ）喻（j）相通

有，中古读云母（喻三）；以，中古读以母（喻四）。喻三上古读与牙音匣母同，喻四上古读舌面音，与舌头音近（曾运乾研究出的结论）。也就是说，上古有、以二字的声纽不同，且没有相通的条件，但王念孙甚至王念孙时代的学者，对这一点都不甚了了，连钱大昕也认为"影、喻、晓、匣四母，古人不甚分别"。戴震把喻母放入第三章，把匣母放入第四章，可以同位相转。总之，王念孙认为喻三喻四是没有分别或者发音非常近似的，故有古读若以。

165条更能说明王氏的这种局限性，他把喻三字"为"，喻四字"与"看成一声之转，说明他对喻三、喻四二母只有合的概念而没有分的概念。

第138页，"释"条下认为醳和释音近假借，醳中古为以母（喻四），上古为喻母，释上古为书母。王念孙的喻母没有分出喻三和喻四，并将喻母归入喉音，但他在实际应用的时候，对喻母的分别还是有认识的，这里他就认为喻母（实为喻四）和书母（当然他对照组声母的认识也是这样）相近。

另外，在王念孙的《读书杂志》中反映出来的实际情况是：喻四在上古不仅和喻三相通，和舌音端透定泥来、章组声母都有相通的现象。可见王念孙已经认识到喻母在上古和中古的不同，只是可惜他对喻母的分化是比较含糊的，这也是他在古音学上的局限性所在。

---

① 至于是声误而不说是假借，将在下文"声误和假借"一节中有所论说。

四、端组和章组的关系

钱大昕说："古人多舌音，后代多变为齿音，不独知彻澄三母为然。"①
他的意思是说照系三等字即章昌船书禅在上古多读与端透定同，他认为舟、
至、专、支（章母字）在上古分别读如雕、尰、端、鞮（端母字）。黄侃的
古音十九纽就把照系三等字并入端组，王力则把照系三等字归为舌面音，与
舌头音端组古音相近，但不应说它们相同。王力的意见比较中肯，为现今大
多数学者所接受。乾嘉时期的王念孙对端组和章组的关系应该有明确的
认识。

《读书杂志》第112页，"直墮其履汜下"条下曰："直之言特也，……
直与特古同声而通用。"直，为章母职部；特，为定母职部。又《经义述闻》
卷二十六"梗较道，直也"条下曰："直道一声之转。"② 道，为定母幽部。
又如："臣望東北汾陰直有金寶氣"（第228页，《汉书·郊祀志》）。

> "臣望東北汾陰，直有金寶氣。"師古曰：汾陰直，謂正當汾陰
> 也。念孫案：師古以"汾陰直"三字連讀，非也，當以"直有金寶
> 氣"五字連讀。"直"猶"特"也。言東北汾陰之地，特有金寶氣
> 也。"直""特"古字通。

直，上古为职部章母入声字；特，上古为职部定母入声字。王氏父子认
为"直与特古同声""直道一声之转"，也就是把章母和定母看成了一个声
母，这虽然不够严密，但也说明了王氏父子对章组声纽和端组声纽的密切关
系是了然于心的。其实，章母和定母为准旁纽关系，二字又为入声职部叠
韵，所以王念孙认为是通假关系。

《读书杂志》第195页，"瓠"条下认为"执与籥声相近"。"执"古音
属缉部章母，"籥"古音在缉部泥母，根据王念孙判断古字声同声近的原则，

---

① 钱大昕. 十驾斋养新录 [M]. 南京：江苏古籍出版社，2000：116.
② 王引之的学术思想和王念孙一脉相承，学术界往往把他们父子的学说和理论看作一
  体，因此《经义述闻》的训诂实践和《读书杂志》没有本质的不同，只是他们在
  训释材料的分工不同。

"执"与"籥"即使韵部相同，如果声母相隔太远，也不能判断二字声近，也就是说，在王念孙的观念中上古章母与泥母读音应是相近的。

黄侃认为"照系二等归精系，照系三等归知系"，就是说照系三等字（章组），在上古属于知组，而钱大昕又证明了上古没有舌上音，中古的舌上音知组在上古读同舌头音端组，综合他们二人的研究，应该说章组字在上古应归于舌头音端组。对于这一点，学术界是有争论的，但是章组字和端组字读音相近是肯定的。王念孙有时把章系和端系看作双声关系，有时又认为是相近关系，也等于间接宣布了在王念孙的上古声组概念中，中古的章系在上古和端系的读音相同或相近。可能他自己对上古声组的研究结论就是如此，也可能他是接受了钱大昕的古音学思想。是哪种情况已经不重要，重要的是王念孙对章系声组的古读也是比较有见地的。

另外，在王念孙所分析的有关古音材料来看，章组和精系心母的关系也很密切，有相通的现象。《读书杂志》第 42 页，"憚"条下有曰："信與伸同"。信，书母；伸，心母。

五、精组和庄组的关系

《读书杂志》第 100 页，"北迫、内揹"条下认为"揹，字本作笞"①。"揹讀與笞同"。揹，清母铎部；笞，庄母铎部。即清母字和庄母字读音相近。其实精组和庄组在上古都是齿音，关系自然十分密切。黄侃将精系和庄系合为一系，他提出了"照系二等归精系"的主张。这一点有可能是受了王念孙的影响，王念孙二十三声母表中只有精系，中古的庄系并入了精系，构成了双声关系。邹晓丽教授又举了几组谐声字进一步证明其说，"如则中古是精母字，而从则得声的侧、测、厕都是中古照系二等字；且中古是清母字，而从且得声的，组、组、祖、粗是中古精系字，而阻、鉏、沮、俎等是中古照系二等字。这就足以证明同一谐声偏旁分属精系和照系两类声组。"②喻世长则认为精系和庄系的区别只在于有无介音的区别，精系没有介音，而庄系有介音。王力也认为这两组声纽的关系，还不能完全证明它们在上古相

---

① 术语"字本作"在王书中有时说明异体字，有时说明假借字。

② 邹晓丽. 传统音韵学实用教程［M］. 上海：上海辞书出版社，2002：127.

同，只能分成相近的两组。王力说："庄初床山是二等字，实际上有些是假二等，真三等；精清从心是一四等字，实际上有些是假四等，真三等。如果合并，章庄同音，昌创同音，商霜同音，止渟同音，炽厕同音等，就没有分化的条件了。高本汉不合并，他是对的。"① 从上节 18 条精系和庄系相通的条目来看，王念孙对这两组声母的密切关系是有足够认识的，只是只知其合而不知其分，没有分成两组声纽。

六、牙音和舌音的相通

牙音和舌音的相通，上节声母相通条例中，主要体现在牙音和来母的相通上。② 前面的相通条目中对来母相通情况的分析，可以看出来母在古声母相通的领域里，和牙音唇音和舌头音是很容易相通的。高本汉也认为古音来母和见、溪、群、疑均可相通，所以他拟有复辅音［kl］［k'l］［gl］［γl］。

上古汉语里，牙喉音与唇音、舌齿音相通是客观事实，如：爻和驳、夬和袂、海和每、忽和勿；鱼和鲁、堪和湛；户和所、告和造、耕和井等。章太炎先生在《国故论衡·古双声说》中对喉牙音与舌齿唇音的关系论述得比较详细。黄侃概括为："喉、牙音可舒作舌、齿、唇音，舌、齿、唇音可敛作喉、牙音。"③ 陆志韦也从理论上解释了这种古音相通的现象，陆先生认为喉牙音通舌齿唇音是因为喉牙音腭化和唇化的缘故。④

---

① 王力. 古音说略［M］//王力. 同源字典. 北京：商务印书馆，1982：73.
② 当然还有喻母和匣母相通，喻母和疑母相通，喻母和见母相通等，但喻母在王念孙的声母体系中比较特殊，所以单独解说。
③ 黄侃. 黄侃论学杂著［M］. 上海：上海古籍出版社，1980：163.
④ 陆志韦. 古音说略［M］//陆志韦. 陆志韦语言学著作集：（一）. 北京：中华书局，1998：268-273.

第二章

王念孙的古韵学和《读书杂志》

第一节　王念孙古韵分部的贡献

王念孙早期将古韵分为二十一部，他的古韵分部接受了顾炎武、江永等前辈的观点，并和同时代的段玉裁有许多暗合之处，但和他们相比又有修正的地方。他的古韵二十一部学说没有著成专文，而是被其子王引之记录在《经义述闻》卷三十一《通说上·古韵廿一部》中。王念孙说：

> 某尝留心古韵，特以顾氏五书已得其十之六七，所未备者，江氏《古韵标准》、段氏《六书音均表》皆已补正之，唯入声与某所考者小异。①

王念孙在古韵分部上的贡献有四点：

（一）缉部和盍部独立成部

王念孙根据《诗经》、群经及《楚辞》的用韵，发现缉、盍二部皆为入声，不与去声同用，而平声侵、覃等韵只与上去声同用，而不与入声同用。于是在孔广森从段玉裁的第七部、第八部分出的合部的基础上，再分出缉部和盍部，为二十一部的第十五部和第十六部，晚年所定二十二部的第十六部和第十七部。《古韵廿一部》记载：

---

① 王引之. 经义述闻 [M]. 南京：江苏古籍出版社，2000：751.

入声自一屋至二十五德，其分配平上去之某部某部，顾氏一以九经《楚辞》所用之韵为韵，而不用《切韵》以屋承东、以德承登之例，可称卓识。独于二十六缉至三十四乏，仍从《切韵》，以缉承侵、以乏承凡，此两歧之见也。盖顾氏于九经《楚辞》中，求其与去声同用之迹而不可得，故不得已而仍用旧说。……今案缉、合以下九部，当分为二部。遍考三百篇及群经《楚辞》所用之韵，皆在入声中，而无与去声同用者。而平声侵、覃以下九部，亦但与上去同用而入不与焉。然则缉、合以下九部，本无平上去明矣。①

（二）独立出一个至部

至部有去声和入声韵，但没有平声和上声韵，和段玉裁的十七部相比较，这个至部是从段氏的第十二部真部和第十五部脂部中分出来的，夏炘评价王念孙至部的独立"诚为卓识"。王念孙说：

去声之至霁二部及入声之质栉黠屑薛五部中，凡从至、从壹、从质、从吉、从七、从日、从疾、从悉、从栗、从黍、从毕、从乙、从失、从八、从必、从卩、从节、从血、从彻、从设之字，及"闭实逸一抑别"等字，皆以去入同用，而不与平上同用，固非脂部之入声，亦非真部之入声。《六书音均表》以为真部之入声，非也。《切韵》以质承真，以术承谆，以月承元。《音均表》以术月二部为脂部之入声，则谆元二部无入声矣。而又以质为真之入声，是自乱其例也。②

（三）独立出一个祭部

同至部一样，只有去入声韵而没有平上声韵，和段氏相比，这个祭部从

---

①　王引之. 经义述闻［M］. 南京：江苏古籍出版社，2000：751-752.
②　王念孙. 与李方伯论古韵书［M］//罗振玉. 高邮王氏遗书. 南京：江苏古籍出版社，2000：157-158.

《音均表》的第十五部脂部的去声和入声中分出。王念孙说：

> 《切韵》平声自十二齐至十五哈凡五部，上声亦然，若去声则
> 自十二齐至二十废共有九部，较平上多祭泰央废四部，此非无所据
> 而为之也。考三百篇及群经、《楚辞》，此四部之字皆与入声之月末
> 黠鎋薛同用，而不与至未霁怪队及入声之术物迄没同用。且此四部
> 有去入而无平上。《音均表》以此四部与至末等部合为一类，入声
> 之月曷等部亦与术物等部合为一类。……其以月曷等部为脂部之入
> 声，亦沿顾氏之误而未改也，唯术物等部为脂部之入声耳。①

（四）给侯部配上入声

段玉裁的十七部中第三部幽部有入声韵，而第四部侯部没有入声韵，王
念孙不同意这种观点，他认为侯部应该有入声韵，因此给侯部配上了入声
韵，并在《古韵二十一部表》侯部入声栏里列出了所有属于该部的入声字。
王念孙说：

> 屋沃烛觉四部中，凡从屋、从谷、从木、从卜、从族、从鹿、
> 从卖、从粪、从录、从束、从狱、从辱、从豕、从曲、从玉、从
> 蜀、从足、从局、从角、从岳、从青之字及"秃哭粟珏"等字，皆
> 侯部之入声，而《音均表》以为幽部之入声。②

在侯部入声问题上，孔广森和江有诰的观点与王念孙一致，段玉裁后来
也接受了王念孙的意见。

---

① 王念孙. 与李方伯论古韵书［M］//罗振玉. 高邮王氏遗书. 南京：江苏古籍出版
社，2000：157.
② 王念孙. 与李方伯论古韵书［M］//罗振玉. 高邮王氏遗书. 南京：江苏古籍出版
社，2000：157.

第二节　王念孙古韵二十一部和二十二部之争

王念孙古韵部到底分为多少部，学术界普遍的看法是：早期分古韵为二十一部，晚年受孔广森的影响，更为二十二部。

王国维认为王念孙的古韵部是二十一部。据他考证，王氏始治古韵，在乾隆三十一年，段玉裁《六书音均表》成书在乾隆三十二年，王氏始见段书则在乾隆四十年，戴震古韵分部成书在乾隆四十一年，王氏二十一部之分稍后于段氏，而先于戴氏。王氏分部之精密，要在戴、段二家之上。① 王国维在《江氏音学跋》一文中说："江君（江有诰，字晋三）古韵分部，与高邮王怀祖先生尤近，去、入之祭与入声之叶、缉各自为部，全与王君同。惟王君于脂部中分出至质为一部，而江君不分，江君从曲阜孔氏说，分东、冬为二部，而王君不分，故两家韵目皆廿一部。"②

刘盼遂先生也认为王氏从未变二十一部为二十二部，他说："今之言古韵分部者，或谓王氏晚年分二十二部，并谓从孔巽轩之说，析冬于东云云。按：此盖误读当时丁氏履恒与先生书中有尊恉分二十二部之言而致。然考丁氏此简，作于赣榆任中，丁任赣榆教谕约在嘉庆辛未至道光丙戌。此十六年间，先生有与李鄦斋、江晋三论古韵书，皆主张分二十一部。又与陈硕甫书有云：'冬韵则合于东钟江而不别出。'先生卒后，阮文达有与文简书云：'二十一部古韵已在粤中上板。'汪喜孙代王寿同作伯申府君形状云：'府君精通于先大父韵二十一部之分。'总观上事，知先生始终无二十二部之说也。缘丁氏所谓二十二部，盖彼自纂成古韵十九部，先生因又为分出至、辑、盍三部为二十二。所谓二十二者，乃丁氏之韵，非王氏之韵也。"③

竺家宁说："王念孙后来又完成一部《合韵谱》，容纳了孔广森的'东冬

---

① 王国维. 观堂集林 [M]. 石家庄：河北教育出版社，2001：255.
② 王国维. 观堂集林 [M]. 石家庄：河北教育出版社，2001：257.
③ 刘盼遂. 高邮王氏父子年谱 [M] // 罗振玉. 高邮王氏遗书. 南京：江苏古籍出版社，2000：66.

分部说'，于是，王氏分部的最后定论实为二十二部。但是《合韵谱》遗稿晚出。没能刊行于世，所以一般提到王氏的古韵分部，都只据《经义述闻》及《古韵谱》所分的二十一部。"①

　　而王力先生则说："王氏（王念孙）晚年似亦从东冬分部之说。"② 何九盈也说："王念孙与孔广森不同的是：东冬不分立。晚年著《合韵谱》时，才增立冬部，定古韵为二十二部。"③

　　王念孙的古韵分部情况，我们还应该从他的学术实践活动中去探求。王念孙说："自壮年好古，精审于声音文字训诂之学。手编《诗》三百篇、九经、《楚辞》之韵，剖析精微。分顾亭林古韵十部为二十一部，而于支、脂、之三部之分辨之尤力，以为界限莫严于此。海内惟金坛段茂堂先生与府君暗合，其他皆见不及此。而分至、祭、盍、缉四部，则又段氏之所未及。"④ 后又在《与丁大令若士书》中说："弟向所酌定古韵凡二十二部，说与大著略同。惟质术分为二部，且质部有去声而无平上声，缉盍二部则并无去声。"⑤ 根据王念孙自己的说法，他壮年时的确分古韵为二十一部，但晚年又分为二十二部。王念孙又著有《韵谱》十八册，《合韵谱》二十五册，都是未刊之作⑥，世人少见。陆宗达先生得以在北京大学整理王氏手稿，因此陆宗达对王念孙的古韵分部的研究是具有权威性的。他在《王石臞先生韵谱合韵谱遗稿跋》中说："石臞先生论韵，甄别去入，辨析精审。其于韵学之功，章太炎《国故论衡》述之详矣。然先生论韵之书，未有写定之本，当时诸儒往复论说，亦少征引。其二十一部韵表，虽刻于《经义述闻·通说》中，实未能尽先生之学也。盖先生早年论述，多同戴、段诸家，节解条分，户牖不易。"⑦ 陆宗达认为分古韵为二十一部，是王念孙早年的论述。他又说："先

①　竺家宁. 声韵学［M］. 台北：五南图书股份有限公司，1992：503.
②　王力. 龙虫并雕斋文集：第一册［M］. 北京：中华书局，1980：64.
③　何九盈. 中国古代语言学史［M］. 广州：广东教育出版社，2000：307.
④　王引之. 石臞府君形状［M］//罗振玉. 高邮王氏遗书. 南京：江苏古籍出版社，2000：13.
⑤　王念孙. 王石臞文集补编［M］//罗振玉. 高邮王氏遗书. 南京：江苏古籍出版社，2000：13.
⑥　不包括已收入《高邮王氏遗书》中的《〈诗经〉群经〈楚辞〉韵谱》。
⑦　陆宗达. 王石臞先生韵谱合韵谱遗稿［J］. 国学季刊，1932（3）：164.

生早年据群经、《楚辞》所分之古韵二十一部，韵表见《经义述闻》中，而其谱录，未见传本。《述闻》又载先生有《诗补韵》一书，为言韵之作，（《经义述闻》卷七《古诗随处有韵说》有云：'故于《诗补韵》不载。而别记于此'。可知先生曾撰此书。）片言只义，渺焉无存。是先生早年论韵之书，世莫得而窥也。此韵谱成书当在晚岁。……而《合韵谱》之成又在《韵谱》之后，故其条例既异，部居亦殊。盖先生韵学至晚岁而有变也。"①"《韵谱》分古韵为二十一部，《合韵谱》中则更别'冬'于'东'为二十二部。可见先生晚岁成书之时，已有所更定。"②

　　王念孙的古韵分部，在其生前并未刻印出版，其结论收入其子王引之所撰写的《经义述闻·通说上》中。《经义述闻》初刻于嘉庆二年，重刻于道光七年，王念孙去世于道光十二年。《读书杂志》在《广雅疏证》撰成之后开始著述，体现了王念孙晚年研究古籍的成果。据陆宗达的考证，《韵谱》的成书也在晚年，和《读书杂志》的撰述相辅相成。王念孙在《读书杂志》中经常会因为训释或考证的需要，而利用押韵的情况来辅证己说，这些韵语往往可以和他的《古韵谱》相互对照。例如 136 页"含憂"条，说到《诗经·小雅·何人斯》中舍、车、盱押韵，这在《古韵谱》"鱼第十八"就有记载。陆宗达说："谱（《韵谱》）中笺识，多与《读书杂志》相关，如《杂志》订《管子·心术篇》'耆欲充益'，'益'字当为'盈'字之类，皆据韵谱以考知其误者，悉见谱中。又《韵谱》中改正误字，每注'详见《杂志》'，由此可知《韵谱》之成，当在撰《杂志》时也。"可见，很长一段时间王念孙还是据守二十一部之说，《合韵谱》成书则更晚，二十二部之说也就更晚了。因此有些学者不赞同王氏古韵分部二十二部之说，实在是没有洞悉王念孙分部的最后差异。

　　为了更好地再现王念孙古韵分部理论以及前后期的变化情况，我们根据陆宗达先生在《王石臞先生韵谱合韵谱稿后记》中的考证，把二十一部和二十二部的韵目列成对照表如下：

---

① 陆宗达. 王石臞先生韵谱合韵谱遗稿［J］. 国学季刊，1932（3）：164.
② 陆宗达. 王石臞先生韵谱合韵谱遗稿［J］. 国学季刊，1932（3）：165.

表 2-1　王念孙古韵二十一部和二十二部对照表

	《韵谱》二十一部之韵目				《合韵谱》二十二部之韵目			
	平	上	去	入	平	上	去	入
第一部	东				东			
第二部	蒸				冬			
第三部	侵				蒸			
第四部	谈				侵			
第五部	阳				谈			
第六部	耕				阳			
第七部	真				耕			
第八部	谆				真			
第九部	元				谆			
第十部	歌				元			
第十一部	支	纸		陌	歌			
第十二部				质	支	纸	忮	锡
第十三部	脂	旨		术	脂	旨	至	质
第十四部				月			鞑	术
第十五部				合			祭	月
第十六部				缉				合
第十七部	之	止		职				缉
第十八部	鱼	语		铎	之	止	志	职
第十九部	侯	厚		屋	鱼	语	御	铎
第二十部	尤	有		沃	侯	厚	候	屋
第二十一部	萧				幽	有	黝	毒
第二十二部					萧	小	笑	药

　　从表中可以看出，王念孙早期接受段玉裁"古无去声"之说，认为"古声不分去入也"。[①] 支、脂、之、鱼、侯、尤、萧七部各有平上入，其他各部要么只有平声，要么只有去声，唯独没有去入声。而在《合韵谱》中则主张古有四声，支、脂、之、鱼、侯、幽、萧七部各有平上去入四声，至部有去入，其他各部要么为平声，要么为入声。如果把入声韵单列，晚年王念孙的韵部可分为二十九部，到此，清代古音学的古韵分部理论已经到了顶峰。

———————————

　　① 　见《读书杂志》页733《荀子第八》"詐態"条。

第三节 《读书杂志》揭示的上古韵部相转分类

王念孙在《读书杂志》中训释和校勘古籍时，常常运用字词的语音关系来证明己说。也就是说王念孙和清代其他音韵训诂学家一样，韵部的通转理论不仅仅用在古籍韵文的研究上，在训诂校勘的学术实践中也运用广泛。我们将《读书杂志》中出现的有语音关系解说的条目勾选出来，再进行甄别选择，形成韵部相转条目。其中选择的材料和所选条目的体例和出处，和上一章古声母条目的模式相类，不再赘述。为了使用方便和解说清楚，我们还是使用王力先生所建立的上古音系，字的韵部归属仍然依据唐作藩的《上古音手册》。

表 2-2 韵部相转规律表①

甲类 0、k、ŋ	之 ə 职 ək 蒸 əŋ	支 e 锡 ek 耕 eŋ	鱼 a 铎 ak 阳 aŋ	侯 o 屋 ok 东 oŋ	宵 ô 药 ôk	幽 u 觉 uk 冬 u	阴声韵 0 入声韵 k 阳声韵 ŋ
乙类 i、t、n	微 əi 物 ət 文 ən	脂 ei 质 et 真 en	歌 ai 月 at 元 an				阴声韵 i 入声韵 t 阳声韵 n
丙类 p、m	缉 əp 侵 əm		盍 ap 谈 am				入声韵 p 阳声韵 m

此表共分为三类。同一行韵部的韵尾相同（第一行只有主要元音，没有韵尾，也可以说是零韵尾），韵部之间可以发生旁转关系；同一列韵部的主要元音相同，在同类中可构成对转关系，在异类中构成通转关系。同一类韵部中既不同行又不同列的韵部之间发生旁对转关系，也就是先旁转后对转。

为了分析方便，把王力的古韵三十部、王念孙的古韵二十一部和段玉裁

---

① 邹晓丽. 传统音韵学实用教程［M］. 上海：上海辞书出版社，2002：140.

的古韵十七部列成对照表格如下：

表 2-3 王力、王念孙、段玉裁韵部对照表

王力三十部之韵目	王念孙二十一部之韵目	段玉裁的六类十七部	
之	之	第一部	第一类
职			
蒸	蒸	第六部	第三类
幽	幽	第三部	第二类
觉			
冬	东	第九部	第四类
东			
宵	宵	第二部	
药			
侯	侯	第四部 第三部	第二类
屋			
鱼	鱼	第五部	
铎			
阳	阳	第十部	第四类
支	支	第十六部	第六类
锡			
耕	耕	第十一部	第四类
脂	脂	第十五部	第六类
微			
物			
质	至	第十二部	第五类
真	真		
文	谆	第十三部	第五类
歌	歌	第十七部	第六类
月	祭	第十五部	
元	元	第十四部	第五类

王力三十部之韵目	王念孙二十一部之韵目	段玉裁的六类十七部	
缉	缉	第七部	第三类
侵	侵		
盍	盍	第八部	
谈	谈		

"上古韵部的研究，到了王念孙、江有诰以后，似乎没有许多话可说了。"① 从古韵的研究方法和材料来看，王念孙属于考古派，他的古韵学说及其古韵分部主要来自对上古语料的研究和归纳，但并不完全排斥等韵学的成果。②

下面就《读书杂志》中的韵部相转材料，分为对转、旁转、通转、旁对转和异类相转五种情况进行归纳。

一、对转

负（之並上）：徵（蒸端平）一，17，23　　之（ə）蒸（əŋ）对转

背（职帮入）：倍（之並上）二，42，65　　之（ə）职（ək）对转

有（之匣上）：或（职匣入）三，127，167　　之（ə）职（ək）对转

据（鱼见去）：戟（铎见入）二，50，76　　鱼（a）铎（ak）对转

據（鱼见去）：戟（铎见入）三，124，162　　鱼（a）铎（ak）对转

醳（铎喻入）：舍（鱼书上）三，109，147　　鱼（a）铎（ak）对转

逆（铎疑入）：吾（鱼疑平）二，55，81　　鱼（a）铎（ak）对转

逆（铎疑入）：御（鱼疑上）：迎（阳疑平）三，72，305，99

　　　　　　　　　　　　　　　　　　　鱼（a）铎（ak）阳

　　　　　　　　　　　　　　　　　　　（aŋ）对转

---

① 王力. 龙虫并雕斋文集：第一册［M］. 北京：中华书局，1980：80.

② 王力先生在《上古韵母系统研究》一文中说："所谓考古派，并非完全不知道审音；尤其是江有诰和章炳麟，他们的审音能力并不弱。不过，他们着重在对上古史料作客观的归纳，音理仅仅是帮助他们做解释的。所谓审音派，也并非不知道考古，不过，他们以等韵为出发点，往往靠等韵的理论来证明古音。"（王力. 龙虫并雕斋文集：第一册［M］. 北京：中华书局，1980：81.）

亡（阳明平）：无（鱼明平）　三，130，172　　鱼（a）阳（aŋ）对转

觳（屋见入）：後（侯匣去）　三，96，125　　侯（o）屋（ok）对转

安（元影平）：阏（月影入）　三，122，157　　元（an）月（at）对转

遏（月影入）：偃（元影上）　三，131，174　　元（an）月（at）对转

招（宵章平）：旳（药端入）　二，52，78　　宵（Ô）药（Ôk）对转

敲（宵溪平）：摧（药溪入）　二，69，97　　宵（Ô）药（Ôk）对转

须（侯心平）：从（东从平）　三，143，197　　侯（o）东（oŋ）对转

容（东喻平）：谀（侯喻平）　三，160，213　　侯（o）东（oŋ）对转

析（锡心入）：斯（支心平）　三，158，211　　支（e）锡（ek）对转

载（之精上）：则（职精入）　四，221，277　　之（ə）职（ək）对转

背（职帮入）：倍（之并上）　四，232，289　　之（ə）职（ək）对转

待（之定上）：特（职定入）　四，351，382　　之（ə）职（ək）对转

或（职匣入）：有（之匣上）　四，369，399　　之（ə）职（ək）对转

倍（之并上）：背（职帮入）　五，417，447　　之（ə）职（ək）对转

背（职帮入）：倍（之并上）　六，536，608　　之（ə）职（ək）对转

宥（之匣上）：异（职喻入）　五，464，513　　之（ə）职（ək）对转

服（职并入）：负（之并上）　五，508，594　　之（ə）职（ək）对转

志（之章去）：识（职书入）　八，645，794　　之（ə）职（ək）对转

负（之并上）：服（职并入）　八，697，859　　之（ə）职（ək）对转

有（之匣上）：域（职匣入）　八，713，867　　之（ə）职（ək）对转

瘠（锡从入）：訾（支从去）　五，431，467　　支（e）锡（ek）对转

瘠（锡精入）：訾（支从去）　八，649，801　　支（e）锡（ek）对转

辟（锡并入）：卑（支帮平）　五，447，487　　支（e）锡（ek）对转

厤（锡来入）：撕（支心平）　七，613，739　　支（e）锡（ek）对转

无（鱼明平）：亡（阳明平）　四，241，299　　鱼（a）阳（aŋ）对转

荒（阳晓平）：幠（鱼晓平）　八，715，868　　鱼（a）阳（aŋ）对转

泽（铎定入）：舍（鱼书上）　五，452，498　　鱼（a）铎（ak）对转

素（铎心入）：蔬（鱼生平）　五，490，559　　鱼（a）铎（ak）对转

瞿（鱼群去）：㦄（铎见入）　六，526，600　　鱼（a）铎（ak）对转

泽（铎定入）：舍（鱼书上）　六，553，633　　鱼（a）铎（ak）对转

蔬（鱼生平）：素（铎心入）八，676，846　　鱼（a）铎（ak）对转

蔡（月清入）：縩（元清去）四，188，244　　月（at）元（an）对转

讞（元疑去）：孽（月疑入）四，306，350　　月（at）元（an）对转

辨（元並上）：别（月並入）八，684，854　　月（at）元（an）对转

须（侯心平）：从（东从平）三，143，197　　侯（o）东（oŋ）对转

容（东喻平）：谀（侯喻平）三，160，213　　侯（o）东（oŋ）对转

叢（东从平）：取（侯清上）四，193，248　　侯（o）东（oŋ）对转

咮（侯端去）：啄（屋端入）四，233，292　　侯（o）屋（ok）对转

仆（屋並入）：蚹（侯並去）五，495，570　　侯（o）屋（ok）对转

漏（侯来去）：漉（屋来入）八，672，838　　侯（o）屋（ok）对转

容（东喻平）：裕（屋喻入）八，641，787　　屋（ok）东（oŋ）对转

比（脂帮上）：泌（质帮入）四，255，305　　脂（ei）质（et）对转

遲（脂定平）：稺（稚）（质定入）七，699　　脂（ei）质（et）对转

栗（质来入）：鄰（真来平）五，473，531　　质（et）真（en）对转

抑（质影入）：堙（真影平）七，584，688　　质（et）真（en）对转

桓（元匣平）：和（歌匣平）四，291，332　　歌（ai）元（an）对转

郸（元端平）：多（歌端平）四，292，333　　歌（ai）元（an）对转

僇（觉来入）：嘐（幽来平）五，487，553　　幽（u）觉（uk）对转

造（幽从上）：竃（觉精入）五，488，556　　幽（u）觉（uk）对转

櫹（觉心入）：楸（幽清平）六，553，633　　幽（u）觉（uk）对转

类（物来入）：纇（微来去）五，494，567　　微（əi）物（ət）对转

餽（微群去）：匱（物群入）七，562，646　　微（əi）物（ət）对转

循（文邪平）：遂（物邪入）六，531，604　　物（ət）文（ən）对转

欣（文晓平）：睎（微晓平）七，603，723　　物（ət）文（ən）对转

怨（元影平）：蕴（文影上）：委（微影上）六，549，625

　　　　　　　　　　　　　　　　　　　微（əi）文（ən）对转

　　　　　　　　　　　　　　　　　　　元（an）文（ən）对转

　　　　　　　　　　　　　　　　　　　微（əi）元（an）旁
　　　　　　　　　　　　　　　　　　　对转

繚（宵溪平）：属（药见入）五，516，589　　宵（o）药（ok）对转

现代学术界根据研究方法的不同，把清代古音学家分成"考古"和"审音"两派，两派之间一个最主要的差异是对于入声的处理，考古派采取阴阳二分法，入声归入阴声。审音派则采取三分法，入声独立，注意阴阳入三声之间的互配关系。最先以"阴声""阳声"为古韵命名的是戴震，韵部的对转理论也是戴震开启了先河，戴震早期分古韵为七类二十部，后来改为九类二十五部，都是以入声为枢纽的两两相配模式，这个"两两相配"就是他在《答段若膺论韵》中提到的三种"正转之法"中的第二种，即相配互转，实际上也就是阴阳对转。后来孔广森明确提出了"阴阳对转"的说法。实际上"阴阳对转"还包括入声韵与有关韵部的相转关系。戴震和孔广森主要从韵部划分的角度来说对转的，而王念孙却将对转理论运用到对古籍文献的校释当中，注重理论和实践的结合，所以取得的成就更大。《读书杂志》中的对转条目有 65 条。如第 641 页，《荀子杂志》"容"条，王念孙为了校释"容"是"裕"的借字，结合文献训解了"容"是"不局促"的意义之后，又指出"容"和"裕"的古音相近，理据是"古者東㑺二部共入而互轉"，明确指出东部和侯部的互转关系，对照王力古韵部体系来看，"容"在东部，"裕"在屋部，王念孙未将屋部从侯部中独立出来，所以说"東㑺二部共入而互轉"。在《读书杂志》中，王念孙在运用音转关系来辨明假借、同源等关系的过程中是得心应手的，只不过有时明确指出韵部的互转关系，有时音转思想隐藏于精彩的训释过程当中。

二、旁转

竞（阳见去）：兢（蒸平去）一，1，2　　　　　阳（aŋ）蒸（əŋ）旁转

鼆（阳明平）：冥（耕明平）：瀴（蒸明平）二，61，88

阳（aŋ）耕（eŋ）蒸（əŋ）旁转

隘（锡影入）：塞（职心入）二，61，88　　　　锡（ek）职（ək）旁转

蹙（觉清入）：蹴（屋精入）三，102，136　　　觉（uk）屋（ok）旁转

位（物匣入）：溢（质来入）二，65，3　　　　　物（ət）质（et）旁转

醜（幽昌上）：耻（之透上）一，4，7　　　　　之（ə）幽（u）旁转

罘（之並平）：浮（幽並平）四，183，238　　　之（ə）幽（u）旁转

醜（幽昌上）：耻（之透上）四，300，341　　　之（ə）幽（u）旁转

之（之章平）：知（支端平）二，53，79	之（ə）支（e）旁转	
啗（谈定去）：覃（侵定平）三，87，114	侵（əm）谈（am）旁转	
而（之日平）：如（鱼日平）一，23，31	之（ə）鱼（a）旁转	
而（之日平）：如（鱼日平）三，93，120	之（ə）鱼（a）旁转	
而（之日平）：如（鱼日平）三，101，133	之（ə）鱼（a）旁转	
而（之日平）：如（鱼日平）三，111，150	之（ə）鱼（a）旁转	
与（鱼喻上）：以（之喻上）三，146，200	之（ə）鱼（a）旁转	
而（之日平）：如（鱼日平）四，242，300	之（ə）鱼（a）旁转	
而（之日平）：如（鱼日平）七，594，708	之（ə）鱼（a）旁转	
且（鱼清上）：兹（之精平）六，532，605	之（ə）鱼（a）旁转	
眩（真匣平）：幻（元匣去）三，162，215	真（en）元（an）旁转	
辩（元並上）：偏（真帮去）七，570，658	真（en）元（an）旁转	
袨（真匣去）：元（元疑平）七，594，709	真（en）元（an）旁转	
氓（阳明平）：成、冥（耕部）三，166，221	阳（aŋ）耕（eŋ）旁转	
胜（蒸书平）：省（耕生上）五，491，561	蒸（əŋ）耕（eŋ）旁转	
躬（冬见平）：肱（蒸见平）六，527，601	蒸（əŋ）冬（uŋ）旁转	
胥（鱼心平）：须（侯心平）三，140，192	鱼（a）侯（o）旁转	
蝮（觉滂入）：愎（职並入）三，162，214	职（ək）觉（uk）旁转	
费（物滂入）：祕（质明入）四，195，249	物（ət）质（et）旁转	
夺（月定入）：隧（物邪入）六，532，605	物（ət）月（at）旁转	
殺（月生入）：術（物船入）七，593，707	物（ət）月（at）旁转	
戚（觉清入）：蹙（屋精入）四，350，381	屋（ok）觉（uk）旁转	
曆（锡来入）：鹿（屋来入）：盧（鱼来平）七，616，744		
	屋（ok）锡（ek）旁转	
	屋（ok）锡（ek）鱼	
	（a）旁对转	
愎（职並入）：覆（觉滂入）五，424，456	职（ək）觉（uk）旁转	
军（文见平）：钧（真见平）五，442，478	真（en）文（ən）旁转	
顺（文船平）：慎（真禅去）五，476，536	真（en）文（ən）旁转	
慎（真禅去）：顺（文船平）八，660，817	真（en）文（ən）旁转	

汁（缉禅入）：協（叶匣入）五，444，481　　缉（əp）叶（ap）旁转

谮（侵精平）：馋（谈从平）七，559，642　　侵（əm）谈（am）旁转

湛（侵定上）：渐（谈精平）七，560，644　　侵（əm）谈（am）旁转

渐（谈从上）：潜（侵从平）八，637，779　　侵（əm）谈（am）旁转

氾（谈滂去）：汎（侵滂去）八，668，828　　侵（əm）谈（am）旁转

封（东帮平）：方（阳帮平）五，446，485　　东（oŋ）阳（aŋ）旁转

功（东见平）：张（阳端平）九，786，930　　东（oŋ）阳（aŋ）旁转

知（支端平）：之（之章平）七，574，665　　之（ə）支（e）旁转

樵（宵从平）：萩（幽清平）五，488，556　　宵（o）幽（u）旁转

韜（幽透平）：舀（宵透平）五，509，595　　宵（o）幽（u）旁转

瞀（幽明去）：鍪（侯明平）七，618，749　　侯（o）幽（u）旁转

鶗（支定平）：杜（鱼定上）四，365，395　　支（e）鱼（a）旁转

瓠（鱼匣平）：奚（支匣平）七，611，737　　支（e）鱼（a）旁转

岐（支群平）：衢（鱼群平）八，632，769　　支（e）鱼（a）旁转

苴（鱼清上）：草（幽清上）五，454，501　　鱼（a）幽（u）旁转

豫（鱼喻去）：犹（幽喻平）八，663，821　　鱼（a）幽（u）旁转

薦（元精去）：荐（文从去）四，184，239　　文（ən）元（an）旁转

紃（文邪平）：铅（元喻平）八，656，810　　文（ən）元（an）旁转

褻（叶定入）：襲（缉邪入）四，402，428　　叶（ap）缉（əp）旁转

设（月书入）：失（质书入）五，480，542　　质（et）月（at）旁转

谲（质见入）：决（月见入）八，664，822　　质（et）月（at）旁转

累（微来上）：赢（歌来平）五，495，570　　微（əi）歌（ai）旁转

匪（微帮上）：彼（歌帮上）八，634，773　　微（əi）歌（ai）旁转

委（微影上）：妥（歌透上）八，660，815　　微（əi）歌（ai）旁转

戴震的三种"正转之法"中第三种情形是"联贯递转"说的就是旁转关系。从今天的古音学拟音来分析，旁转实际上主要是元音相近，韵尾相同，如阳部和蒸部旁转，a 为舌面前元音，ə 为舌面央元音，相隔较近，又同收后鼻音韵尾 ŋ，故阳蒸可旁转。根据王力先生的相转规律表，在以上旁转条目中，邻类旁转的有 30 条，隔类旁转的有 24 条。有的隔类旁转，在段玉裁的古韵六类十七部中又属于邻类韵转关系，如之部和幽部旁转，在段玉裁

《六书音均表》所划分的古十七部中，之韵属于第一部，幽韵属于第三部，由三部转入一部，属于邻类韵转关系。

三、通转

知（支端平）：咨（脂精平）三，100，131 支（e）脂（ei）通转

蚈（真溪平）：圭（支见平）一，17，21 真（en）支（e）通转

非（微帮平）：不（之帮平）三，131，175 之（ə）微（əi）通转

焉（元匣平）：於（鱼影平）三，76，102 鱼（a）元（an）通转

阕（元影平）：乌（鱼影平）四，200，259 鱼（a）元（an）通转

辟（锡帮入）：匹（质滂入）二，40，64 锡（ek）质（et）通转

与（鱼喻上）：为（歌匣平）二，36，59 鱼（a）歌（ai）通转

为（歌匣平）：与（鱼喻上）三，126，165 鱼（a）歌（ai）通转

于（鱼匣平）：为（歌匣平）二，42，62 鱼（a）歌（ai）通转

他（歌透平）：也（鱼喻上）三，116，154 鱼（a）歌（ai）通转

与（鱼喻上）：为（歌匣平）四，385，418 鱼（a）歌（ai）通转

也（鱼喻上）：他（歌透平）七，600，719 鱼（a）歌（ai）通转

也（鱼喻上）：他（歌透平）七，612，738 鱼（a）歌（ai）通转

为（歌匣平）：于（鱼匣平）八，677，849 鱼（a）歌（ai）通转

蓋（月见入）：盍（叶匣入）四，189，245 月（at）叶（ap）通转

蓋（月见入）：盍（叶匣入）七，591，704 月（at）叶（ap）通转

蓋（月见入）：盍（叶匣入）七，604，726 月（at）叶（ap）通转

亡（阳明平）：蔑（月明入）四，339，375 阳（aŋ）月（at）通转

汜（之邪上）：垠（文疑平）四，404，430 之（ə）文（ən）通转

意（职影入）：隐（文影上）八，694，858 职（ək）文（ən）通转

继（锡见入）：计（质见入）五，449，491 锡（ek）质（et）通转

佚（质喻入）：溢（锡影入）六，520，594 锡（ek）质（et）通转

次（支清去）：即（质精入）七，582，683 支（e）质（et）通转

音（侵影平）：意（职影入）五，481，543 职（ək）侵（əm）通转

焭（耕匣平）：眩（真匣平）五，491，563 耕（eŋ）真（en）通转

内（物泥入）：纳（缉泥入）七，625，758 物（ət）缉（əp）通转

　　《读书杂志》中的通转条目有 25 条。从现代古音学拟音的角度来分析，通转是元音相同，韵尾发音部位不相同的韵部之间的相转。王念孙在学术实践中，在破假借、求同源等训诂活动中，反映出来的韵部之间的关系能和今人所说的通转暗合，实在是了不起的行为。因为这类韵部之间的关系有时看起来是不能相通的，如鱼部和歌部，以《六书音均表》察之，为第 5 部与第 17 部相转，王力三十韵部系统，为第五类与第九类相通，似乎相隔甚远，不符合同类近类相通转的原则。但是"由于段氏六类十七部阴阳交错排列，导致阴声韵第六类与第一、二类相隔较远，如果单就音声韵旁转来说，将第六类改为第三类，则上列'鱼歌相转'一条也就邻类为近了。黄侃、王力二人都是把第六类的几个韵部排在鱼类的后面"①。王念孙能够洞察如此复杂的关系，并把它用之于学术实践活动中。

四、旁对转

震（文章平）：祇（脂章平）四，200，258	文（ən）脂（ei）旁对转
沴（文来去）：坻（脂定平）四，368，398	文（ən）脂（ei）旁对转
西（脂心平）：駪（文生平）七，603，721	文（ən）脂（ei）旁对转
鮦（东定平）：糾（幽定上）四，253，304	东（oŋ）幽（u）旁对转
丛（东从平）：菆（幽精平）七，587，695	东（oŋ）幽（u）旁对转
犹（幽喻平）：欲（屋喻入）五，451，496	屋（ok）幽（u）旁对转
犹（幽喻平）：欲（屋喻入）七，586，693	屋（ok）幽（u）旁对转
聚（侯从上）：就（觉从入）四，387，419	侯（o）觉（uk）旁对转
柱（侯定上）：祝（觉章入）八，631，767	侯（o）觉（uk）旁对转
用（东喻平）：以（之喻上）四，382，417	之（ə）东（oŋ）旁对转
仆（屋滂入）：部（之並上）七，620，751	之（ə）屋（ok）旁对转
部（之並上）：步（铎並入）七，627，763	之（ə）铎（ək）旁对转
惶（阳匣平）：惑（职匣入）六，555，637	职（ək）阳（aŋ）旁对转
为（歌匣平）：谓（物匣入）五，436，470	物（ət）歌（ai）旁对转
农（冬泥平）：努（鱼泥上）五，441，477	鱼（a）冬（uŋ）旁对转

---

① 吴泽顺. 汉语音转研究［M］. 长沙：岳麓书社，2006：202.

粗（鱼清平）：䊝（屋从入） 五，473，533 鱼（a）屋（ok）旁对转

蔍（屋来入）：麤（鱼清平） 六，536，610 鱼（a）屋（ok）旁对转

劳（宵来平）：略（铎来入） 五，445，482 铎（ak）宵（o）旁对转

别（月并入）：徧（真帮去） 七，584，687 真（en）月（at）旁对转

洝（微明平）：漫（元明平） 八，670，835 微（əi）元（an）旁对转

王念孙时代还没有旁对转的理论，章太炎才在《国故论衡·成均图》中提出了"次对转"的条例，直到黄侃在《声韵通例》中正式提出了"旁对转"的术语，并加以定义。他说："由旁转以得对转者，曰旁对转。"① 从以上条目看来，王念孙对韵部旁对转的事实是有所认识的。

五、异类相转

楷（质精入）：笮（铎庄入） 一，13，17 质（et）铎（ak）相转

特（职定入）：但（元定去）：徒（鱼定平） 三，80，105

职（ək）鱼（a）元（an）相转

命（耕明平）：漫（元明去） 一，16，81，20 耕（eŋ）元（an）相转

平（耕并平）：繁（元并平） 四，201，260 耕（eŋ）元（an）相转

环（元匣平）：营（耕喻平） 五，457，504 耕（eŋ）元（an）相转

环（元匣平）：营（耕喻平） 八，692，870 耕（eŋ）元（an）相转

辨（元并上）：平（耕并平） 八，679，852 耕（eŋ）元（an）相转

营（耕喻平）：还（元匣平） 八，691，855 耕（eŋ）元（an）相转

王念孙说："'命'字古音本在鎭部，自周秦閒始轉入靜部。'漫'字古音在願部，願部之字古或與靜部通。故'漫'與'命''姓'爲韻"。也就是说，"命"字在上古时已由真部转入耕部（现在的古音学家有的归为真部，有的归为耕部），"漫"字古音在元部，元部之字与耕部之字可相通，可见真部、耕部、元部的关系较为密切。

耕部和元部在王力的韵部通转关系中，没有通转的条件。但在王氏四种中，多次说明了耕、元二部相转的情况，如《经义述闻》第三卷中有平和

---

① 黄侃. 黄侃论学杂著［M］. 上海：上海古籍出版社，1980：143.

辩、平和便、营和还、馨和膻、营和嬔等便是耕部和元部相转的证明。

縣（元明平）：弥（支明平）三，82，109　　支（e）元（an）相转

鶠（支见去）：鹃（元见平）四，365，395　　支（e）元（an）相转

鲜（元心平）：斯（支心平）三，171，231　　支（e）元（an）相通

从上条可知，在王氏四种中，耕部和元部有相转的事实，那么支部和耕部有阴阳对转的关系，则支部和元部也不无相通的可能。再则有的古音学家将绵弥归入脂部，那么脂部和元部的关系更近了一层，能构成旁对转的关系。

导（幽定去）：覃（侵定平）三，87，114　　侵（əm）幽（u）相转

导（幽定去）：禫（侵定上）三，103，141　　侵（əm）幽（u）相转

导（幽定去）：诣（谈透上）三，103，141　　谈（am）幽（u）相转

游（幽喻平）：淫（侵喻平）七，569，655　　侵（əm）幽（u）相转

导（幽定去）：禫（侵定上）八，636，777　　侵（əm）幽（u）相转

导（幽定去）：诣（谈透上）八，636，777　　谈（am）幽（u）相转

宵部、幽部和侵部、谈部的关系很复杂。孔广森的十八部阴阳对转相配关系中，宵部和侵部构成对转关系。王力先生不承认宵侵的对转关系，他说："孔氏首创'阴阳对转'的学说……只有宵侵对转是靠不住的。"所以他在《同源字典》所排列的韵表中，幽宵两部没有和闭口韵相转的条件。章太炎作《成均图》时在孔广森的基础上发展成两组对转关系，即幽部与侵（缉）冬、宵部与谈（盍），并在《文始》中列举了大量的文献资料佐证，提出了"所有的闭口韵都可和幽、宵二部发生对转"的主张。郭锡良（《汉字古音手册》）、俞敏（《后汉三国梵汉对音谱》）、陆志韦（《古音说略》）等学者从不同的方面肯定了幽宵和侵谈相转的情况。可见幽宵和侵谈相转是有事实根据的，王念孙的这六条幽侵、幽谈相转的条例也是可信的。

遝（缉定入）：逮（月定入）一，32，50　　缉（əp）月（at）相转

遝（缉定入）：逮（月定入）七，576，668　　缉（əp）月（at）相转

这两条应该是王念孙的失误。《逸周书杂志》第32页"時之遝"条，王氏言"遝与逮同，古字多以遝为逮"。《墨子杂志》第576页"遝至"条说"遝與逮同，逮，及也"。遝和逮应不是通假关系，而是具有相同的义项（及也），是同义词。《说文》"遝，迨也"；《方言》卷三"遝，及也。东齐曰

迨，关之东西曰遝，或曰及"。遝，古音属定母缉部，段氏在第七部；逮，古音属定母月部，段氏在十五部。两部相隔甚远，难以相通，王氏的古音学观点和段氏多有相合之处。

此（支清上）：差（歌初平）六，529，602　　歌（ai）支（e）相转

褫（支透上）：弛（歌书上）八，652，805　　歌（ai）支（e）相转

王念孙在《书钱氏答问说地字音后》中以"地"字为例，引用一系列文献用例，论证了"支、歌二部之音最相近，故古或通用"。①

意（职影入）：抑（质影入）二，67，95　　　职（ək）质（et）相转

意（职影入）：抑（质影入）三，130，172　　职（ək）质（et）相转

即（质精入）：则（职精入）四，184，240　　职（ək）质（et）相转

亿（职影入）：抑（质影入）三，151，205　　职（ək）质（et）相转

即（质精入）：则（职精入）七，569，657　　职（ək）质（et）相转

利（质来入）：吏（之来去）七，623，757　　之（ə）质（et）相转

忒（职透入）：贷（月定入）五，478，540　　职（ək）月（at）相转

代（月定入）：特（职定入）五，478，540　　职（ək）月（at）相转

浑（文匣平）：沇（阳匣去）四，221，276　　文（ən）阳（aŋ）相转

肺（月滂入）：附（侯並去）四，285，330　　侯（o）月（at）相转

蒙（东明平）：蔑（月明入）八，630，766　　东（oŋ）月（at）相转

知（支端平）：折（月章入）六，544，620　　支（e）月（at）相转

歷（锡来入）：离（歌来平）七，576，667　　歌（ai）锡（ek）相转

衮（元喻上）：裕（屋喻入）五，505，581　　元（an）屋（ok）相转

阙（月溪入）：掘（屋群入）五，506，583　　屋（ok）月（at）相转

棐（微帮上）：辅（鱼並上）：榜（阳帮平）五，509，586

鱼（a）阳（aŋ）微（əi）相转

以上16条韵部异类相转的条目，声纽都是双声关系（清人把声母旁纽也视为双声），符合"声母之间的关系越近，韵部的流转比较宽泛"这样的韵部相转实际。当然，其中有可能也有王念孙或古人对文献语言理解和解释

---

① 罗振玉. 高邮王氏遗书［M］. 南京：江苏古籍出版社，2000：149.

的不真实性，也可能有古音系统证实功能的局限性。如忒（职透入）和贷（月定入）、代（月定入）和特（职定入）以《上古音手册》来印证，韵部不能相通。但王念孙认为"极、德、极、力、代爲韵"（《汉书杂志》第478页"不贰"条），把"代"归入之部字（王氏之职未分），郭锡良的《汉字古音手册》就把代、贷二字归入入声职部，这样一来，忒和贷相假借、代和特读音相近，就一点问题也没有了。可见用一种静态的平面的语音系统去分析复杂的古音现象，其解释能力本来就是有限的、相对的。李方桂先生说："古音部分极不相同之字，可以从同一语根演化出来，此中别有条例，我们现在毫未得其门径而已。"①

综上所述，在198条韵近而转的条目中，其中对转有65条，约占33%；邻类旁转30条，约占15%；隔类旁转24条，约占12%；通转25条，约占13%；旁对转19条，约占10%；异类相转37条，约占17%。对转和旁转两类加起来有119条，约占60%。可见《读书杂志》反映了王念孙对韵部之间相转关系的认识，以对转和旁转为主。

第四节　《读书杂志》对韵部分合的讨论

要讨论韵部的分合问题，先要弄清楚合韵的概念。何为"合韵"？顾名思义就是韵部的合用问题。戴震曰："审音非一类，而古人之文偶有相涉，始可以五方之音不同，断为合韵。"戴震的说法有一定的合理性，但审音非一类和古人之文有相涉的矛盾，并不一定是因为五方之音不同的缘故，而是这些相涉的词的读音虽然不同，却是非常相近的。合韵是指元音相近的韵部通押，并不是方言不同的转读。江有诰以韵部的次第关系来定义"合韵"，他在《古韵凡例》中说："古有正韵，有通韵，有合韵。最近之部为通韵，隔一部为合韵。"段玉裁的"合韵"之说则更为合理，他在《古十七部合用类分表》中将古韵十七部按照读音的远近分为六类，他说："合韵以十七部

---

① 李方桂. 与沈兼士书［M］//沈兼士. 沈兼士学术论文集. 北京：中华书局，1986：849.

次第分为六类求之。同类为近，异类为远。非同类而次第相附为近，次第相隔为远。"他的意思是说，并不是任何韵部都可以合用，只有韵部读音相近才有合韵的可能，他既关注了韵部之分，又不忽略韵部之合，这是很有创见的。

陆宗达说："原夫合韵之说，兆端于段氏，分十七部为六类，从次第远近求之，而以异平同入为枢纽。孔氏又创阴阳对转之说，于是音韵诸家渐不拘守与韵部。迨严氏《说文声类》列《十六部出入表》，使韵部多得通转。合韵之说，于焉大备。"①

王力先生则认为："合韵是韵尾相同（如果有韵尾的话），元音不同；对转是元音相同，收音不同。"②

王念孙早期严守本韵，不从合韵之说。晚年有所改变，相信古人押韵有合韵之例，因之博考群书，撰成《合韵谱》，推阐韵部旁通之理。《读书杂志》中也时有论及合韵。

"請對以臆"（第 137 页，《史记·屈原贾生列传》）

　　"服乃歎息，舉首奮翼，口不能言，請對以臆。"念孫案：《索隱》本"臆"作"意"，注曰：協音"臆"。《正義》曰：協韻音"憶"。據此則正文本作"請對以意"，謂口不能言而以意對也。今本作"臆"者，後人以"意"與"息""翼"韻不相協而改之也。不知"意"字古讀若"億"，正與"息""翼"相協。《明夷象傳》"獲心意也"，與"食""則""得""息""國""則"爲韻。《管子·戒篇》"身在草茅之中而無懾"，"意"與"惑""色"爲韻。《楚詞·天問》"何所意焉"，與"極"爲韻。《呂氏春秋·重言篇》"將以定志意也"，與"翼""則"爲韻。秦之罘刻石文"承順聖意"，與"德""服""極""則""式"爲韻。《論語·先進篇》"億則屢中"。《漢書·貨殖傳》"億"作"意"。皆其證也。此賦以"意"與"息""翼"爲韻。故《索隱》《正義》竝以"意"爲協

---

① 陆宗达. 王石臞先生韵谱合韵谱遗稿 [J]. 国学季刊，1932（3）：168.

② 王力. 清代古音学 [M]. 北京：中华书局，1992：247.

韻。下文"好惡積意",與"息"爲韻。《正義》亦云協韻音"憶"。若"臆"字,則本讀入聲,何煩協韻乎?又案:《文選》作"請對以臆",亦是後人所改。據李善注云:"請以意中之事"。則本作"意"明矣。而今本并李注亦改作"臆"。惟《漢書》作"請對以意"。顏師古曰:"意"字合韻,宜音憶。《索隱》《正義》皆本於此,今據以訂正。

唐代的颜师古、司马贞、张守节等注疏家已经注意到韵部的合用现象,但并没有上升到理论的高度,颜师古虽然说出"合韵"之名,只不过他的意思还是要谐音以就韵,这和清代学者的"合韵"理论是有本质区别的。"意"中古属于志韵,"臆""忆""亿"中古都是职韵。浅学者认为"意"不能押韵,故而改之。王念孙早年不信合韵之说,但承认诗歌有通谐现象。在王念孙的古韵二十二部里,"意"属于第十八部去声志韵,"亿"属于第十八部入声职韵,同部去入相押,所以相协。王念孙在这里没有提出意亿合韵的说法,可能和他对古韵相押认识的变化有关。据陆宗达先生考证,王念孙早年对古书押韵有通协之说①,但并不相信段玉裁等人提出的合韵理论,直到嘉庆十六年才开始相信段氏的合韵之说。②《史记杂志》在所有《杂志》里是成书较早的,③ 可能此时王念孙还没有把合韵理论广泛用于学术实践。

"充益"(第465页,《管子·心术上》)

"嗜欲充益,目不見色,耳不聞聲。"念孫案:"充益"當爲"充盈",字之誤也。上以"道""理"爲韻("道"字合韻)。……

---

① 王念孙的通协之说,和古人的协韵之说是有本质区别的,王氏认为通协出于方音。

② 陆宗达. 王石臞先生韵谱合韵谱遗稿 [J]. 国学季刊, 1932 (3): 169.

③ 刘盼遂在《高邮王氏父子年谱》中说:"(嘉庆十七年壬申六十九岁,王念孙)亟取所校《淮南子内篇》重加校正,由是校《战国策》《史记》《管子》《晏子春秋》《荀子》《逸周书》及旧所校《汉书》《墨子》附以《汉隶拾遗》凡十种,名曰《读书杂志》。盼遂按:所列各书次第即以先生校录之早晚为次第也,至《杂志》中各序皆兴到所为,不能取以定成书年月。"(罗振玉. 高邮王氏遗书 [M]. 南京:江苏古籍出版社, 2000: 55.)

　　"道"是古音幽部字，"理"是古音之部字。王念孙的《合韵谱》有之幽合韵谱。段玉裁的古音十七部中，之部是第一类第一部，幽部是第二类第三部，属于邻类相转。从韵部相转规律表观察，之部和幽部是旁转的关系。可见，王念孙觉得韵部读音相近，是可以合韵的。

　　"昔夏之衰也以下十三句"（第 519 页，《晏子春秋·内谏篇上》）

　　　　"昔夏之衰也，有推移大戲。殷之衰也，有費仲惡來。足走千里，手裂兕虎，任之以力，凌轢天下，威戮無罪，崇尚勇力，不顧義理。是以桀紂以滅，殷夏以衰。"孫曰："戲""來""里""力""罪""理""滅""衰"爲韻，"虎""下"爲韻。周秦之語多相協，以輕重開合緩急讀之。念孫案："戲"字古韻在歌部，"來"字在之部，"里""理"在止部，"力"在職部，"罪"在旨部，"滅"在月部，"衰"在脂部，此十三句唯"虎""下"爲韻，"理"字或可爲合韻，其餘皆非韻也。

　　古人用韵，由于韵部读音相近，作者权宜通押的现象是有的，但合韵是有条件的，不光是韵部之间的读音要相近，对声调也是有考虑的，同声相协者多，异声相协者少，异声相协中，平上相协，去入相协者多。"虎"和"下"在王念孙的第十九部语韵。王念孙认为：歌、之、止（之部上声）、职（之部入声）、旨（脂部上声）、月、脂等韵部不押韵，止韵或可和语（鱼部上声）合韵。王念孙考察合韵是审慎的，他的《合韵谱》中有止语合韵例。

　　"騏驥一躍不能十步駑馬十駕功在不舍"（第 632 页，《荀子·劝学》）

　　　　"……里與舍不合韻"

　　"里"于古音属于之部上声止韵，"舍"于古音属于鱼部上声语韵，这里说不合韵，上一条说或许可以合韵，到《合韵谱》中有止语合韵例，可见王念孙不光是合韵的理论有一个发展的过程，而且对于具体哪些韵部可以合韵，也是在学术实践中慢慢体察出来的。

　　"治通"（第 636 页，《荀子·修身》）

"由禮則治通，不由禮則勃亂提僈。"引之曰：下文以"節""疾"爲韻，"雅""野"爲韻，"生""成""甯"爲韻，唯此二句韻不相協。"通"疑當依《外傳》作"達"，此涉上"宜於時通"而誤。"達"與"僈"爲合韻。凡願月二部之字古聲或相通。……《外傳》作"不由禮則悖亂"，"亂"與"達"亦合韻。

"达"在古音是月部字，"僈"和"乱"在古音是元部字，对这两部的合韵王念孙是很肯定的。现代的学术实践证明，元部和月部是阳入对转的关系，可以合韵是无疑的。

"舜授禹以天下"（第 731 页，《荀子·成相》）

楊注曰：舜所以授禹，亦以天下之故也。念孫案：此不言舜以天下授禹，而言舜授禹以天下者，倒文以合韻耳。"禹""下"爲韻，非有深意也。楊反以過求而失之。

这里的"合韵"应该是一个动宾词组，适合押韵的意思，"禹"和"下"都是鱼部字。这是需要有所区别的。

"私置"（第 737 页，《荀子·赋》）

"託"字於古音屬鐸部，"塞""偪"等字於古音屬職部，改託訊爲訊託，仍不合韻。

根据韵部相转规律表，职部和铎部可以构成旁对转的关系。段玉裁的古音十七部中，铎部在第五部，职部在第一部，相隔稍远。王念孙认为这两部是不能合韵的，从上文旁对转条目中来看，《读书杂志》中并无这两部相转的例证，在《合韵谱》中也没有职铎合韵的条例。可见王念孙的合韵规律是他在研究古籍的实践中体察出来的。

"祀四郊 決刑罰"（第 786 页，《淮南内篇·天文》）

"鄉"與"功""張"爲韻（"功"字合韻，讀若"炊"）。

乡和张是阳部字，功是东部字，东部和阳部邻类合韵。
"通於天道"（第 833 页，《淮南内篇·主术》）

"天"與"精"爲韻，"天"字合韻，讀若"汀"。

天是真部字，精是耕部字，真部和耕部构成通转关系，可以合韵。
"不出門"（第 942 页，《淮南内篇·修务》）

"今使人生於辟陋之國，長於窮櫚漏室之下。長無兄弟，少無父母。目未嘗見禮節，耳未嘗聞先古，獨守專室而不出門，使其性雖不愚，然其知者必寡矣。"念孫案：門下當有"戶"字，"不出門戶"與"獨守專室"相對為文，且"戶"與"下""母""古""寡"爲韻（"下"讀若"戶"，"寡"讀若"古"，"母"合韻，音莫補反。竝見《唐韻正》）。若無"戶"字，則失其韻矣。

戶，鱼部；下，鱼部；母，之部；古，鱼部；寡，鱼部。之部和鱼部有旁转关系，可以合韵。

从以上所引的条目和分析中，可以归纳《读书杂志》中论说合韵的情况：

可以合韵的韵部：志职（对转）、之幽（旁转）、元月（对转）、东阳（旁转）、真耕（通转）、之鱼（旁转）。

不确定的韵部：止语。

不能合韵的韵部：职铎（旁对转）。

可见，王念孙对断为合韵的韵部之间的关系要求是很严格的。以今天古音学的成果来概括，合韵的韵部之间的语音关系，要求主要元音相同，韵尾相近，或者要求韵尾相同，主要元音相近。王氏到晚年著《合韵谱》时，有时有把非韵说成合韵的谬误。

以上是《读书杂志》中论及合韵的情况，下面再辑录出王念孙在《读书杂志》中直接论述韵部通押或通转，以及韵部不能通转的条目，和以上古韵部的分部以及相转情况作对照研究。

1. 文部和元部

"嬖奪后"（第 16 页，《逸周书第三》）

> 《時訓篇》："螻蟈不鳴，水潦淫漫；蚯蚓不出，嬖奪后；王瓜不生，困於百姓。"念孫案："嬖奪后"下少一字，則文義不明，且韻與上下不協。《太平御覽·時序部》八引此作"嬖奪后命"是也。（"命"與"漫""姓"爲韻。"命"字古音本在鎮部，自周秦閒始轉入諍部；漫字古音在願部。願部之字古或與諍部通，故"漫"與"命""姓"爲韻。……）

"命"字现在一般归入耕部，有的古音学家归入真部，[①] 王念孙归入诤部（文部），他认为诤部和原部（元部）可以相转押韵。从王力的韵部相转关系表来看，文元、真元都是旁转关系，可以相通无疑。耕元二部虽是异类的韵部，但事实上也有相通的时候（耕元相通的原理及例证，前面章节已有所论述）。因此，从古今古音学家看来，无论"命"字的归类如何，它与"漫"字押韵是实际情况。从这一条可以看出，王念孙认为：诤部和元部可以相转合韵。

"臣謹脩"（第 735 页，《荀子·成相》）

> 此以諄元二部通用。凡諄元二部之字，古聲皆不分平上去。

也说明了文部和元部可以相通。

2. 质部和月部

"淫佚；甲蟲"（第 17 页，《逸周书第三》）

> "雷不始收聲，諸矣淫佚，蟄蟲不培户，民靡有賴，水不始涸，

---

① 唐作藩. 上古音手册［M］. 南京：江苏人民出版社，1982：87.

甲蟲爲害。"盧云：《御覽》"佚"作"汰"，或"泆"字之譌。念
孫案：盧説非也。"汰""賴""害"三字於古音屬祭部，轉入聲則
入月部。"佚"字屬質部，轉去聲則入至部。至與祭、質與月，古
音皆不相通（見段氏《六書音均表》，此唯精於周秦之音者乃能辨
之）。下文"母后淫佚"，自與"一""嫉"爲韻，不得與"賴"
"害"爲韻也。《昭元年左傳注》曰：汰，驕也（俗作"汰"，非）。
"諸侯淫汰"猶言"諸侯放恣"耳。今本作"淫佚"卽涉下文"母
后淫佚"而誤。《藝文類聚》引此亦作"淫汰"。

这里王念孙通过上古韵部的通与不通来辨别古籍押韵之文用字的正讹。
段玉裁古韵十七部中，祭、月在第十五部，质在第十二部，上古相隔较远，
不能相通。① 王念孙校读此条时，可能已经奉行古有四声的理论了，所以第
十三部分为至、质二韵，第十五部分为祭、月二韵，并认为这两部是不能相
通的。但后来对质部和月部的关系又有新的看法，认为可以合韵，他晚年的
《合韵谱》中就有质月合韵的条例，并列举《诗经》和《大戴礼记》等古籍
韵文中押韵为的情况。因此在《读书杂志》中只在《管子杂志》和《荀子
杂志》中有两例质月旁转的条目，即设（月书入）：失（质书入）五，480，
542　质（et）月（at）旁转；谲（质见入）：决（月见入）八，664，822
质（et）月（at）旁转。

可见王念孙的古音学理论和学术实践研究都是在不断发展的。

3. 之部和蒸部、之部和幽部

"咎徵之咎"（第17页，《逸周书第三》）

"水不冰是謂陰負，地不始凍，咎徵之咎，雉不入大水，國多
淫婦。"念孫案："咎徵之咎"，文不成義。此後人改之以就韻也。
不知"負""婦"二字古皆讀如"否泰"之"否"（説見《唐韻

---

① 段玉裁说："第十二部入声质栉韵，汉以后多与第十五部入声合用，三百篇分用画
　然。"（段玉裁. 说文解字注·六书音均表一 [M]. 杭州：浙江古籍出版社，2002：
　810-811.）但段氏的至韵一直没有从第十五部（脂部）中分出来，这是他研究的局
　限。

正》），不與"咎"爲韻。《太平御覽·時序部》十三引作"災咎之徵"是也。"徵"轉上聲爲宮商角徵羽之"徵"，故"徵驗"之"徵"亦轉而與"負""婦"爲韻。古人不以兩義分兩音也。凡蒸之二部之字古音或相通，上去二聲亦然。

"徵"读平声在蒸部，读上声在之部；"负""妇"二字古在之部；"咎"字古在幽部。王念孙的意思是，之蒸二部可以相转押韵，而之部和幽部不能押韵。这一点王念孙后来也有所改变，《合韵谱》中既有蒸之合韵例，也有之幽合韵例。在上文通转条目中有：醜（幽昌上）：耻（之透上）一，4，7之（ə）幽（u）旁转；罘（之並平）：浮（幽並平）四，183，238　之（ə）幽（u）旁转；醜（幽昌上）：耻（之透上）四，300，341　之（ə）幽（u）旁转。

在段玉裁《六书音均表》所划分的古十七部中，之韵属于第一部，幽韵属于第三部，由三部转入一部，属于邻类韵转关系。

4. 之部和脂部

"非舜而誰能"（第31页，《逸周书第四》）

"穆穆虞舜，明明赫赫，立義治律，萬物皆作，分均天財，萬物熙熙，非舜而誰能。"盧《補校》曰："能"字疑衍，"誰"字與上"財""熙"韻協。念孫案："師曠問曰：自古誰王？子荅曰：非舜而誰？"兩"誰"字正相應，則"誰"下不當有"能"字。《文选·封禪文注》引此無"能"字。盧以"能"爲衍字是也。而謂"誰"與"財""熙"爲韻則非。"誰"於古音屬脂部，"財""熙"於古音屬之部，兩部絶不相通。則"誰"與"財""熙"非韻也。

这一条王念孙同意卢文弨对衍字的校勘，但不同意他对押韵的说解。王氏认为脂部和之部绝对不能相通，这一条他一直没有变，所以他的《合韵谱》中没有之脂合韵的条例，从上文的韵部相转条目来看，《读书杂志》中也没有之部和脂部相通的例证。之部和脂部不相通是有道理的，但王念孙对脂部的研究又是不全面的。王力先生从脂部中分出了微部和物部,这两部和之部可以通转。"谁"字应该是微部字,和之部字"财""熙"可以相通。

"不貣"(第478页,《管子·势》)

　　……"貣"與下文"極""極""德""極""力""代"爲韻,"貳"則非韻矣。("貣"從"弋"聲,於古音屬之部。"貳"從弍聲,於古音屬脂部。)……

"脩道而不貳"(第707页,《荀子·天论》)

　　"貣""匿"竝與"惑"爲韻,"貳"則非韻矣。貣從弋聲,於古音屬之部,貳從弍聲,於古音屬脂部。

王念孙的意思是,之部字和脂部字不能押韵。其实不然,从古韵分部的角度来看,之脂分为两部是绝对有道理的,但不能只知其分,不知其合,在押韵和用字的实际应用角度来考察,这两部是可以合韵或者通用的。王念孙后来也注意到这一点,《合韵谱》中就有之脂合韵的条例。

5. 东部、冬部和阳部

"卽有死蚌"(第67页,《战国策第三》)

　　……念孫案:陸説甚爲紕謬。訓"兩"爲鬭口,既屬無稽,謂"兩"與"蚌"爲韻,又於古音不合。(凡平聲江韻之字,古音皆與東、冬通,而不與陽通,上去聲亦然。"蚌"字古讀若"奉",故其字從虫丰聲。……陸佃不知古音,而謂"蚌"與"兩"爲韻,故有此謬説。)

"蚌"字中古归上声讲韵,上古属于东部。"兩"字古音归阳部。王氏在这里的意思是,东部和冬部不能与阳部通押。这一点后来也有所变化,《合韵谱》中有东阳合韵例,也有冬阳合韵例。《管子杂志》和《淮南内篇杂志》中有相通的现象，① 如旁转条目中有：封（东帮平）：方（阳帮平）五，446，485　东（oŋ）阳（aŋ）旁转；功（东见平）：张（阳端平）九，786，930　东（oŋ）阳（aŋ）旁转。

现在看来，东、冬、阳三部是旁转关系，可以相通。

6. 歌部和脂部

"劉氏危"（第81页，《史记·吕后本纪》）

"諸呂用事今，劉氏危，迫脅王侯今，彊授我妃。"念孫案："危"本作"微"，謂劉氏衰微也。今作"危"者，後人以意改之耳。"微"字古今同音，故與"妃"爲韻。若"危"字則古音魚戈反，不得與妃爲韻。《逸周書·本典篇》"其上乃不危"，與"宜""和"爲韻，"宜"古音"俄"（説見《唐韻正》）。《管子·形勢篇》"雖安必危"，與"和"爲韻。《小問篇》"不得則危"，與"禾"爲韻。《淮南·説林篇》"讒賊聞之而父子相危"，與"和"爲韻。皆在歌部，不在脂部。②……

有些古文用字，从语境意义或者字词意义，都难以辨明真假，这时，从古音入手，辨明正确的用词，才能准确理解古人的真实情感。王念孙这里的意思是，此处用危、微义皆可通，但古音微与妃为韵，危与妃不为韵，所以本文的本来用字应该是"微"。也就是说，王念孙认为古音歌部和脂部不能相转押韵。王氏在《书钱氏答问说地字音后》中认为："支歌二部之字最相近"，歌部不与之部通用，也和脂部声远不通。③ 所以他在《读书杂志》中有支部和歌部相通的例证，也有支部和歌部押韵的例子。如：

---

① 《管子杂志》校释于《战国策杂志》之后，《淮南内篇杂志》是经过多次校正才成书的。

② "危"字的古音归部，古今学者多有不同意见，唐作藩归入微部，有的古音学家归入歌部或支部。（唐作藩. 上古音手册 [M]. 南京：江苏人民出版社，1982：134.）王念孙在这条中，举了很多古籍中"危"字和其他字押韵的例子，都是为了证明"危"字归入歌部。

③ 王念孙. 王石臞先生遗文：卷四 [M] //罗振玉. 高邮王氏遗书. 南京：江苏古籍出版社，2000：149-150.

此（支清上）：差（歌初平）六，529，602　　歌（ai）支（e）相转

褫（支透上）：弛（歌书上）八，652，805　　歌（ai）支（e）相转

离（歌来平）：知（支端平）五，421，451　　　支（e）歌（ai）相转押韵

解（支见上）：地（歌定平）五，468，522　　　支（e）歌（ai）相转押韵

但没有歌部和之部、歌部和脂部相通或者押韵的例子。

王念孙的这种看法是值得商榷的，真实情况应该是，歌部和脂部读音更为相近，而与之部、支部则较远。他晚年似乎也有改变，在《合韵谱》中只有脂歌合韵的条例，却没有之歌、支歌合韵的条例。

7. 志部（职部）和祭部（月部）

"河戒"（第95页，《史记·历书》）

　　……且"戒""界"二字古不同聲。自唐以前之書無以此二字通用者。後人不知"戒"爲"戍"之譌，而以"兩戒"爲"兩界"，此誤之又誤也。"戒"於古音屬志部，"界"從"介"聲，於古音屬祭部。自韻書以"戒""界"溷爲一音，而宋人遂以"兩戒"爲"兩界"矣。志、祭二部古不相通。……

有些字在中古和上古的读音不变，有些字的读音则分化很大。"戒"和"界"，在中古读音相同，都是去声怪韵见母字。但它们在上古时期的读音则完全不同，"戒"字读入职部（王念孙为志部），"界"字读入月部（王念孙为月部），这两个韵部读音差异很大，所以王氏认为"志祭古不相通"，也是说职部和月部古音不相通。《合韵谱》中也没有志祭、职月合韵的条例。王力的韵部相转关系表中，职部和月部就是异类，相隔较远。

8. 鱼部和侯部

"醳之愉"（第109页，《史记·魏世家》）

　　……若"愉"字，古音在矦部。"舒"字，古音在魚部。兩字絕不相通。故書傳中"愉"字無通作"舒"者，而字書韻書"愉"

字亦無"舒"音。……

王念孙在这里认为鱼部和侯部不能相通,在《读书杂志》中没有鱼部和侯部相通或押韵的例子。段玉裁对鱼部和侯部的关系的处理则要合理些。段氏在《六书音均表一》中辩驳了顾炎武合侯于鱼的不合理①,认为鱼侯应独立成部,这一点与王念孙的意见也是相同的。但段玉裁把鱼部放在第五部,把侯部放在第四部,并同属于第二类,认为同类为近,在应用中是可以同类相转而通用的。

王念孙晚年又有鱼侯合韵的条例。

9. 微部和鱼部

"雷佚"(第 192 页,《汉书·王子侯表》)

《史》《漢》表之"盧"又誤作"雷",或謂古字通用,非也。韻書"盧"在模部,"雷"在灰部,灰部之字不得與模部通。故鄭不云聲之誤,而云字之誤。

中古灰部和模部不能通用,中古的灰韵字上古多归微部,中古的模韵字上古多归鱼部,也就是说上古的微部不能与鱼部通用。"卢"在上古是鱼部字,"雷"在上古是微部字,这两个字中古和上古都是不能通用的。

10. 东部和幽部

"銅陽"(第 253 页,《汉书·地理志》)

……說者皆謂"銅"從"同"聲,不當音"紂"。不知"紂"字古音在幽部,"同"字古音在東部,東部多與幽部相通。……故"銅"從"同"聲,而亦讀如"紂"。(《说文》"銅"讀若"絝襱"。"襱",從"衣","龍"聲,或作"襩",從"衣""賣"聲。"賣"字古音在幽部,"龍"字古音在東部。則"襱"字卽是東幽兩通之字。"銅"讀若"襱",固宜其轉入幽韻而音紂矣。)《洪範》

---

① 段玉裁. 说文解字注 [M]. 上海:上海古籍出版社,1988:810.

"曰霿"之"霿"，音武工反而其字以"矛"爲聲，"尻"字以九爲聲。而《吕氏春秋·觀表篇注》讀如"穹窮"之"穹"，此諧幽部之聲而讀入東部也。"牢"字古讀若"罶"，而說文從"冬"省聲。"猱"字從"狃"聲，古讀與"狃"近。而《齊風》"遭我乎猱之閒分"。《漢書·地理志》引作"巎"，其字以"農"爲聲，此諧東部之聲而讀入幽部也。又何疑於"鲖"之音"紂"乎？

这条校释，王念孙用了大量的文字押韵、文字假借以及经典异文读音的差异，来证明东部和幽部相通的事实。辩驳了后人不识古音相通之理，难以识别古人注音之宜，以今音改古音的陋习。王念孙列举了六条例证证明了孟康"鲖音紂"的正确性。现在看来，东部与冬部旁转，再与幽部对转，可以构成旁对转的关系。

11. 歌部和侵部

"芯題"（第259页，《汉书·地理志》）

　　引之曰：字從"心"聲者，不得有"莎"音。①

心，古音是侵部心母平声字；莎，古音是歌部生母平声字。生母（sh）与心母（s）是正齿音与齿头音准双声关系，发音相近。两个字的读音既然不相近，就只能韵部相隔较远了。所以歌部（ai）与侵部（əm）相隔甚远而不相通，王氏父子对字音的相近原则的把握是非常严谨的。

12. 歌部和幽部

"黟"（第261页，《汉书·地理志》）

　　"丹陽郡黟，漸江水出南蠻夷中，東入海。"師古曰："黟"音"伊"，字本作"黟"，其音同。念孫案：《說文》曰：黟，黑木也，從黑，多聲，丹陽有黟縣。又曰：漸水出丹陽黟南蠻中，東入海。

---

① 王引之和其父王念孙的学术思想是一致的，所以本书对《读书杂志》中王引之的说解，不和王念孙作区别对待。

　　则《地理志》本作"黟"明矣。《水經注》引此亦作"黟"。"黟"
從多聲，於古音屬歌部，於今音屬支部。若"黝"從"幼"聲，則
古今音皆屬幽部。幽部之字無與支歌部通者。黟字不得借作黝也，
此因字形相似而誤耳。

　　王念孙的意思是说，幽部的字在中古不与支部相通，在上古不与歌部相
通。这是有道理的，中古的幽部与尤侯同用，支部与脂之同用；上古幽部与
歌部为异类，相隔较远，无缘通用。所以《读书杂志》中没有歌部和幽部相
通或押韵的例子。

　　13. 元部和歌部

　　"鄾俟"（第 292 页，《汉书·樊郦滕灌靳周传》）

　　　　……不知寒歌二韻古聲相近，故"單"聲之字，多有轉入歌韻
者，并有轉入匽箇二韻者。……凡此皆"單"聲之字而轉入歌匽箇
三韻者也。其寒韻中字非從"單"聲而轉入歌匽箇者，則不可枚
舉。又何疑於鄾之音多乎？

　　后人不识古音，以今音来误改正确之注音。实际上中古寒韵之字，上古
多读为元部，元部可与歌部对转相通。

　　14. 脂部和文部

　　"爪華蹈衰"（第 368 页，《汉书·杨雄传》）

　　　　……"渗"字從"参"得聲，古音在諄部。……"坻"字從
"氏"得聲，古音在脂部。脂部之音多與諄部相通。故從"氏"之
字，亦與從"参"之字相通。……

　　"能欣者欣"（第 603 页，《墨子·耕柱》）

　　　　引之曰：舉出之事與築牆無涉，"欣"當讀爲"睎"。……"睎"
字從"希"得聲，古音在脂部。"欣"字從斤得聲，古音在諄部。

諄部之音多與脂部相通。故從斤之字亦與從希之字相通。

"轄匏"（第 578 页,《墨子·节用上》）

……凡文吻問與脂旨至古音多互相轉。……

文吻问古音归文部,脂旨古音归之部、脂部或微部,至古音归物部,脂微物王氏未分,统归脂部,王力的微部即从脂部分出。根据古音通转规律,之、脂、微均可与文部相通,故王氏所言不假。

脂部与谆部（文部）同属于一类,可以旁对转相通。

15. 之部和歌部

"茬"（第 378 页,《汉书·货殖传》）

引之曰:"茬"從"在"聲,古音屬之部。"槎"從"差"聲,古音屬歌部。二部絕不相通。無緣借"茬"爲"槎","茬"蓋"差"字之譌也。……

段玉裁把之部放在第一部第一类,歌部在第十七部第六类。相转规律表中,之部和歌部异类,相隔甚远。上面的相转条目中没有之歌相通的例子,《合韵谱》也没有之歌合韵的条例。之部和歌部不相通,是毫无疑问的。

16. 鱼部和宵部

"亦有紹土"（第 405 页,《汉书·叙传》）

……"紹"字在小韻,"楚""旅"二字在語韻,二韻古聲相近,故漢人多有通用者。……

小韵为宵部上声,语韵为鱼部上声。小语相通也可以看作宵部和鱼部相通。宵部和鱼部都是同类的阴声韵,可旁转相通。

17. 之部和支部

"地之枝"（第 482 页,《管子·内业》）

……念孙案："枝"當爲"材"，字之誤也。……"材"與"時"
"謀"爲韻。若作"枝"，則旣失其義而又失其韻矣。（"時""材"
"謀"於古音屬之部，"枝"於古音屬支部。兩部絕不相通。說見段
氏《六書音均表》。）

段玉裁将之部放在第一部第一类，将支部放在第十六部第六类，无缘相
通，王念孙接受了他的观点。其实他们有时把韵部之分从细的原则也用到了
古书的实际应用上，这是不对的。之部和支部是可以旁转相通的。

18. 质部和职部

"君子所誡"（第 521 页，《晏子春秋第一》）

（王念孙案）作"屆"。今作"誡"者，俗音亂之也。……
"屆"字以"凷"爲聲，於古音屬至部，其上聲則爲旨部，其入聲
則爲質部。……若"誡"字，則以"戒"爲聲，於古音屬志部，其
上聲則爲止部，其入聲則爲職部。……此兩部之音今人讀之相近，
而古音則絕不相通。至於《老》《莊》諸子無不皆然。此非精於三
代兩漢之音者，固不能辨也。

王念孙认为至部和志部不能相通，也就是说质部和职部不相通，这是合
理的。

19. 缉部和质部

"故食不可不務也以下七句"（第561页，《墨子·七患》）

畢本"力"譌作"立"，云："立""節"爲韻，"主""御"
爲韻。念孫案：畢説非也。古音"立"在緝部，"節"在質部，則
"立""節"非韻。"主"在厚部，"御"在御部，則"主""御"非
韻。畢未能了然於古音之界限，但知古人之合，而不知古人之分，
故往往非韻而以爲韻。

王念孙认为，缉部和质部不能押韵。缉部和质部分属两类，相隔甚远，确实不能相通。但认为厚部和御部（侯部和鱼部）不能押韵，则不尽然，见第 8 条的说解。

20. 元部和月部

"治通"（第 636 页，《荀子·修身》）

……凡願月二部之字，古聲或相通。……

从现代音韵学家的拟音来看，愿部（at）（元部）和月部（an）的元音相同，韵尾的发音部位也相同，是对转的关系，可以相转通用。

21. 东部和侯部

"容"（第 641 页，《荀子·不苟》）

……"容""裕"古字通。（古者東矦二部共入而互轉，故《説文》"容""裕"二字皆以"谷"爲聲。）

谷，入声屋部字，容裕皆以谷为声。清人多认为阴声与阳声对转是以入声为枢纽的。王念孙肯定：东部和侯部可以互转通用。东侯二部确实是阴阳对转的关系。

22. 之部和文部

"隱忌"（第 695 页，《荀子·致士》）

凡之部之字，或與諄部相轉，上去聲亦然。

"騏驥"（第 728 页，《荀子·性恶》）

凡之部之字，或與諄部相轉。說見《致士篇》。

段玉裁的古音十七部中，之部在第一部第一类，文部在第十三部第五类，相隔较远。王念孙比他进步，认为之部文部可以相转，实在是很难得的。如王念孙认为"氾垠語之轉"①，氾，之部邪母字；垠，文部疑母字。之部就和文部相通。现在看来，之部和文部的元音相同，韵尾发音部位不同，可以构成通转的关系。

23. 之部和月部

"物畜而制之"（第706页，《荀子·天论》）

念孫案："物畜而制"之"制"，當爲"裁"，思裁爲韻，頌用爲韻，待使爲韻，多化爲韻。思裁二字於古音竝屬之部，制字於古音屬祭部，不得與思爲韻也。

王念孙的意思是，祭部（月部）不能与之部相押。之部和月部分属两类，元音和韵尾都相隔很远，无法相通或押韵。

24. 蒸部和侵部

"有鳳有皇"（第718页，《荀子·解蔽》）

古音蒸侵相近，則朋鵬二字亦可與心爲韻。

蒸部和侵部是元音相同的通转关系，读音相近，可以相通。

25. 职部和铎部

"行遠疾速而不可託訊者與"（第736页，《荀子·赋》）

託字於古音屬鐸部，塞偪等字於古音屬職部。改"託訊"爲"訊託"，仍不合韻。

王念孙的意思是说，职部和铎部不能合韵通用，《读书杂志》中没有职铎相通或押韵的条目，《合韵谱》中也没有职铎合韵的条例。其实职部和铎部，元音相近，韵尾相同，是可以旁转相通的。可惜王念孙对这两部的认识

---

① 见《读书杂志》第404页《汉书·叙传》"邘沂"条。

是不够清楚的。

段玉裁提出合韵的概念以及条例，戴震提出"以入声为相配之枢纽"的看法，后孔广森发展成为"阴阳对转"理论，其实质都是论及韵部的分合问题。对韵部的分合关系，王念孙并没有提出具体而明确的理论概念和术语。但王念孙对韵部的分合相通也一定有自己的想法，只不过他和段玉裁一样，更注重韵部分合在学术实践中的使用。上一节归纳的《读书杂志》韵部相转条目，大部分是我们根据王念孙对古籍文献的校释，从他辨假借、说同源、明声误、谈连语以及解析古代韵文押韵和传抄者失韵等训诂校勘的学术实践中推测总结出来的，难免会有一定的片面性，或者不能真正领会王念孙的韵部相转思想。上述 25 条韵部组合，是《读书杂志》中王念孙对韵部分合的明确论述，更能窥见王氏的古韵部分合思想。因为不是专门关于韵部的理论著作，所以没有统一的术语，只有"某部转入某部""某某部相通"或"某某部绝不相通""某某部相转""某部与某部可合韵"或"某不与某为韵"等说法①。

为了清晰地表现王氏的韵部相转思想，下面把以上 25 条韵部组合根据类别归纳如下：

1. 相通的韵部：

旁转：文元、鱼宵

对转：之蒸、歌元、月元、侯东

旁对转：东幽、脂文

通转：之文、蒸侵

2. 不相通的韵部：

之脂、职月、微鱼、歌侵、歌幽、之歌、之支、质职、缉质、之月、职铎；

东冬阳、歌脂、鱼侯

这一条分为两类，上面 11 组为一类，韵部之间相隔远而不相通；下面 3

---

① 除去声调不论，古韵文押韵的合韵本来和假借字、同源字等文字语言现象是有区别的，但王念孙在校释实践中，一条校语往往混合了以上情形，因为是谈论韵部的相转通用，所以没有把这两类现象严格区别开来。

组为王念孙有所失误的一类，说是不能通用实际是可以通用的韵部，它们都是旁转可通的关系。

王念孙对戴震的学术思想多有继承，韵部之间的相转关系也是如此。如戴氏说："其前夕无入者，今皆得其入声，两两相配，以入声为相配之枢纽。"①王念孙说："古者東侯二部共入而互轉。"只不过王念孙更注重于用，所以他的说解往往和古籍文献的校释联系在一起，韵部和具体的字词联系在一起，更加具体直观。戴震不仅对上古声母的通转关系有"同位相转"和"位同相转"的精彩论述，他对韵部的相转分合规律也是有研究的。戴氏的《答段若膺论韵》可以说是最早的一篇研究韵部分合及通转的专文。比如他在文中说：

> 其正转之法有三：一为转出而不出其类，脂转旨，之转咍，支转佳是也。一为相配互转，真、文、魂，先转脂、微、灰、齐，换转泰，咍、海转登、等，侯转东，厚转讲，模转歌是也。一为联贯第转，蒸、登转东，之、咍转尤，职、德转屋，东、冬转江，尤、幽转萧，屋、烛转觉，阳、唐转庚，药转锡，真转先，侵转覃是也。②

第一条"转而不出其类"，说的是同部之间的相转，脂旨、之咍、支佳在广韵中不全是同部之韵，但就古韵而论，分别属于同一韵部。

第二条"相配互转"，指的是阴声韵、阳声韵、入声韵之间的对转。"真、文、魂，先转脂、微、灰、齐"指真文和脂微对转（戴震真文不分，脂微不分，如果分开来讲，就是真脂对转合文微对转），"换转泰"指元部和月部对转，"咍、海转登、等"指之部和真部对转，"侯转东""厚转讲"指侯部和东部对转，"模转歌"指鱼部和歌部相转（这条是错误的，戴氏误将"歌戈麻"看作了阳声韵）。王念孙的之蒸相转、歌元相转、月元相转、侯东

---

① 戴震. 答段若膺论韵［M］// 戴震. 戴震集：上. 上海：上海古籍出版社，1980：79.

② 戴震. 答段若膺论韵［M］// 戴震. 戴震集：上. 上海：上海古籍出版社，1980：84.

相转就属于这一类。

第三条"联贯第转"指韵部之间的旁转。"蒸、登转东、之"指蒸部和东部旁转，"之、咍转尤"指之部和幽部旁转，"职、德转屋"指职部和屋部旁转，"东、冬转江"应该属于第一类（戴氏东冬不分，《广韵》的江韵上古属于东部，为同部相转。王念孙也说："凡平声江韻之字，古音皆與東、冬通"，可见他们之间的师承关系），"尤、幽转萧"指幽部和宵部旁转（戴氏幽侯不分），"屋、烛转觉"指屋部和觉部旁转（如果根据戴氏的古韵分部理论，这一条也应该属于第一类同部相转，因为戴氏觉部和屋部是不分的），"阳、唐转庚"指阳部和耕部旁转，"药转锡"指药部和锡部旁转，"真转先"指真部和文部旁转，"侵转覃"指侵部和谈部旁转。这些相转关系，王念孙在实际的古籍研究实践中都有所涉及，并且他还运用得更宽泛，注意到古籍文献中用字韵部的旁对转和通转关系。不管是声纽的相转还是韵部的相通，有时是共时的影响，有时也是历时的过程。因此用语音的道理去证明同一时代诗歌押韵的现象是要慎重的，但对于解释通假、同源等现象中字词与字词之间的关系问题还是有用的。

戴震的韵部相转条例（还不能说是理论）和王念孙的韵部分合学说及学术实践（段玉裁的理论和实践也和他们有千丝万缕的联系），对后来的学者都产生了深远的影响。如章太炎的《成均图》、王力的古韵三十部等，都无不受到戴、段、王的影响。

第五节　王念孙的上古声调之说

在古音中，声调和韵是分不开的，所以我们把古声调之说放在这里来略加讨论。

上古音的声调问题至今仍无定论。顾炎武以为"古者四声一贯"；段玉裁的《六书音均表》定古有平上入三声，而无去声；孔广森从中原方音出发，考证古有平上去三声，而无入声；黄侃主张上古无上去，只有平入二声；王力则认为上古有平、入二调，分为长平、短平、长入、短入四类，长平中古仍读平声，短平中古大部分变为上声，小部分变为去声，长入中古变为去声，短入中古仍读入声。

最早主张上古有平上去入四个声调的是王念孙和江有诰。王念孙对声调的考证和认识有一个发展的过程。据陆宗达考证，王念孙在《诗经群经楚辞韵谱》《周秦诸子韵谱》《淮南子韵谱》中除分为有入、无入两类外，其观点法于段玉裁"古无去声"之说，有的部仅具平声或仅备入声，有的部析为平入二声，有的部析为平上入三声，唯独缺乏去声；① 在《易林韵谱》《西汉（楚辞中）韵谱》《西汉（文选中）韵谱》中又法孔广森"古无入声"之说，"支""脂""之""鱼""侯""幽"诸部只列平上去三声，而缺乏入声；在《史汉韵谱》和《合韵谱》二十五册中，又于"支""脂""之""鱼""侯""幽""萧"诸部俱列平上去入四声，"至"和"祭"列去入二声，可见王念孙晚年考证古音，已定"古有四声"之论，只不过他认为上古四声与《切韵》四声不相同。他在道光三年写给江晋三的书信中说："接奉手札，谓古人实有四声，特不与后人相同。陆氏依当时之声，误为分析，特撰《唐韵四声正》一书，与鄙见几如桴鼓相应，益不觉狂喜。顾氏四声一贯之说，念孙向不以为然，故所编古韵，如札内所举'颡''饗''化''信'等字皆在平声；'偕''茂'等字皆在上声；'馆'字亦在去声；其他指不胜屈，大约皆与尊见相符；'至'字则上声不收，惟收去入，为小异耳。其'侵''谈'二部仍有分配未确之处，故至今未敢付梓。既与尊书大略相同，则鄙著虽不刻可也。"②

江有诰早期主张上古无四声，到撰写《唐韵四声正》的时候，彻底推翻前说，"谓古人实有四声"。他的四声论遭到王力先生的批判，认为《唐韵四声正》不可取。但王力先生也认为："汉语是有声调的语言，我们不否认古有四声。我们也承认古人所读之声与后人有所不同，譬如说上古的四声是平、上、长入、短入；后代的四声是平、上、去、入。"③ 只不过江氏"字

---

① 他在校读《荀子》时，还是主张古无去声之说的，如他说"以慝爲愿者，古聲不分去入也"。（王念孙. 荀子杂志［M］//王念孙. 读书杂志. 南京：江苏古籍出版社，2000：733.）

② 王念孙. 与江晋三书［M］//王念孙. 王石臞先生遗文：卷四［M］//罗振玉. 高邮王氏遗书. 南京：江苏古籍出版社，2000：157.

③ 王力. 清代古音学［M］. 北京：中华书局，1992：219.

无定调""强纽为一声"这些在方法上是不科学的。

　　对于上古声调的问题，今人仍是人云亦云，但既然是分析王念孙的上古音韵思想，还应该尊重王氏自身的学术体系，因此我们在进行具体的字例音转分析时，还是采取上古有四声的观点。我们赖以判定上古音韵地位的《上古音手册》（唐作藩编著）也采取了王念孙和江有诰的主张，认为上古也有平上去入四个声调，只是上古四声的属字与后代不完全相同。具体字调的归类，唐先生主要参考江有诰的《唐韵四声正》、王力的《古无去声例证》和周祖谟的《古音有无上去二声辨》。

第三章

王念孙的古音学在《读书杂志》训诂实践中的应用

第一节　王念孙训诂实践的理论基础简述

一、古音学基础

王念孙的训诂原则是"引申触类，不限形体"。王念孙是清代训诂学家中的翘楚，这和他又是卓越的古音学家的身份是分不开的。"段玉裁和王氏（王念孙）的成功，关键在于那时已建立起科学的上古音系统。"① 正是因为他把古音学应用到训诂实践中，才取得了别人无法望其项背的成绩。殷孟伦先生说："王念孙就是在接受戴震的转语说的同时，又接受了段玉裁古音分十七部的学说，加以补充成为他的二十一部说。然后把他的古音学说和语言转变理论运用到语义训诂上，才能做出他的这部《疏证》的成绩来。"② 这虽是就《广雅疏证》而言，对于他之后的著作如《读书杂志》，甚至王引之的著作也是适用的。段玉裁评价他"尤能以古音得经义，盖天下一人而已矣"。（《广雅疏证序》）

二、音转理论

王念孙在训诂实践中，运用古音学说最多的是其中的古音通转理论，也

---

① 李开. 汉语语言研究史 [M]. 南京：江苏教育出版社，1993：293.
② 殷孟伦. 王念孙父子《广雅疏证》在汉语研究史上的地位 [J]. 东岳论坛，1980（2）.

就是学术界所通称的音转理论。音转是语音的流转演变，这个概念的内涵不仅仅着眼于语音的形式变化，而是深入到语言本身，着眼于音义的关系。王宁认为音转是"汉字音随着意义分化或方音差异而产生变化，从而在书写上改用另形的现象"。① 从汉代扬雄开始谈"语转"（或为"语之转"）开始，一直到戴震之前，语文学家们谈论音转现象，却没有深入到音理机制的规律性。直到戴震在《转语二十章序》中，才对语音"转"的规律作了严格的规定。王念孙继承其师的理念，而在训诂实践中走得更远。他在校释古籍的过程中大量运用音转原理，解决了一系列悬而未决的问题。"音转理论的高度成熟又为王念孙的因声求义提供了一个较高的理论平台，使王氏的因声求义能取得训诂学上前所未有的成就。"②

三、对音义关系的认识

王念孙之所以有意识地去做"以古音得经义"的工作，正是因为他深刻认识到古音和训诂之间的密切关系。王念孙在《广雅疏证自序》中说：

> 窃以为训诂之旨，本于声音。故有声同字异、声近义同，虽或类聚群分，实亦同条共贯，譬如振裘必提其领，举网必挈其纲，故曰"本立而道生，知天下之至啧而不可乱也。"此之不寤，则有字别为音，音别为义，或望文虚造而违古义，或墨守成训而少会通，易简之理既失，而大道多歧矣。

这个"声音"当然指的是古音。他认识到声音和词义之间的关系，要么"声同字异"，要么"声近义同"，声音是"本"，也是"纲"，抓住了这一点，那么语言现象就可以豁然贯通。相反，如果不抓住声音这个本质，就会陷入望文生训的误区。《广雅疏证》成书较早，在以后的训诂实践中，这条论说成为他学术实践的基本原则。正是因为王念孙懂得了"训诂之要，在声

---

① 王宁. 音转原理浅谈［M］//戴淮清. 汉语音转学：附录. 北京：中国友谊出版公司，1986.
② 盛林.《广雅疏证》中的语义学研究［M］. 上海：上海人民出版社，2008：15.

音，不在文字"① 的道理，所以他解决了许多过去不能解决或者解决得不够彻底的问题。王力先生对王念孙的这一贡献作出了很高的评价，他认为："王念孙提出了'就古音以求古义，引申触类，不限形体'的合理主张。这样就不再为字形所束缚，实际上是纠正了文字直接表示概念的错误观点。这是训诂学的精华所在，对后代产生了很大的影响。"②

第二节 《读书杂志》中的假借③

假借在古籍文献中是非常普遍的现象，容易给阅读古书者造成困难和误解，这也是也是古书难读的重要原因，因此训诂学家把识假借看作训释古书的重要任务。王念孙"就古音以求古义"的训诂实践很大一部分就是识别古籍文献中的假借。本文只就《读书杂志》中出现的一些和假借有关的突出问题作具体的介绍。

一、假借的语音原则

王力先生说："值得反复强调的是，同源字必须是同音或音近的字。这就是说，必须韵部、声母都相同或相近。如果只有韵部相同，而声母相差很远，如'共 giong''同 dong'；或者只有声母相同，而韵部相差很远，如'当 tɑng'、'对 tu ə t'，我们就只能认为是同义词，不能认为是同源字。"④这虽然是针对判断同源词而言，其实训诂学家们在甄别和研究假借现象时，对待语音的相近原则也应该这样严谨，不然就有可能陷入滥用通假的误区。

---

① 王引之. 春秋名字解诂叙［M］//王引之. 经义述闻：第 23 卷. 南京：江苏古籍出版社，2000：417.

② 王力. 略论清代的语言研究［M］// 王力. 龙虫并雕斋文集：第三册. 北京：中华书局，1980：356.

③ 假借有两种，一是造字时的假借，即久借不归的假借；二是本字和借字并存的用字假借，有人称之为通假。前者是文字学的研究对象，后者是训诂学的研究范围。本文所言的假借指的是第二种。

④ 王力. 同源字论［M］//王力. 同源字典. 北京：商务印书馆，1982：20.

　　章太炎说:"旁转对转,音理多途;双声驰骤,其流无限。"① 说明了语音变迁的复杂性和客观性,语音的流变不仅仅是叠韵或双声那么简单,往往是交互进行的。王国维说:"近儒皆言古韵明而后训诂明,然古人假借转注,多取双声。段、王诸儒自定古韵部目,然其言训诂也,亦往往舍弃所谓韵而用双声。其以叠韵说训诂者,往往扞格不得通。然则与其谓古韵明而后训诂明,毋宁谓古双声明而后训诂明欤!"② 近儒光言"古韵明而后训诂明",固然"扞格不通",但只靠双声来明训诂,也是不恰当的。在对王念孙的古声母和古韵部研究中,可以看到声母相通和韵部相转的条目差别不大,可以证明起码在《读书杂志》中,王念孙对韵部的通转和声纽的相通同样重视。我们在第一章分析王念孙的古声母时,撇开了对韵部的说解。在第二章考察古韵部时,撇开了对声纽的分析。那只是为了论述的方便,其实我们在揭示《读书杂志》中反映的声母相通和韵部相转的关系时,在材料的取舍上是兼顾了声韵双方的关系的。黄侃说:"音学虽繁,声韵两字必以握其锢钥,而二者中纵蓄变化万状,必有一不变者以为根。"③ 也就是说,语音的变化是声韵双方互相制约进行转化的。因此在考察两个或多个字的音近关系时,要从声和韵两个方面去分析。

　　王念孙在《读书杂志》中说假借的术语很杂,从形式上看,大致有以下这些:

　　　　某读为某、某读若某

　　　　古无某字,借某为之

　　　　某为某之假借

　　　　某通作某、某作某

　　　　某某古字通、古字某某通用、某某古通用

　　　　某与某古同声而通用、某与某同

　　　　某字本作某

---

① 章太炎. 文始·略例 [M]. 扬州:广陵古籍刻印社,1981:2.

② 王国维.《尔雅草木虫鱼鸟兽释例》序 [M]//王国维. 王国维遗书:第四册. 上海:上海书店,1983:498.

③ 黄侃. 声韵略说 [M]// 黄侃. 黄侃论学杂著. 上海:上海古籍出版社,1980:105.

某与某声近而字通

古字通以某为某

某读如某某之某

某音某

无论王念孙在《读书杂志》中所用的假借术语多么杂乱，但他对假借字的本质现象始终是抓住不放的，即在辨明假借现象时始终贯彻音同或音近的原则，除了声调不论之外，借字与被借字的声纽和韵部都要相同或相近，即使声纽相同，韵部隔得太远，或者韵部相同，声纽隔得太远，都是无缘假借的。如下例：

"雷矦"（第192页，《汉书·王子侯表》）

"雷矦豨。"念孙案："雷"當爲"盧"。史表亦誤作"雷"。《地理志》"城陽國有盧縣。"（今本"盧"誤作"慮"，或云"盧、慮古字通"，非也。辯見《地理志》）《水經·沂水注》云：盧川水東南流，逕城陽之盧縣，故蓋縣之盧上里也。漢武帝元朔二年封城陽共王弟劉豨爲矦國，是其證。《周官·職方氏》"其浸盧維。"鄭注云："盧維"當爲"雷雍"，字之誤也。隸書"盧"字作"靈"，其上半與"雷"相似，故《周官》之"雷"誤作"盧"。而史漢表之"盧"又誤作"雷"。或謂古字通用，非也。韻書"盧"在模部，"雷"在灰部，灰部之字不得與模部通。故鄭不云聲之誤，而云字之誤。

雷，《广韵》鲁回切，蟹合一平灰来；卢，《广韵》落胡切，遇合一平模来。唐作藩《上古音手册》：雷，微来平；卢，鱼来平。王氏认为灰韵不得与模韵通用，也就是认为古音微部不能与鱼部通用。正因为王念孙深谙古音通转的原则，即古音相近不能单从韵部或单从声母来考虑，所以才得出雷、卢在古书中不会通用，而是字误的事实。《字汇·皿部》："卢，音雷。"清朱珔《说文假借义证·皿部补遗》："卢、慮、雷，双声字，则卢可为雷之假借。故《水经注》'汉封刘豨为卢县侯国。'《汉书·王子侯表》作'雷侯稀'"。朱珔仅仅从双声的角度来判断假借，这是不够严密的，王念孙则更胜一筹。王氏假借的原则甚至比段玉裁更严谨科学，段玉裁在《说文解字注》中也多用假借，但他的假借理论较王念孙随便。段玉裁有时说"凡假借必同部同音"，有时又说"假借多取诸同音，亦有不必同音者"，有时甚至只凭双声就判定是假借。段玉裁的假借原则受到钱大昕的影响，钱大昕也主张双声可以假借，他说："古书声相近之字，即可假借通用。"

仅凭双声来判断通假是不严密的，同样仅根据韵部相同也不能简单地断定通假现象。如：

"蕢；脱二字"（第195页，《汉书·王子侯表》）

> "蕢矦方。"师古曰："蕢"音口怪反，字或作"費"，音扶未反，又音祕。念孙案："蕢"字从艸貴聲，音求位、口怪二反，不音扶未反，亦不音"祕"，且不得与"費"通。"蕢"當為"賁"字之誤也。"賁"字从艸賁聲，賁音奔，又音彼義反，故"賁"音"墳"，又音扶未反，又音"祕"，聲與費同，故字亦相通。……師古不知"蕢"為"賁"之譌，故音口怪反。《史記》"蕢"作"費"。《索隱》曰"費音祕，又扶味反。""賁"與"費"字異而義同。

蕢与费，虽在同一韵部（物部），但声组各在牙音群纽和唇音滂纽，相隔甚远，故王氏认为二字不能通用。而賁与费声韵同，与祕声韵相近，从而判定蕢为賁之讹，颜师古望文为音，没有注意字讹的现象，更没有王念孙判断古字音近的严密性。

王念孙在《读书杂志》中破读假借字时所遵循的语音原则是很严格的。据丰素贞的硕士学位论文《〈读书杂志〉假借字研究》所作的抽样调查显示，《读书杂志》中同音假借（不包括声调的差异）的比率为47.4%，声同韵近假借占10%，声近韵同假借占36.5%，声近韵近假借占6.1%。[①] 可见，王念孙的假借主要以同音假借为主，其次是叠韵假借，再其次是双声假借，声韵

---

① 丰素贞.《读书杂志》假借字研究［D］. 曲阜：曲阜师范大学，2009：36.

皆不同的比率很小。

二、训释假借字

在训诂实践中，王念孙摆脱了文字形体的束缚，直接从语音和语义的统一关系入手，提出了训解假借字的基本原则：

> 詁訓之指，存乎聲音。字之聲同聲近者，經傳往往假借，學者以聲求義，破其假借之字而讀以本字，則渙然冰釋；如其假借之字而強爲之解，則詁籟爲病矣。故毛公《詩傳》，多易假借之字而訓以本字，已開改讀之先。至康成箋《詩》注《禮》，婁雲某讀爲某，而假借之例大明。後人或病康成破字者，不知古字之多假借也。①

王念孙以古音为关键突破口，结合文献语境意义和古籍文献例证，在《读书杂志》中破解假借字的例子很多，略举几例加以分析。

"題侯；邘侯"（第205页，《汉书·景武昭宣元成功臣表》）

> "題侯張富昌以山陽卒，與李壽共得衞大子戻，鉅鹿（謂食邑鉅鹿）。邘戻李壽以新安令史，得衞大子戻，河內（謂食邑河內）。"師古曰："邘"音"于"，《百官表》亦作邘戻。又《武五子傳》詔曰：其封李壽爲邘戻，張富昌爲題戻。章昭曰：邘在河內。孟康曰：題，縣名也。晉灼曰：《地理志》無也，《功臣表》食邑鉅鹿。師古曰：晉說是也。《漢紀·孝武紀》"題戻"作"踶戻"，"邘戻"作"抱戻"。念孫案：《漢紀》是也。"踶"音特計反，《莊子·馬蹄篇》"馬怒則分背相踶"。李頤云：踶，蹋也。封李壽爲踶戻者，爲其足蹋開戶以救大子。上文云：大子入室距戶自經，山陽男子張富昌爲卒，足蹋開戶，是也。《廣韻》"踶""題"竝特計切，聲相同故字相通。而師古"題"字無音，則已不知其爲"踶"之字

---

① 王引之.《经义述闻》序［M］// 王引之. 经义述闻. 南京：江苏古籍出版社，2000：2.

矣。……

　　注释家们多根据封侯的惯例，认为"题侯"是因为封在"题"地而为侯名，却不知这里是因为事迹而封侯，不知"题"乃是"踶"的借字，"题"和"踶"不仅中古音相同，上古音都在支部定母。后面的"邜矦"是"抱矦"之讹，并且也是由于"抱解大子"的事迹而得以封侯，只不过这是由于字讹造成的。但二者互相佐证，可见王念孙的说解是有道理的。

　　"夫婦之道苦"（第216页，《汉书·礼乐志》）

　　　　"故婚姻之禮廢，則夫婦之道苦，而淫辟之罪多。"孟康曰："苦"音"盬"，夫婦之道行盬不固也。師古曰：苦，惡也，不當假借。念孫案：孟說是也。行盬，謂不堅固也。《周官·司市》"凡治市之貨賄六畜珍異，利者使阜，害者使　。"鄭注曰：利，利於民，謂物實厚者；害，害於民，謂物行苦者。釋文曰：行，迾孟反，又如字，鼂胡剛反。苦，音古，行苦卽行盬。《小雅·四牡傳》曰：盬，不堅固也。《齊語》"辨其功苦。"韋注曰：功，牢也；苦，脃也。夫婚姻之禮，敬愼重正而後親之，所以成男女之別，而立夫婦之義也。婚姻之禮廢，則夫婦之道行盬不固，而淫辟之端以起。故曰"夫婦之道盬，而淫辟之罪多。"作"苦"者，假借字耳。師古乃云：苦，惡也，不當假借。不知"苦惡"之"苦"，古正讀如"盬"。《食貨志》"器苦惡。"如淳曰："苦"或作"盬"，不攻嚴也，是也。而師古彼注又讀爲"甘苦"之"苦"矣。辯見《食貨志》。

　　"苦"和"盬"上古音都在鱼部，声纽溪母和见母为旁纽关系，符合假借音同音近的原则。如果仅凭读音相近就说某某字通假，这是可疑的，又是想当然的，必须有根据。语言是具有社会性的，也就是说假借现象虽然在开始发生的时候有很大的随意性，甚至是写了别字，正如郑玄所说："其始书之也，仓促无其字，或以音类比方假借为之，趣于近之而已。受之者非一邦之人，人用其乡，同言异字，同字异言，于兹遂生矣。"① 但是这些别字经过约定俗成，得到社会的认定，著书者经常这样用，于是就成了客观事实。因此后人在辨别研究这类字词时，除了要遵循语音原则外，还要有确切的例证才能成立。王念孙在辨明某字与某字假借时，除了要有读音上的相通条件外，还凭借他深厚的小学功底，凭借他对古籍和古注的熟悉，往往列举大量的例证，增加了他的说法的可信度。

"必擇所堪必謹所堪"（第 560 页，《墨子·所染》）

> "子墨子言：見染絲者而歎曰：染於蒼則蒼，染於黄則黄，故染不可不慎也。非獨染絲然也，國亦有染。非獨國有染也，士亦有染。《詩》曰：'必擇所堪，必謹所堪'者，此之謂也。"畢云：堪當爲媅字假音。念孫案：媅訓爲樂，與染義無涉。堪當讀爲湛。湛與漸漬之漸同。……是湛與漸同，湛漬皆染也。

这条是着重从语境语用意义出发破读假借字的典型例子。与王氏同时代或以前的学者，均认为堪通作媅，独王氏突破了常规的思维，从语境意义出发，而求出湛字，并进一步说明湛和渐、漬音义相通的关系，使读者对这段文字的意义一目了然。

"僈差等"（第 655 页，《荀子·非相》）条中，王念孙也是通过语境和语音的手段进行了训释。"僈"和"曼"古音都在明母元部，故"僈讀爲曼"。先通过文献例证说明"曼"有"无"的意义，"《廣雅》曰：曼，無也。《法言·寡見篇》：曼是爲也。《五百篇》：行有之也，病曼之也。皆謂無爲曼。《文選·四子講德論》：空柯無刃，公輸不能以斲，但懸曼繒，蒲且不能以射。曼亦無也。（《李善注》訓曼爲長，失之）曼差等即無差等。"由此得出"作僈者，借字耳"的结论。然后进一步以《荀子》的其他篇章内容阐释"曼差等"的内涵，"《富國篇》曰：墨子將上功勞苦，與百姓均事業，齊功勞，正所謂無差等也。"故最后下结论"楊以僈爲輕慢，亦失之"。

本条的训释其实是很复杂的，涉及多方面的问题，除了要辨明假借之

---

① 陆德明. 经典释文序录［M］. 北京：北京图书馆出版社，2003：2.

外，还要辨别本字和借字的多种含义，古代汉语以单音词为主，一个词承担的意义功能往往众多，要在这些意义当中找出符合文献的含义是不容易的，更何况还涉及古文献在流传过程讹误频现。王念孙在训诂学实践中，辨明假借字，训释本字与假借字的含义往往比较可靠，这跟他拥有深厚的文献学功底及清晰的古音学理论体系密不可分。

总之，王念孙在训释假借字的时候，始终坚持三个条件相结合的原则，即：借字与被借字的语音要相同或相近；文义上要讲得通；要有互相借用的古籍文献例证。

三、归纳古书的假借条例

王念孙从小熟读古书，阅读面非常广，所以他能对古书的用字用词融会贯通。他又具有初步的历史语言观，注意到了语言的时代性和社会性。用古音求古义，用古音校古书，改正浅学者以今律古的错误，便是注意到语言时代性的表现。在训释词义时，经常说"诸书无训某为某者""诸书无某某连文者"，等等，就是注意到了语言的社会性原则。① 同样，他在校释古籍的过程中，发现古籍文献的假借用字，也是具有社会性的，某某两个字或几个字的单向借用或双方互借，经常有规律可循。《读书杂志》中就收集了一些这方面的假借条例。

"政"與"征"同（古字多以"政"爲"征"，不可枚舉。）（第 1 頁，"政"條）

政讀爲征，《周官》通以政爲征。（第 223 頁，"暴虐；暮改"條）

政、正古多通用，不煩觀縷。（第 63 頁，"位正"條）

凡從高、從崔之字，古多通用。（第 69 頁，"商敵爲資"條）

凡《史記》有無字多作毋。（第 99 頁，"崔杼歸"條）

凡經傳又字多作有。（第 101 頁，"有"條）

鄒本作騶，古多以騶爲鄒字。（第 103 頁，"鄒"條）

---

① 刘精盛.王念孙之训诂学研究 [M].长春:吉林大学出版社，2011：38-39.

本作塡，古多以塡爲鎭撫字。（第 103 页，"鎭"条）

況本作兄，古多以兄爲況字。（第 164 页，"況"条）

古字多以獘爲幣。（第 166 页，"幣"条）

古字通以卽爲則，今作則者，後人不識古字而改之。（第 184 页，"則"条）

古字多以議爲儀。（第 221 页，"議事以制"条）

古字多以盛爲成。（第 227 页，"盛山"条）

凡《漢書》無字皆作凶。（第 241 页，"無冰"条）

爲字古通作僞，古書爲字多作僞。（第 281 页，"陽爲"条）

古字通以又爲有。（第 281 页，"又"条）

邱墟字古皆作虛。（第 305 页，"實廣虛"条）（分别字）

失讀爲放佚之佚。古多以失爲佚。（第 327 页，"失在巖穴"条）（分别字）

凡經典中佐佑字皆作左右。（355 页，"右與"条）（分别字）

古字以薄爲簿也。（第 358 页，"簿"条）（后起本字）

古書多以摶爲專。（第 415 页，"博出入"条）

凡從包從孚之字，古聲相近故字亦相通。（第 431 页，"遺芭"条）

古無撈字，借勞爲之。（第 445 页，"犧牲不勞"条）

凡字之從此從差者，聲相近而字亦相通。（第 529 页，《晏子春秋·内谏篇下》）

《晏子》書固以怨爲蘊矣。（第 549 页，"怨利生孽"条）

書傳中驺虞字多作騶吾。（第 563 页，"命曰騶虞"条）

古多以偏爲徧，不煩改字。（第 575 页，"偏"条）

《墨子》書通以請爲情，不煩改字。（第 587 页，"請品先"条）

《墨子》書通以也爲他。（第 600 页，"舉也物而以明之也"条）

古無拖字，借頓爲之。（第 634 页，"頓之"条）

凡從舀從匋之字多相通。（第 646 页，"陶誕"条）

從委從妥之字古多相通。（第 660 页，"委然"条）

順愼古多通用，不煩引證。（第 660 页，"愼比"条）

古字通以飾爲飭。（第 674 页，"飾動"条）

条例归纳的范围有两种：一是泛指古书，多用"古字（或古书）多以某为某"；二是具体指某一部书，如《周礼》《史记》《晏子》《墨子》等书中的假借用字惯例。

从借字和本字意义关系上考察，大致有这样几种情形：一、借字和本字没有意义上的联系，纯粹是同音借用的关系，如"凡經傳又字多作有"。二、借字和本字有意义上的联系，是同源借用的关系，如：借"虚"为"墟"，借"失"为"佚"，借"左""右"为"佐""佑"等等，这类假借字的关系主要以分别文为主。三、从右文的角度归纳假借字，如："凡從高、從崔之字，古多通用。""凡從包從孚之字，古聲相近故字亦相通。""凡字之從此從差者，聲相近而字亦相通。""凡從舀從匋之字多相通。"等等。

从归纳假借条例的目的来看，主要有两种：一、为了说明通假，疏通文义，这是主要目的。二、为了驳正后人误改本字或借字，如"古字通以卽爲則，今作則者，後人不識古字而改之。"

从借字和本字产生的时间先后来考察，主要有：一、借字和本字是共时现象，如"政"和"征"等。二、本字在借字之后产生，如"古無拖字，借頓爲之。"分别文也是属于这一类。

四、对本字及其意义的认定

揭示古籍文献文字假借通用的现象，辨明假借，找出本字，阐释文献用义，理顺文义，从而达到理解文献本旨的目的，这是古今训诂学家们注释古典文献的重要目的之一。黄侃说："用字不能无假借者，势也；解字必求得本根者，理也。"[1] 也就是说，假借是一种客观必然现象，因此要辨明假借，找出本字，这是手段，目的是要正确理解本字在文献中的词义。词义有字典义和语境义的区分，字典义是宽泛的，也许有一个，也许有多个，但语境义

---

① 黄侃. 黄侃论学杂著［M］. 上海：上海古籍出版社，1980：396.

是唯一的。训诂学家在训释古籍文献词义时，就是要找到那个最贴切、最符合作家本旨的语境用义。王念孙在训释古书的实践中，有时也针对其他注家不够精准的释义进行辩证。

"壒處"（第219页，《汉书·礼乐志》）

> "霆聲發榮，壒處頃聽。"晉灼曰：壒，穴也，謂蟄蟲驚聽也。師古曰："壒"與"巖"同，言靁霆始發，草木舒榮，則蟄蟲處巖崖者莫不傾聽而起。"頃"讀曰"傾"。念孫案：晉說是也。古書多以"巖穴"連文，故《説文·夐字注》及《楚辭·七諫注》並云：巖，穴也。蟄蟲皆穴處，故曰："霆聲發榮，壒處頃聽。"師古以"壒"爲"巖崖"，非也。蟄蟲處處皆有，不當獨指山崖言之。

颜师古辨明了假借，但他只就"岩"的《说文》义（有的学者称之为本义）来作解，《说文·山部》："岩，岸也。"段玉裁《说文解字注》曰："岩，厓也。各本作岸也，今依《太平御览》所引正。《厂部》曰：'厓者，山边也。厓亦谓之岩'。"王念孙认为：这里的"岩"不应训为"岩崖"，而是"洞穴"的意思。在古代，这个词义也是较常见的，《楚辞·东方塑〈七谏·哀命〉》云："处玄舍之幽门兮，穴岩石而窟伏。"王逸注："岩，穴也。"再结合生活常识，王念孙的见解更加准确。

对本字本义的认定，还涉及一个问题。到底什么是字的本义呢？是造字时的本义呢？还是在古籍文献中的常用义？无疑，我们在辨明假借时，是不必也不能去强求本字的六书之义的。因为文字在文献中的使用过程中，造字时的意义常常被弃而不用，反而引申出来或分化出来的意义用得更多一些。王念孙在处理假借的本字本义时，他是不去硬求所谓的六书本义的。如，《读书杂志》中"而"和"如"互相通借的条目很多：

> （1）"□貌而有餘"（第31页）："問則不對，佯爲不窮，□貌而有餘。"引之曰：自"貌而有餘"以上五句皆四字爲句，貌上本無闕文。"而"讀爲"如"。
>
> （2）"而食益盡"（第93页）："而食益盡爲主位。"念孫案：

"而"讀曰"如","益"卽"盡"字之誤而衍者也。

（3）"如齊故俗諸儒以百數"（第 111 頁）：念孫案："如齊故俗諸儒以百數"本作"如齊故諸儒以百數","齊故諸儒"四字連讀。"如"與"而"同。

第（1）条和第（2）条，"而"为借字，"如"为本字。"如"的《说文》义是顺从之意。而在这里的意思，第（1）条是好像的意思，第（2）条是如果的意思。本字的本义不固定。

第（3）条，"如"是借字，"而"为本字。"而"在这里作连词用，但"而"的造字意义是胡须。

王念孙在《读书杂志》里揭示了很多古字互相借用的情形，如：予跟与互借、与跟为互借、唯与虽互借、背与倍互借、还与营互借、为与谓互借、有与又互借等，并且他所找出的同一个本字在具体文献中的意义经常不相同。可见，王念孙在求本字本义的训诂实践中，是不拘泥于狭隘的"本字"理论的。他往往考虑的是文献中的常用意义。

另外，从《读书杂志》破假借字的实践工作来看，王念孙有时会会通文献，说明古籍中一本字多借字，或一借字多本字的文献用字事实。这是因为"音理周圆，亦多联属，凡音理相近之字，其意义多有可通之处。"所以"探求本字时，不能居定以本。如一通假字，既指一文为本字矣，虽更一字以为本字，亦可成立。"① 如"公仲侈"条（第 39 页，《战国策第一》）就出现：朋为本字时，借字有冯，有倗；冯为借字时，本字有朋，有溯。

还有一个后出本字的问题。这个问题清代学者也时有论及，如段玉裁说："本有字而代之，与本无字有异。然或假借在先，制字在后。"王念孙没有阐述过这样的理论，但在《读书杂志》中有很多说明"制字在后"的假借现象。

"圖水"（第 267 页，《汉书·地理志》）

---

① 黄侃，黄卓. 训诂学笔记［M］//黄侃. 黄侃国学讲义录. 北京：中华书局，2006：319.

"上郡白土，圜水出西，東入河。"師古曰："圜"音"銀"。又下文"西河郡圜陰，惠帝五年置。莽曰方陰。"師古曰："圜"字本作"圁"，縣在圁水之陰，因以爲名也。王莽改爲方陰，則是當時已誤爲圜字。……念孫案："圜"與"圁"聲相近，古無"圁"字，故借圜爲之。

王念孙的意思是，上古有"圁"音，但没有"圁"字，故而借同音的"圜"来代表。后来随着社会的发展，再专门为原本那个要表达的意义和声音造了一个"圁"字。段玉裁说："圣人制字，有义而后有音，有音而后有形。学者之考字，因形以得其音，因音以得其义。"① 颜师古等人认为"圜"是"圁"的讹字。圜，古音是元部匣母平声字，圁，古音是元部疑母平声字，韵部相同，王力在《同源字典》中把匣母归入牙音见系，因此疑母和匣母旁纽相通，"圜"音和要表达的那个"圁"音韵同声纽稍异，可以作为借用的字。又如：

"賽"条（第97页，《史记·封禅书》）："冬賽禱祠。"念孫案：賽本作塞，古無賽字，借塞爲之。《説文》無賽字，《新附》有之。

"貫頤"条（第64页，《战国策第三》）：貫，卽彎也。頤，弓名也。《廣韻》作弭，音與頤同，云弓名。出《韻略》。古無弭字，借頤爲之耳。

赛是本字，借塞为之的原因是当时有"赛"这个表示祭祀的音和义，但没有"赛"这个字形，所以借用同音的"塞"。又以《说文》无"赛"后《新附》才有的文献实际来证明。借"颐"为"弭"的情形也是如此。

王念孙对后出本字的揭示，也显示了他对假借的时代性以及不同类型的准确把握，说明王念孙对语言现象是有一定的历史发展眼光的。

① 王念孙. 广雅疏证［M］. 南京：江苏古籍出版社，2000：2.

116

五、假借和同源通用

王念孙在《读书杂志》所破读的假借当中，借字和本字之间的词义关系有两种，一是借字和本字的词义没有任何关联，一是借字和本字的词义有相通的地方。如今的学术界称前一种为同音（包括近音）借用，称后一种为同源通用。王宁说："新词因词义引申而派生后，便孳乳出相应的新字。孳乳字已经承担了发源字分化出的新义，与发源字有了明确的意义分工，但是，由于过去长期的习惯，在新字尚未被完全习用的过渡阶段，仍有与发源字混用的情况。同一发源字孳乳出的两个以上的新字，也可能在过渡阶段因分化未成熟、尚未成为多数人的习惯而混用。这就是同源通用现象造成的原因。""同源通用字与同音借用字在形式上相似：第一，它们都不写本字而写他字；第二，本字与他字以同音和近音为条件。不同的是，同音借用是同音词共形，所以音同义不通；同源通用是同源词共形，所以音同而义通。这是两种本质不同的现象：同音借用仅仅是文字使用阶段的一种表音趋向，是单纯的文字现象，只是因为共形造成意义混淆，所以训诂学才研究它。而同源通用则是词语分化推动文字孳乳的过渡阶段界限模糊的表现，它不但是文字现象，而且反映词汇现象。"① 正如王宁所说，同音借用和同源通用的本质不同，前者反映的是文字问题，后者反映的是语言现象。

《读书杂志》中有时一条校释对同一组词的注解，会出现"某某通用"和"声近义通"这两类术语并用的现象。在今人看来，前者是说假借的术语，后者是说同源词的术语。因此就有人批评王念孙往往不能区分假借和同源这两种现象。事实如何，我们结合《读书杂志》中的条目来分析。

"二曰明醜"（第4页，《逸周书第一》）

> 明醜卽明恥。故《僖二十二年左傳》曰："明恥教戰求殺敵也"。《祭公篇》"厚顏忍醜"，卽忍恥。高注《呂覽·節喪篇》及《秦策》並云：醜，恥也。又注《呂覽·不侵篇》云：醜或作恥。恥、醜聲近而義同，故古多通用。

---

① 王宁. 训诂学原理［M］. 北京：中国国际广播出版社，1996：53.

"廉愧"（第 300 页，《汉书·贾谊传》）

"終不知反廉愧之節仁義之厚"念孫案：古無以廉愧二字連文者，"愧"當爲"醜"字之誤也。廉醜卽廉恥，語之轉耳。故《賈子·時變篇》作廉恥。又下文"棄禮誼，捐廉恥。禮義廉恥是謂四維。"《賈子·俗激篇》竝作廉醜。凡《賈子》書"恥"字多作"醜"，《逸周書》亦然。

上两条都是说，文中丑借作耻（丑，古音为幽部昌母上声；耻，古音为之部透母上声。声纽为透昌准双声，韵部之幽旁转，二字读音相近）。但王氏又说"恥、醜聲近而義同""語之轉"，这是揭示字词同源关系的术语。其实，从语义层面来讲，丑和耻声近义通，的确具有同源关系。同源词并不是同义词，在具体的文献用字中，是不能同义代换的。比如，现在人们一般不会把"廉耻"写作"廉丑"。也就是说，同源词和古书中的假借现象并不是泾渭分明的，只是著者有时碰巧借字的时候，借用了一个和本字意义有意义关联的字罢了。又如：

"祇人死；祇民之死"（第 5 页，《汉书·贾谊传》）

念孫案："祇"之言"振"也。振，救也。……祇與振聲近而義同，故字亦相通。

祇，古音是脂部章母平声；振，古音是文部章母平声。职部和文部旁对转通用。用"之言"术语揭示了"祇"和"振"的同源关系，但在文字的使用中，原本应用"振"，结果用了"祇"这个形体，约定俗成后便造成了假借现象。

有人认为王念孙混淆假借和同源现象也是不恰当的，《读书杂志》在破读仅仅具有同音关系的假借现象时，并不用"声近义通"等术语，而只用"古通用"等术语。这就说明王氏的假借观念中可能本来就包含了这两种现象。只是作为杰出的训诂学家，他觉得有意义瓜葛的本字和借字有必要进行更深层次的说明。台湾刘文清先生说："其术语（声近义通）之旨并非为探讨语源关系，而系采行训诂学用字之观点，亦即刘师培所谓'用字之法，音近义通'是也。……《杂志》'声近而义同'诸例中同源字与假借之比例相当，亦可兼其说之兼容并蓄，并无主从之别。故旧说或以其说主论同源字而混淆假借，不知其本无'同源'意，而以'同源'量之，误在量者。"① 可见《读书杂志》辨析假借字和分析同源词的学术活动并无抵牾，这是两个本质不同层面的不同现象。

第三节 《读书杂志》中的同源词

同源词，王力称为同源字。"凡音义皆近，音近义同，或音近音同的字，叫作同源字。同源字常常是以某一概念为中心，而以语音的细微差别（或同音），表示相近或相关的几个概念。"② 宋代"右文"学提出以后，训诂学家们开始注意到同源词的概念。但真正研究同源词，是从清人开始的。"清儒在文字学上的成就是空前的。他们确有研究同源字的能力。段玉裁、王念孙等主张以声音明训诂，这正是研究同源字的方法。……王筠讲分别字、累曾字，徐灏讲古今字。其实都是同源字。"③ 程瑶田的《果蠃转语记》、王念孙的《释大》就是专门研究同源词的论文。王念孙当然没能提出"同源词"这个概念，但他揭示了同源词的性质，即"虽或类聚群分，实亦同条共贯"。推求同源词的方法是"就古音以求古义，引申触类，不限形体"。

现代学术界研究同源词的方法和成果都很丰硕，为了避免以今律古，我们研究《读书杂志》，就从《读书杂志》中涉及的同源词现象进行阐述（其实王氏四种中，《广雅疏证》的系源和推源工作更突出一些，这在胡继明的《〈广雅疏证〉同源词研究》中论述得特别详细，可参之）。纵观《读书杂

---

① 刘文清.《读书杂志》"声近而义同"训诂术语探析［M］//龙宇纯先生七秩晋五寿庆论文集编辑委员会. 龙宇纯先生七秩晋五寿庆论文集. 台北：台湾学生局，2002：415.

② 杨端志. 训诂学：上［M］. 殷焕先，校订. 济南：山东文艺出版社，1985：214.

③ 王力.《同源字典》序［M］//王力. 同源字典. 北京：商务印书馆，1982：1.

志》王念孙主要是从三个方面揭示同源词的。

一、用声训法说解同源词

声训法就是透过声训的方式来校释古书中的字词意义，就是沿着声音的线索寻找同源词从而训释词义。《读书杂志》中，王念孙往往用"之言""之为言"这些声训术语来系联同源词。段玉裁云："凡言'之言'者，皆通其音义以为诂训，非如'读为'之易其字，'读如'之定其音。"① "之言""之为言"就是声训的一种术语，"这两个术语的作用主要是说明被释词的语源"。②训诂学家在使用"之言""之为言"这两个术语时，"必然是声训，除了释义之外，释者与被释者之间有时是同音的关系，有时是双声和叠韵的关系"。③ 段玉裁在《周礼汉读考》中又云："凡云'之言'者，皆就其双声叠韵以得其转注假借之用。"如"著於其中"条（第211页，《汉书·律历志》）提到"著之言處也"，说明这里的"著"是"居其所"的意思。"著"的"居"之意，自古就有，常说的"土著"一词，就指的是居于本土的人。又《后汉书·李忠传》有："垦田增多，三岁间，流民占著者五万余口。""著"和"处"古音分别在鱼部端母和鱼部昌母，韵部相同，声纽舌头端母和舌面昌母为准旁纽关系，二字读音非常相近，是同源词，都有"居"的含义。又如：

> 直之言特也。（第112页，"直墮其履氾下"条）
>
> 皮之爲言猶披也。（第139页，"皮面"条）
>
> 經之言徑也。（第423页，"經不知"条）
>
> 歷之言離也。（第576页，"磨"条）（来来，锡歌）
>
> 負之言背也。（第580页，"三罷"条）（並帮，之职）
>
> 贏之言盈也。（第596页，"贏飽"条）
>
> 容之言裕也。（第641页，"容"条）

---

① 段玉裁. 说文解字注［M］. 上海：上海古籍出版社，2003：6.

② 周大璞. 训诂学初稿：第四版［M］. 武汉：武汉大学出版社，1987：213.

③ 郭在贻. 训诂学［M］. 北京：中华书局，2005：49.

禠之言弛也。（第 652 页，"守法數之有司極禮而禠"条）

類之言律也。（第 656 页，"類"条）

漏之言漉也。（第 672 页，"下漏"条）（侯屋）

《读书杂志》用"之言""之为言"等术语来研究同源现象，一般具有推源的作用。在《读书杂志》中，有时"读为"术语也有溯源的意思。如他认为《史记》《汉书》中的人名单父左车，"左车"就来源于"佐车"。"單右車"条（第 201 条，《汉书·高惠高后文功臣表》）曰：

……"左"疑當讀爲"佐"。《少儀》曰：乘貳車則式，佐車則否。鄭《注》曰：貳車、佐車皆副車也，朝祀之副曰貳，戎獵之副曰佐，左車之名蓋取於此。

这是对人名的取名之源进行阐释。这之类的推源在王引之《经义述闻》中的《春秋名字解诂》解说非常精彩。

二、透过音转现象考察同源词

语言在发展的过程中，通过音转的方式产生了大批的同源字词。现在所说的音转，不仅仅是指语音的流变，更重要的是指伴随着语音的流转，词义在互相影响、关联之中的流变分化，也就是在同一个语源词族中的演化。

最早提出音转术语的是汉代的扬雄，他在《方言》中提出了"语转"的说法（或称为"语之转"），表示语词因为时间或地域的变化而造成的音义关联现象。后晋代郭璞注《方言》对此进行了发挥，提出了"声之转""语声转""声转""语转"等相类似的术语。元代戴侗注意到古声母在语言的音义流转中的稳定性，说："凡方言往往以声相禅，虽转为数音，实一字也，不当为之别立文。"① 因此他在《六书故》中能够很娴熟地运用"一声之转"的术语。清代所用的音转术语和戴侗有着很大的渊源。到了清代，"古音学向训诂学渗透，促进了对词源的研究。戴震倡导'转语说'，表现出通过古

---

① 戴侗. 六书故·六书通释［M］. 上海：上海社会科学出版社，2006：157.

音追溯词与词的渊源关系的旨趣。"① 戴震的《声类表》，特别是《转语二十章序》阐述的古音的规范性原则和音义关系的关联原则对音转理论产生了积极的贡献。戴氏阐明创作《转语二十章》的目的时说："昔人既作《尔雅》《方言》《释名》，余以谓犹阙一卷书，创为是篇，用补其阙。俾疑于义者，以声求之，疑于声者，以义证之。"② 戴震的音转理论对王念孙甚至同时代的训诂学家都产生了深远的影响，"其《转语序》一书，实可攀古括今，后戴氏之学人无能出其范围者。"③ 王念孙的《释大》和程瑶田的《果嬴转语记》一样，是继承了戴震的学说和方法而写成的，王氏在《广雅疏证》中大量运用音转原理来校释《广雅》，取得了别人无法企及的成就。后又把这种方法和已经取得的成果运用于《读书杂志》，解决了许多悬而未决的问题，使之与一般的校勘著作有了不一样的特色。

《读书杂志》中主要采用"一声之转""声转""语之转""语转"等术语来说明字词的同源关系。"清代古音学昌明，段王诸人对音义关系、音转现象以及声韵性质，已具有较科学的认识。这一时期研究音义关系的人数最多，所用音转术语也最多。但从纷繁复杂的似是而非、似非而是的一大堆术语中，可以抽绎出两个最重要的概念，即'声近'和'声转'"。④ 北京大学张联荣教授在其论文《〈释大〉读后记》中认为王念孙的"声之转"和"声相近"是有所不同的，并以《释大》中的景光、夲皋为例，景光古音皆在见母阳部，中古音一在见母梗韵，一在见母唐韵；夲皋古音一在透母幽部，一在见母幽部，中古一在透母豪韵，一在见母豪韵。他得出结论说："声之转主要是说上古同一个韵部的字到了中古时期发生了分化；声相近主要是说韵相同声母有所不同。"⑤ 来看一个"声相近"的例子。

"逆河"（第72页，《史记·五帝本纪》）

迎、逆、御古声竝相近，故古文作逆河，今文作迎河也。

---

① 胡奇光. 中国小学史［M］. 上海：上海人民出版社，2005：224-225.
② 戴震. 戴震集（上）［M］. 上海：上海古籍出版社，2009：107.
③ 黄侃. 文字声韵训诂笔记［M］. 上海：上海古籍出版社，1983：42.
④ 吴泽顺. 汉语音转研究［M］. 长沙：岳麓书社，2005：41.
⑤ 张联荣.《释大》读后记［J］. 广播电视大学学报（哲学社会科学版），2003（2）.

逆，铎疑入；御，鱼疑上；迎，阳疑平。此条论证了阳部和铎部发音相近。一，阳、铎都和鱼音相近；二，鱼部和阳部押韵，阳部与铎部押韵，则鱼、铎、阳可互相押韵，即三部阴阳入可对转相通。陈第将"时有古今""地有南北""字有更革"看作音转的原因。导致音转的"字有更革"包括了通假字、方言借字、方言造字、同源通用字，也包括了文字使用书体的不同。实际上这也是互为因果的，在河名的使用中，一方面，古文《尚书》用"逆"，今文《尚书》用"迎"，所指称的概念未变，形体有异，字音相近；另一方面，正因为"逆""迎"音相近，即音转可通，才可能分别用于古文和今文而为同一词。《方言》："逢、逆，迎也。自关而东曰逆，自关而西曰迎，或曰逢。"这是因方言音变而产生的变易。总之，"逆"和"迎"发音相近，在特定的文献语言中，可用作同义词。但它们又各自有独立的地位，可视为同源词。王力的《同源字典》收入了这三个词。①

以王念孙的这条对照，张联荣对"声相近"的说法不能概括《读书杂志》的真实情况。

孙雍长说："所谓'声转'或'语转'，主要是指字音同纽（有时是同类），而韵部显然不一样的现象。"② 这种说法也失于偏颇，《读书杂志》中不乏韵部相同，声纽不一样的音转现象。

为了探寻《读书杂志》解说同源词的实际，列举一些例子如下：

（1）一声之转、声之转

"復格"（第 13 页，《逸周书第二》）

"格""笮"一声之转。故《廣雅》云：格謂之笮。然則笮也、格也、柵也、芝栭也、枅也、欂櫨也，六者一物也。

格，质精入；笮，铎庄入。王力上古声母系统中，精（齿头）庄（正齿）准双声，而王念孙二十三声母表中只有精母，无庄母，二字则为双声关

---

① 王力. 同源字典 [M]. 北京：商务印书馆，1982：186—187.

② 孙雍长. 训诂原理 [M]. 北京：高等教育出版社，2009：21.

系。韵部质铎相转。在意义上都指屋檐上的横木。二字声近义通，有同源
关系。

"母從俱死"（第80页，《史记·项羽本纪》）

念孙案：從當爲徒，……特、但、徒一聲之轉，其義一也。

特，职定入；但，元定去；徒，鱼定平。声纽相同，韵部职鱼旁对转，
鱼元通转。意义上都是转折虚词。声义皆近，是同源关系。

"秦與天下俱罷"（第36页，《战国策第一》）

爲謂之與，與亦謂之爲。……爲與二字聲相轉，而義亦相
通也。

此条用了很多术语来说明"与""为"之间的音义相通关系。"为"
"与"中古分属喻三和喻四，上古一归匣母，一近舌面章组。但在王念孙看
来，喻三和喻四在上古是不分的，也即"与"和"为"为双声关系。鱼部和
歌部有通转关系。

"導諛"（第103页，《史记·越王句践世家》）

諂與導，聲之轉。諂諛之爲導諛。

諂，古音在谈部透母上声；导，古音在幽部定母去声。声母同系旁纽，
在古人眼里，一般把同系的声母看作双声关系。韵部一谈部，一幽部，看似
相隔甚远，语言是一种历史事实，从已有的语言实际来考察，正如章太炎所
言，所有的闭口韵都可以和幽、宵二部发生对转。可见王念孙已经对这种语
言现象有所察觉。从意义上考察，王念孙说："諂之言導也，導人以不善
也。"（第636页，《荀子·修身》）可见諂与导声近义通，具有同源关系。

"豫賈"（第663页，《荀子·儒效》）

豫猶一聲之轉。……詐説惑人謂之猶，亦謂之豫，此轉語之相

因者也。《方言》曰：猶，詐也，詐亦誑也。惑謂之猶，亦謂之豫。
《老子》：與兮若冬涉川，猶兮若畏四鄰，與與豫同。

豫，古音在鱼部喻母去声；犹，古音在幽部喻母去声。声纽相同，鱼部幽部旁转相通。从《周官》《晏子》《盐铁论》等文献中的用例可知，豫与诳同义。《方言》释"犹，诈也"，诈亦与诳同义。豫与犹声相近，义相同，可同源通用。

下面再略举几个声转的例子，不再另行分析。

与爲一聲之轉，故謂與曰爲。（第 126 頁，"爲"条）（喻匣，鱼歌）

以與一聲之轉，故古或謂以爲與。（第 146 頁，"與"条）（之鱼）

比泌一聲之轉。（第 255 頁，"比陽"条）（水名，脂质对转）

聚就一聲之傳。（第 387 頁，"保就"条）（侯觉旁对转）

略與勞一聲之轉，皆謂奪取也。（第 445 頁，"犧牲不勞"条）（铎宵旁对转）

栗與鄰一聲之轉耳。（第 473 頁，"鄰以理"条）（质真对转）

棐輔榜一聲之轉，或言榜檝，或言輔檝，或言棐檝，其義一也。（第 509 頁，"櫱"条）（帮並旁纽，微鱼阳相转）

循遂一聲之轉。（第 531 頁，"脩哀以害性"条）（文物对转）

蘊怨委一聲之轉。（第 549 頁，"怨利生孽"条）（文元微相转）

（怨应是借字，不同一类，此条声转有误。）

岐衢一聲之轉。（第 632 頁，"衢道"条）（支鱼旁转）

荒憮一聲之轉，皆謂覆也。（第 715 頁，"無憮"条）（阳鱼对转）

用"一声之转"（包括"声之转"）术语来解说同源词，意义上互相关联，从语音上看，一般是声纽相同，韵部相转。但《读书杂志》中有些"一声之转"说解同源词存在一些不严密的现象。有时王念孙把假借字的临时借义混入了同源义中,如第 549 页,"怨利生孽"条提到"蕴怨委一聲之轉",实际上,怨在这里仅仅是借其音而用之的音近假借字,不能和蕴、委同源。但纵观全书,《读书杂志》的"声转"说同源基本上是可信的。

(2)语之转

> 從容須臾語之轉耳。(第 143 页,"須臾"条)

须,侯心平;从,东从平;臾,侯喻平;容,东喻平。声母同或旁纽,韵部对转。须臾与从容都是不可分训的单纯词,这类词的词义往往寄托于语音,王念孙正是抓住了这一点,才提出须臾乃是从容的转语词。

肺附語之轉耳。(第 285 页,"肺附"条)(滂並旁纽,月侯相转。)

肺是柿的借字,应说柿附语之转,才符合"语之转"言同源的特性。

> 汜埌語之轉。(第 404 页,"邳沂"条)(邪疑邻纽,文文叠韵)
>
> 苴(采古反)亦草也,語之轉耳。(第 454 页,"苴草"条)(鱼幽)

"语之转"在语音关系上比"一声之转"要宽泛些。

三、根据右文声符归纳同源词

宋代王圣美对"右文说"的提出,改变了之后学者对形声字声符仅仅具有标音功能的看法,认识到形声字的声符也有揭示语源的功能,即声中兼义。黄侃认为:"凡形声字以声兼义者为正例,以声不兼义者为变例。"[1] 这说明了声符声中带义的客观性。传统的右文说,总离不开字形的框架,局限于从某之声,又必从某之字这样的情况。王念孙在《读书杂志》及其他的著作中,并没有对右文学的概念进行界定和发凡起例,但他的"凡从某声多有

---

① 黄侃. 文字声韵训诂笔记 [M]. 上海:上海古籍出版社,1983:79.

某义"的说解（和段玉裁在《说文解字注》中的说法不谋而合），贯彻了他"引申触类，不限形体"的思想，把形声字的声符当作语音符号而不仅仅是字根，显示了从文字问题到语言问题的回归。对"右文说"的发展阐释得最详细的是沈兼士的《右文说在训诂学上之沿革及推阐》①，沈兼士对右文说的界说可以说继承了王氏的思想。

王念孙对右文说或者右声说发挥最多的是《广雅疏证》，但他强调的是应用而不是理论阐释，所以在《读书杂志》中也有许多这方面的例子。

"挈领"（第40页，《战国策第一》）

> "臣戰載主契國以與王約，必無患矣。若有敗之者，臣請挈領。"鮑注曰：領，項也。言欲請誅，持其項以受鈇鉞。念孫案：鮑訓挈爲持，臣請持領，斯爲不詞矣。今案：挈讀爲栔。栔，斷也。猶言臣請斷頸耳。《說文》：栔，刻也。《爾雅》：契，絕也。郭《注》曰：今江東呼刻斷物爲契斷。《釋文》契字又作挈。《漢書·司馬相如傳》"挈三神之歡"，應劭曰：挈，絕也。《宋策》"鍥朝涉之脛"，亦謂斷其脛也。栔、挈、契、鍥竝字異而義同。

这条校释反映了王念孙对传统右文说归纳声符的继承。这四个字都从韧声。他们的关系又分为两类，即挈与栔通假，栔契鍥有相同的义项（都有"韧"的含义，即刻、断之意），并都从"韧"得声，是同源关系。

"公矍然"（第526页，《晏子春秋·内篇谏上》）

> 案：矍本作懼。此後人不曉懼然之義而以意改之也，不知懼然即瞿然也。

瞿、懼音近义通，《礼记·杂记下》"见似目瞿，闻名心瞿。"懼是瞿加义类的分别字。王念孙接着进一步说明，界、懼、瞿、懹都表示惊貌，也就是说这是一组同源词。它们的意义皆从声源字"眮"而来，《说文》"眮，左

---

①　沈兼士. 沈兼士学术论文集［M］. 北京：中华书局，1986：83-85.

右视也，从二目，读若拘，又若良士瞿瞿。"《说文》"界，举目惊界然也，从夰，从眲，眲亦声。"《说文》"瞿，鹰隼之视也，从隹从眲，眲亦声。"徐锴《系传》"惊视也"《说文》"懼，恐也，从心瞿声。"可见《读书杂志》虽是札记体著作，但已经在书中运用归纳法和演绎法了，显示了王念孙校释古籍的系统性。

王念孙继承了右文说归纳声符的传统，但他摆脱了文字的桎梏，从文字层面发展到了语言层面。也就是说，他不仅仅归纳同声符的字，还注意到那些声符不同，但音义有联系的形声字，也把这些字归纳在一起进行说解。显示了从右文说到右声说的发展，对现代同源词的研究产生了深远的影响。如：

"肺附"（第285页，《汉书·楚元王传》）条，把桴、附、朴、柿归纳到一起，朴为木皮，柿指削木或削下的木片，桴为木表之麤皮，都有微需有所依附之意，声韵相通，是一组不同声符的同源词。

又如："衣不务于隅肶之削"（第529页，《晏子春秋·内谏篇下》）

> 凡字之从此从差者，聲相近而字亦相通。

彻底摆脱了传统右文说归纳字根的限制，归纳了读音相近的不同声符字的同源关系。如王氏在说解中列举了毗、睦；玭、瑳；傞、娑；齹、髊几组同源词。

第四节 《读书杂志》中的辨音释义

古代汉语同现代汉语一样，同一个单音词形在不同的语言环境和语言实际中，可以通过改变读音来表示不同的语境意义。王念孙在《读书杂志》中就运用了这一语言原理来进行他的训释古籍的工作，他主要通过两种方式来辨音释义的，一是引用具体的例证说明某字"当读某"，或"不当读某"；一是通过直接的注音方法给某字注明读音，以体现该字的具体词义。如：

"王始"（第八页，《逸周书第一》）

　　"令行禁止，王始也。"盧曰：王始疑是王治。念孫案："王始
也"本作"王之始也"，王讀"王天下"之王。令行禁止，則可以
王天下，故曰"令行禁止，王之始也"。

"王業"（第 123 页《史记·张仪列传》）

　　"今三川周室，天下之朝市也，而王不爭焉，顧爭於戎翟，去
王業遠矣。"念孫案："去王"下本無"業"字，此涉上文"王業"
而誤衍也。"王"讀"王天下"之"王"，此言"秦不爭於三川周
室，而爭於戎翟，則不能王天下"，故曰"去王遠矣"。

　　王字，上古读为阳部匣母平声。中古伴随意义的不同分化为平声和去声
两音，《广韵》记载有：雨方切，属于宕摄合口三等平声阳韵云母；于放切，
宕摄合口三等去声漾韵云母。这是运用声调的不同来区别具体的语境意义。
"同一形体，以声调区别字义是汉语的重要特点之一，古今皆如此。"①
　　不仅如此，有时也通过声母或韵母的变化来区别词义。从语法上来讲，
这就是"音变构词"，"汉语的'音变构词'是通过改变同一个汉字音节中
的一个或几个语音要素（声、韵、调）来构造音义相关的新词。"② 从训诂
学的角度讲，就是"音随义变"，"盖声与韵有别者，由于一字所代表之语词
有不同，故音读随之而异。"③
　　陆德明提到："夫质有精粗，谓之'好''恶'（并如字）；心有爱憎，
称为'好''恶'（上呼报反，下乌洛反）。当体即云'名誉'（音预），论情
则曰'毁誉'。及夫自败（蒲迈反）、败他（补败反）之殊，自坏（乎怪
反）、坏撤（音怪）之异。此等或近代始分，或古已有别，相仍积习，有自

---

①　邹晓丽. 传统音韵学实用教程［M］. 上海：上海辞书出版社，2002：50.
②　万献初. 汉语构词论［M］. 武汉：湖北人民出版社，2004：7.
③　周祖谟. 四声别义创始之时代［M］//周祖谟. 文字音韵训诂论集. 北京：北京大
　　学出版社，2000：52.

来矣。"① 所举例证就有声调、声母和韵母的不同，并认为上古时期就有了这种区分。贾昌朝也说："随声分义，相传已久。"并在《群经音辨序》中提到，一字有多音，并且有的只有声调的区别（当然他未提到声调的概念，而以"字音有清浊"而论，实际就是以声调来辨义）。他说："二曰辨字音清浊。夫经典音深作深（式禁切），音广作广（古旷切），世或诮其儒者迂疏，强为差别。臣今所论则固不然。夫轻清为阳，阳主生物，形用未箸，字音常轻。重浊为阴，阴主成物，形用既箸，字音乃重。信禀自然，非所强别。以昔贤未尝箸论，故后学罔或思之。如衣施诸身曰衣（于既切），冠加诸首曰冠（古乱切），此因形而箸用也。物所藏曰藏（才浪切），人所处曰处（尺据切），此因用而箸形也。"② 周祖谟也认为"四声别义""推其本源，盖远自后汉起。……惟反切未兴之前，汉人言音只有读若譬况之说，不若后世反语之明切，故不为学者所省察。"③

　　但清代大多数古音学家和训诂学家持不同看法。顾炎武认为：古一字可有两声，但两声各有两义并不尽然。后来有如此严格界限，只是因为训诂的需要而强为之分。如"恶"古有乌各切（入声）、乌路切（去声），但并非爱恶之"恶"必读去声，美恶之恶必读入声。郑玄注《左传》，一条注语下往往注有两音。④ 顾氏又说："……临文之用，或浮或切，在所不拘，而先儒谓一字两声各有意义，……乃知去入之别，不过发言轻重之间，而非有此疆尔界之分也。凡书中两声之字此类实多，难以枚举。自训诂出而经学衰，韵书行而古诗废，小辨愈滋大道日隐，噫先圣之微言泪于蒙师之口耳者多矣。"⑤ 钱大昕认为"此类皆出乎六朝经师，强生分别，不合于古音。"⑥ 段玉裁更是结合古音古义来阐发这种观点，他说："字义不随字音为分别。音

①　陆德明. 经典释文·序录·条例［M］. 北京：中华书局，1983.

②　贾昌朝撰，万献初点校. 群经音辨［M］. 北京：中华书局，2020：5.

③　周祖谟. 四声别义创始之时代［M］//周祖谟. 文字音韵训诂论集. 北京：北京大学出版社，2000：54.

④　顾炎武. 先儒两声各义之说不尽然［M］//顾炎武. 音学五书·音论：卷下. 北京：中华书局，1982：46-49.

⑤　顾炎武.《唐韵正》十九铎部"恶"字下［M］//顾炎武. 音学五书·音论：卷下. 北京：中华书局，1982：499.

⑥　钱大昕. 十驾斋养新录［M］. 上海：上海书店，1983：76.

转入于他部，其义同也。音变析为他韵，其义同也。平转入仄声，上入转入去声，其义同也。今韵例多为分别，如登韵之能为才能，咍韵之能为三足鳖；之韵之台为台予，咍韵之台为三台星；六鱼之誉为毁誉，九御之誉为称誉；十一暮之恶为厌恶，十九铎之恶为丑恶者。皆拘牵琐碎，未可以语古音古义。"①

王念孙和顾、段诸家的看法相似，认为"古人不以两义分两音"。王氏在"咎徵之咎"条（第17页，《逸周书第三》）中说："'徵'轉上聲爲宫商角徵羽之'徵'，故'徵驗'之'徵'亦轉而與'負''婦'爲韻。古人不以兩義分兩音也，凡蒸之二部之字古音或相通，上去二聲亦然。"还列举了古书中大量蒸部之字和之部之字相互押韵的例证。"古人不以两义分两音"，并不是说代表两个不同意义的同一个字的读音完全相同，而是说这两个音之间有着互相通转的关系，并由此可看出古音韵部之间的通转轨迹。而另一个方面，一个字古音本有两读两义，后代字形可能进行了分化，这种现象往往和假借的现象混杂在一起，注释家在校读古书时容易混淆。如"劲頸"条（第702页，《荀子·强国》），杨倞认为"劲當爲刿"，即"劲"是"刿"的讹字，但王念孙从本条上下文关系及大量的文献例证辨明"劲字兼有殁刿二讀，無煩改劲爲刿也"。从语音上考察，"殁"古音在物部明母入声，"刿"古音在文部明母上声，二者声纽相同，文部和物部阳入对转相通。

王念孙虽然认为古人的"音"并不随"义"而改变，但他并不排斥在训诂实践中通过"异读别义"的方式来解释古书中存在的同一形体表示不同概念的语言事实，这正反映了他"会通"的学术特色。以下就是这方面的例子。

"此古離散其民隕失其國所常行者也。"（第539頁，《晏子春秋·內篇·問上》）

"此古離散其民隕失其國所常行者也。"案：此文本作"此古之離散其民隕失其國者之常行也"。上文景公問曰，"古者離散其民，

---

① 段玉裁. 古音义说［M］//段玉裁. 说文解字注·六书音均表一. 上海：上海古籍出版社，2006：816.

而隕失其國者，其常行何若”，正與此文相應。且“常行”之
“行”讀去聲，不讀平聲。今本“古”下脫“之”字，“國”下脫
“者”字，則文不成義。“之常行也”作“所常行者也”，則“行”
字當讀平聲矣。《羣書治要》作“此古之離其民隕其國者之常行
也”。（校今本少“失”“散”二字者，省文也。）

按：王念孙认为“行”字有平声和去声两读，在本文中应读去声，是名
词“行为”的意思，而“行”在传本中应读为平声，是动词“践行”的意
思，传抄者不懂这一点，因此造成“脱文”“讹文”现象。用现代的语法理
论去考证，王氏的理解是很有见地的，王云路教授对这一条也做过评述：
“行读平声是动词，读去声是名词，‘所常行’是一‘所’字结构，‘所’字
后只能是动词。”[①] 不仅如此，“行”还有第三种读音，如《广韵》有胡郎
切，时平声唐韵匣母字。和前两种读音是声纽的区别。
　“朝爲天子”（第42页，《战国策·秦策》）

　　“魏爲逢澤之遇，乘夏車，稱夏王，朝爲天子，天下皆從。”念
孫案：“爲”與“于”同，謂“魏惠王朝于天子而天下皆從也”。
《秦策》又曰：“梁君驅十二諸矦，以朝天子於孟津。”《齊策》曰：
“魏王從十二諸矦朝天子。”皆其證也。鮑讀“朝”爲“朝夕”之
“朝”，而於“朝”上增一字，謂“魏王一朝爲天子而天下皆從”，
其失甚矣。吳讀“朝”爲“朝聘”之“朝”，是也。而云“爲”字
疑衍，則未知“于”“爲”之通用也。

为为歌部，于为鱼部。以《六书音均表》察之，为第5部与第17部相
转，王力三十韵部系统，为第五类与第九类相通，似乎相隔甚远，不符合同
类近类相通转的原则。但是“由于段氏六类十七部阴阳交错排列，导致阴声
韵第六类与第一、二类相隔较远，如果单就音声韵旁转来说，将第六类改为

---

① 王云路.《读书杂志》方法论浅析［M］//王云路. 词汇训诂论稿. 北京：北京语言
　　文化大学出版社，2002：68.

第三类，则上列"鱼歌相转"一条也就邻类为近了。黄侃、王力二人都是把第六类的几个韵部排在鱼类的后面。"① 又本条"朝"不读知母而读澄母，后代解书者往往解错词义，王氏通过辨音来训释词义，让人了然。段氏说"字义不随字音为分别"，是从字音有变而义不变的角度来讲的，是从古音义和今音义的区别来讲的。

"特劫於威彊耳"（第142页，《史记·淮阴侯列传》）

　　"項王所過無不殘滅者，天下多怨，百姓不親附，特劫於威彊耳。"念孫案："彊"讀"勉彊"之"彊"，"彊"下當有"服"字，"劫於威"三字連讀，"彊服"二字連讀，言"百姓非心服項王，特劫於威而彊服耳"。下文云"今楚彊以威王此三人，秦民莫愛也"，語意正與此同。今本脫去"服"字，則當以"威彊"連讀，而讀"彊"爲"彊弱"之"彊"，非其指矣。《漢書》及《新序·善謀篇》"彊"下皆有"服"字。顏師古曰"彊音其兩反"是其證。

这里的"强"读上声，勉强之强，而不读强弱之强。

"尤好書"（第294页，《汉书·张周赵任申屠传》）

　　"蒼尤好書，無所不觀，無所不通，而尤邃律厤。"宋祁曰："學官本'尤'作'凡'。陽夏公謂'當從凡。若從尤，則師古當音'好'字作去聲。浙本'凡'作'尤'。"念孫案：作"尤"則與下文"尤"字重出，作"凡"者是也。景祐本亦作"凡"。"凡"當讀爲"汎"，上言"汎好書"，故下言"無所不觀，無所不通，而尤邃律厤"。"尤邃"二字，正"汎好"言之。"好"字仍當讀去聲，不當讀上聲。《史記》作"蒼本好書"則讀去聲明矣。陽夏公以"好"字師古無音而讀上聲，非也。上文"張蒼好書律厤"，師古亦無音。

_____

① 吴泽顺. 汉语音转研究 [M]. 长沙：岳麓书社，2006：212.

"好"（第 658 页，《荀子·非十二子》）

"飾非而好。"楊注曰："好飾非也。"念孫案："飾非而好"言"其飾之工"也。"好"字當讀上聲，不當讀去聲。楊説非。

前一条辩驳注家读"好"为上声的错误，认为好应读去声。后一条则相反，应读上声，而杨倞错注成了去声。

"蘇代偽爲齊王曰"（第 39 页，《战国策第一》）

偽謂之爲，讀去聲。

"設祖道供張"（第 344 页，《汉书·隽疏于薛平彭传》）

"公卿大夫故人邑子，設祖道供張東都門外。"念孫案："設"上脱"爲"字（"爲"干僞反）。《文选·西征賦注》《别賦注》、張協《詠史詩注》《藝文類聚·人部》十三、《太平御覽·人事部》百三十，引此皆有"爲"字。

"五穀不爲多"（第 224 页，《汉书·食货志》）

"賈誼諫曰：'今農事棄捐，而采銅者日蕃，釋其耒耨，冶鎔炊炭，姦錢日多，五穀不爲多。'"師古曰：言皆采銅鑄錢，廢其農業，故五穀不多也。爲，音于僞反，"不爲多"猶言"爲之不多"也。念孫案：師古之説甚迂，"五穀不爲多"，"多"字因上文姦錢日多而衍（《羣書治要》引此已誤）。爲，音于媯反，不音于僞反。"五穀不爲"者，爲，成也，言五穀不成也。《晉語》"黍不爲黍，稷不爲稷。"韋注曰：爲，成也。……

"卽爲所爲"（第 395 页，《汉书·外戚传》）

"大后安能殺吾母而名我？我壯，卽爲所爲。"師古曰："爲其所爲謂所生之母也。竝音于僞反。"念孫案：兩"爲"字皆讀平聲，"爲所爲"者，謂爲變也。"爲變"者，殺呂后以報母仇也。故下文云："大后恐其作亂。"《史記》作"我壯卽爲變"，尤其明證矣。若讀"爲"爲去聲，而云"爲所生之母"，則詞不達意。

前两条读去声，后两条读平声，意义各有不同。

第五节　《读书杂志》中的连语

联绵词这类特殊的汉语词汇，很早就出现在书面语中。① 最早提出"联绵词"名称的是宋代张有的《复古篇》②，但对联绵词的特性有所认识的还要早，"秦汉时候的学者已经认识到联绵词这种特殊词汇不同于一般的单字单词，它是两个字合起来表示一个意义，一般拆不开有时也无法拆开释义。"③ 王国维说："联绵字者，合二字以成一语，其实犹一字也。"④ 比较精准地概括了联绵词的性质。联绵词的特性概括起来有两点：一是不可分训，二是依声作训。方以智把联绵词称之为"謰语"，他下定义说："謰语者，双声相转而语謰謱也。《新书》有连语，依许氏加言焉。如崔巍、澎湃，凡以声为形容，各随所读，亦无不可。"⑤ 并提出了理解"謰语"的途径是"因声知义，知义而得声"。《读书杂志》中没有联绵词的提法，有双声字、叠韵字、双声叠韵字，其实质就是联绵词。另外王念孙在《汉书杂志》第十六

---

① 徐振邦认为在甲骨文、金文中就已经有连绵词的记录了。（徐振邦. 联绵词概论[M]. 北京：大众文艺出版社，1998：15.）
② 《复古篇》卷六罗列了"联绵字"五十八组，但张有对联绵词的特性没有清醒的认识，故其说多不可靠。
③ 郭珑.《文选·赋》联绵词研究 [M]. 成都：巴蜀书社，2006：5.
④ 王国维. 研究发题 [J]. 国学季刊，1923，1（3）.
⑤ 方以智.《通雅》卷六《释诂·謰语》[M]. 扬州：广陵古籍刻印社，1987：166.

中，提出了“连语”的名称。① 于是有学者就认为王念孙的“连语”即是联绵词。舒怀就认为，“在传统训诂学著作中，连语又叫謰语，也叫联绵字，今人则多称联绵词。从此王念孙称作连语。”② 郭在贻也说：“所谓连语（又写作謰语，又叫联绵词）是指用两个音节来表示一个整体意义的双音词，换句话说，它是单纯性的双音词。”③ 陆宗达、王宁先生指出：“联绵词又称‘连语’或‘连字’，是古代汉语里的一种特殊的双音节单纯词。它的语音结构就其原始形态说来，或双声，或叠，而且，它的词义发展常伴随着有规律的音转。④《汉语大词典》解释“连语”曰：“也叫联绵字、联绵词。”⑤ 可见，诸家都把“连语”等同于联绵词。

事实上，王念孙所定义的“连语”和联绵词是不是一个概念呢？这需要回到文献中去寻绎和讨论。

“连语”一词主要见于《读书杂志·汉书第十六》，在《经义述闻》中出现过一次。

“連語”（第407页，《汉书第十六》）

> 凡連語之字，皆上下同義，不可分訓。說者望文生義，往往穿鑿而失其本指。如訓“流貤”則曰：無有差次不得流行。“撟虔”則曰：矯稱上命，以貨賄用爲固。或曰：稱詐爲矯，强取爲虔。“奔踶”則曰：乘之即奔，立則踶人。“勞俫”則曰：勞者恤其勤勞，俫者以恩招俫。……凡若此者，皆取同義之字。而彊爲區别，求之愈深，失之愈遠。所謂大道以多岐亾羊者。

“是先主覆露子也”（第507页，《经义述闻·国语下》）

> 引之謹案：露與覆同義。覆露之言覆慮也，包絡也。……覆露

---

① “连语”之名也见于《经义述闻·国语下》第507页，“是先主覆露子也”条。
② 舒怀. 高邮王氏父子学术初探［M］. 武汉：华中理工大学出版社，1997：199.
③ 郭在贻. 训诂五讲［M］//郭在贻. 训诂丛稿. 上海：上海古籍出版社，1985：316.
④ 陆宗达，王宁. 训诂与训诂学［M］. 太原：山西教育出版社，1994：90.
⑤ 罗竹风. 汉语大词典：缩印本［M］. 上海：上海辞书出版社，1986：6664.

為古人之連語，上下不殊義也。

从上述条目，可以知道两点：一是构成连语的字是两个同义的字；二是构成连语的字不能分训。从"不可分训"的特点来说，和联绵词相同。但联绵词从开始形成的时候起，构成联绵词的字的意义就和联绵词的意义便没有了必然的联系，只是取字的读音作为一种语音符号。这一点和连语又不完全一致。"连语"条所列举的连语有 23 个，现略其例证和解说，排列如下：

流眄　撟虔　奔踶　勞倈（双声字）　陵夷　儀表　狙詐（叠韵字）　圖圉　提封　無慮（叠韵字）　辜榷（双声字）　揚榷　寖尋　營惑　感槩　魁梧　魁岸　畾落（双声字）　狼戾（双声字）　奥渫　尉薦　醖藉　驚鄂

根据声韵关系分类如下：

明言为双声字①的有 4 个：勞倈　辜榷　畾落　狼戾
未明言的双声字有 3 个：撟虔（见群）　揚榷（喻溪）感槩（见溪）
明言为叠韵字的有 2 个：狙詐②　無慮
未明言的叠韵字有 1 个：寖尋（侵侵）
声韵皆不相近的有 13 个：流眄　奔踶　陵夷　儀表　圖圉提封　營惑　魁梧　魁岸　奥渫　尉薦　醖藉　驚鄂

上述 23 个例词中，没有双声或叠韵关系的占了多数，可见连语和双声叠韵字不是一个概念。再来看王氏父子对"双声叠韵字"（包括双声字和叠韵字）的看法：

---

① 这里所言的双声关系包括了声母同系的关系，如"撟虔"，声纽为见群旁纽关系。
② "狙詐"实为既双声又叠韵的关系，声为精母，韵为鱼部。

"都凡也"（第 198 页,《广雅疏证》卷六上）

大氐双声叠韵之字，其义即存乎声。求诸其声则得，求诸其文则惑矣。

"犹豫"（第 728 页,《经义述闻·通说上》）

夫双声之字，本因声以见义，不求诸声而求诸义，固宜其说之多鑿也。

"无虑"（第 729 页,《经义述闻·通说上》）

无虑、勿虑、摹略、默略、孟浪皆一声之转。大氐双声叠韵之字，其义即存乎声。求诸其声则得，求诸其文则惑矣。

下面一条是《读书杂志》中双声字、叠韵字的例子："柬躅"（第 31 页,《逸周书》）

"柬躅，叠韻字。謂數以足踏地而稱善也。"

又如："猶豫"（第 183 页,《汉书·高后纪》）

念孫案：猶豫雙聲字。猶《楚辭》之言"夷猶"耳。非謂獸畏人而豫上樹，亦非謂犬子豫在人前。師古之說皆襲《顏氏家訓》而誤。

又如："離縱而跂訾"（第 658 页,《荀子·非相》）

離縱、跂訾亦叠韻字，大抵皆自異於眾之意也。……凡叠韻之字，其意即存乎聲，求諸其聲則得，求諸其文則惑矣。

《读书杂志》中有很多校释继承了《广雅疏证》的成果。对"犹豫"的说解，《广雅疏证》最为详细。"躊躇，犹豫也"条（第192页，《广雅疏证·释训》）下说：

> 猶豫，字或作"猶與"。單言之則曰"猶"，曰"豫"。《楚辭·九章》"壹心而不豫兮"，王注雲："豫，猶豫也。"《老子》雲："豫兮若冬涉川，猶兮若畏四鄰。"《淮南子·兵略訓》："擊其猶猶，陵其與與。"合之則曰"猶豫"，轉之則曰"夷猶"，曰"容與"。《楚辭·九歌》"君不行兮夷猶"，王注："夷猶，猶豫也。"《九章》雲："然容與而狐疑。""容與"亦"猶豫"也。案《曲禮》雲："蔔筮者，先聖王之所以使民決嫌疑，定猶豫也。"《離騷》雲："心猶豫而狐疑兮。"《史記·淮陰侯傳》雲："猛虎之猶豫，不若蜂蠆之致螫；騏驥之躊躇，不如駑馬之安步；孟賁之狐疑，不如庸夫之必至也。""嫌疑""狐疑""猶豫""躊躇"，皆雙聲字，"狐疑"與"嫌疑"，一聲之轉耳，後人誤聲字，"狐疑"與"嫌疑"，一聲之轉耳，後人讀"狐疑"二字，以為狐性多疑，故曰"狐疑"。又因《離騷》"猶豫""狐疑"相對成文，而謂"猶"是犬名，犬隨人行每豫在前，待人不得，又來迎候，故曰"猶豫"。或又謂"猶"是獸名，每聞人聲，即豫上樹，久之複下，故曰"猶豫"。或又以豫字從象，而謂"猶""豫"俱是多疑之獸。以上諸說，具見於《水經注》《顏氏家訓》《劄記正義》《漢書注》《文選注》《史記索隱》等書。夫雙聲之字，本因聲見義，不求諸聲，而求諸字，固宜其說之多鑿也。

王引之的《经义述闻》也引用了这条的说解。古代汉语词汇以单音词为主，通常一个字就是一个词，因此传统的训诂学家往往注重研究字的形体所反映出来的意义，而忽视词的音义关系，通常将字和词等同起来。然而随着社会实践和语言的发展，字和词之间逐渐显示出不一致性，有时一个字并不代表一个词，而是和另外一个字合起来才代表一个词，才有意义，联绵词就是这样的性质。组成一个联绵词的字是作为一个音节存在的，是它的声音在起作用，离开这个连绵词的语音而根据它的形体来解释它的意义，就会犯望文生义的错误。在这一点上，古人的认识是模糊的，早在战国时期，孟子就犯过这样的错误，《孟子·梁惠王下》就把"流连荒亡，为诸侯忧"中的"流连"拆成"流"和"连"，"荒亡"拆成"荒""亡"分别做解释。《方言》："美心为窈，美状为窕。"将"窈窕"分开作解，也是不科学的。直到清代，古音学鼎盛，打破了字形的束缚，重视音义关系，强调形音义互求，在词语训释方面取得了突破性的成就。但对连绵词的认识即使是清代的学者也还是不全面的。朱骏声注意到联绵词的问题，提出了"叠韵连语""双声连语"等概念。

由上可明，王氏的"双声叠韵字"属于现在所说的联绵词之类，其理解的途径只能"求其声"而不能"求其文"。有人认为王念孙的连语就是联绵词，可能是受了朱骏声"叠韵连语""双声连语"等名称的影响。当然，联绵词也包含了非双声或非叠韵的单纯词，但上述所列举的 13 个声韵皆不相近的连语词，从王念孙的释义来看，都不是单纯词，而是由同义词素联合构成的并列式合成词。如释"仪表"为："立木以示人謂之儀又謂之表。"释"營惑"曰："師古訓營爲回繞，則分營與惑爲二義，失其指矣。今案：營亦惑也。"释"魁梧"曰："師古以梧爲驚悟，則義與魁大不相屬，故又加一可字以增成其義，其失也鑿矣。今案：魁、梧，皆大也。梧之言吳也，《方言》曰：吳，大也。《後漢書·臧洪傳》'洪體貌魁梧'。李賢曰：梧音吾。蓋舊有此讀。魁梧、奇偉，四字平列，魁與梧同義，奇與偉同義。"释"驚鄂"曰："鄂亦驚也。"由此可知，王念孙的连语和联绵词为不同的概念。

另外，王氏的校勘训诂实践中，还有"复语"和"经传平列二字上下同义"的说法。

"经传平列二字上下同义"（第 772 页，《经义述闻·通说下》）

　　　　古人訓詁，不避重複，往往有平列二字，上下同義者，解者分
　　為二義，反失其指。

对"复语"，王氏没有界说，但在校释中透过具体的词语分析可见其

详。如：

　　遠姚，姚讀爲遙，遙亦遠也。古人自有複語耳（第 220 頁，
《汉书·礼乐志》）

　　何遽遽亦何也，連言何遽者，古人自有复语耳。（第 294 頁，
《汉书·郦陆朱娄叔孙传》）

　　群众羣眔卽眔也，古人自有複語耳。（第 301 頁，《汉书·贾谊
传》）

　　言问言亦问也。古人自有复语耳。（第 303 頁，《汉书·贾谊
传》）

　　此若勢者，此勢也。若亦此也，古人自有複語耳。《墨子》書
多謂此爲此若。（第 609 頁，《墨子·鲁问》）

　　豈鉅知者，豈知也。鉅亦豈也。古人自有複語耳。或言豈鉅，
或言豈遽，或言庸詎，或言何遽，其義一而已矣。（第 711 頁，《荀
子·正论》）

　　"复语"上下二字同义，不可训解为二义。和连语"上下二字同义，不
可分训"的内涵一致。

　　综合言之，因为《读书杂志》中多部史、子《杂志》最后一条是对某一
个问题的总结，如《淮南内篇杂志》最后有一篇《读〈淮南子杂志〉书
后》，对古籍讹误的原因做了精彩的总结。《读书杂志》成书较晚，王念孙在
这里提出"连语"一名，从"不可分训"的特点出发，可能包括了对"双
声叠韵字"（联绵词）和"复语"的归纳和总结。

第四章

王念孙古音学在《读书杂志》校勘
实践中的应用

第一节　辨明声误

　　早在东汉时期的王符就已经注意到古书在传抄过程中产生的音讹现象，他在《潜夫论》中提到过因为俗音的不正而造成用字的错讹现象。郑玄注三礼就有"声之误"的注释术语。唐代的注疏家们也对音讹时有辩证。清代的钱大昕《声类》卷四，专门辟有《音讹》一目，主要收集文献中的音讹材料。

　　音讹和字讹是有本质区别的。二者的形式一样，都是写了错误的字，但发生的原因是截然不同的。音讹是由于正字和讹字的读音相同或相近，据音写字，写了错讹的字形。字讹特指文字形体的讹误，是因为正字和讹字的形体相近似，从而写了错误的字形，虽然有时二者的读音也相近，但那不是必然现象，而是偶然的。辨别音讹和字讹，最有效的方法就是从古音入手，结合文字形体来判断。

　　"正民"（第 2 页，《逸周书第一》）

　　《文酌篇》"發滯以正民。"赵氏敬夫曰："正"疑当作"振"。
念孙案："振""正"古不同聲，则"正"非"振"之误。"正"疑当作"匡"，字形相似而误也。……

　　振，古音文部章母平声；正，古音耕部章母平声。振、正二字虽然声母

142

声调相同，但根据王念孙判定音近的语音原则，韵部一在文部，一在耕部，二部音隔较远，不可能造成声误。赵氏敬夫从时音判断为声误，是不符合语言的时代性原则的。

　　"凡人之有鬼也，必以其感忽之間，疑元之時，正之。"（第721页，《荀子第七》）
　　"正"當爲"定"，聲之誤也。必以其感忽之間，疑元之時，定之者，必以感忽之間，疑眩之時，而定其有鬼也。據楊《注》云：必以此時定其有鬼。則所見本是"定"字明矣。

　　正，古音耕部章母平声；定，古音耕部定母去声。正、定声母章定准旁纽关系，韵部相同，古音相近，再佐证之杨倞的注本，判定"正"是由于与"定"的读音相近而造成的误字。
　　从上述例子可见，王念孙在判断讹字时，因为抓住了古音这个枢纽，能够更加精准地判断出古书文字传抄的错讹现象。
　　音讹和字讹的区分，相对来说要简单些，因为一则字讹的形体相近容易区分，二则讹字和正字语音相近的情况毕竟是少数。和音讹现象最纠缠不清的就是古书中的假借。
　　因为这两种语言现象中最关键的两点很相似，一是正字和传世文献用字之间的语音都相同或相近，二是正字和传世文献用字的词义都不同。但在校读古书的时候，这两种语言现象又是不能不辨的，否则会曲解古书的本来意思。怎样区别这两种现象呢？刘精盛教授说，"（假借和声误）是形式上相同，而实质上不同的两种语言现象：通假是原本如此，字音同音近而误是后人的失误所致。古文多通假现象，这是因为声音是语言的载体，所以在传抄的过程中很自然用音同音近的字来记录词，而往往不管其是否是本字。……为了谨慎，通假字原则上应当有直接的证据，否则还不如说是声之误。"[①] 吴泽顺教授认为：（1）通假是本有其字不用，而另借一个音同或音近的字来表示其义。通假以同音字为主，至少要求音近。音讹时因为实际语言中的某

————————————————
① 刘精盛. 王念孙之训诂学研究［M］. 长春：吉林大学出版社，2011：42.

一词语发生了音转，记录者就按当时的实际语音书写，故音讹发生的起点和终点可能距离较大。（2）通假字主要发生于一般的语词，而音讹主要发生于姓氏、人名、地名、国名、族名、官职、称谓等非语词性的名词。（3）通假主要反映的是文字在使用过程中产生的同音借用现象，而音讹主要反映的是词语在使用过程中产生的音转现象。① 其分析较为详细和中肯。王念孙在《读书杂志》中对音讹和假借有很多精彩而严谨的辨别。

"所知"（第100页，《史记·鲁周公世家》）

> "不干所問，不犯所知。"念孫案：知當爲咨，聲之誤也。"所問""所咨"皆承上文而言。《周語》正作"所咨"。

知，支端平；咨，脂精平。声母舌头齿头准双声；韵部支脂通转。之所以是声误而不说是通假，是因为通假的条件不仅仅要音同或音近，文义可通，还应该有文献例证，也就是要符合语言的社会性原则。古文献中鲜有把"知"借作"咨"的情况。裴学海说："校正古书者，只要用假借法讲得通，就不当认为是讹误。"② 他还说："只要两个字的声符相同，无论有通用的证据与否皆可通假。"③ 裴氏所言，忽略了假借产生之后的约定俗成性，虽然音理上讲得通，不被社会所认同也是不行的，也就是说在古书上没有相通的例证，是不能轻言通假的。王力先生对王念孙运用假借解字的评价要中肯些，他认为，"王氏父子治学是严谨的。事实上他们不是简单地把两个声同或声近的词摆在一起，硬说它们相通，而是：（一）引了不少的证据。（二）举了不少的例子。这样就合于语言社会性原则，而不是主观臆断的。"④ 因此，王念孙在没有文献相通例证的情形下，不说知与咨相通借，而是校为声误。

另外一个例子更能说明王念孙对声之误和假借的严格区别：

"有道予"（第504页，《管子·山国轨》）

---

① 吴泽顺. 汉语音转研究［M］. 长沙：岳麓书社，2006：116-117.
② 裴学海. 评高邮王氏四种［J］. 河北大学学报（社会科学版），1962（3）：50.
③ 裴学海. 评高邮王氏四种［J］. 河北大学学报（社会科学版），1962（3）：118.
④ 王力. 龙虫并雕斋文集：第一册［M］. 北京：中华书局，1980：328.

"桓公問於管子曰：不籍而膽國爲之有道予。"念孫案：予當依宋本作于，聲之誤也。于卽乎字也。《呂氏春秋·審應篇》：魏昭王謂田詘曰：然則先生聖于。高注曰：于，乎也。《莊子·人間世篇》"不爲社者，且幾有翦乎。"《釋文》曰：乎，崔本作于。《列子·黃帝篇》"今女之鄙至此乎。"《釋文》曰：乎本又作于。《周穆王篇》"王乃歎曰：於乎。"《釋文》乎作于。是乎字古通作于也。《通典·食貨十二》徑改爲乎，義則是，而文則非矣。

这一条从两个层次说明问题。先改正传本由于声之误而造成的误字，即于因为和予声相近（二字都为鱼部，声母匣喻相通）而被误传写了讹字。再辨明文献用字于是乎的借字（二字古音相同，都是鱼部匣母字）。为什么不直接说予是乎的借字呢？因为王念孙辨假借是很谨慎的，除了音理相通，意义可通，还得符合假借的社会性原则，予与乎相通于古无据，于通作乎则有大量的例证。

另外，王念孙对后人由于声误而误校误改古书的现象也有所辩驳和校正。如：

"坼剖"（第 102 页，《史记·楚世家》）

"陸終生子六人，坼剖而産焉。"念孫案：剖本作副。《大雅·生民篇》"不坼不副"，《釋文》：副，孚逼反。《正義》曰：坼副皆裂也。引《曲禮》"爲天子削瓜者副之"是也。後人誤讀副爲去聲，遂不得其解。又見《集解》有"簡狄胷剖生契"之語，因改副爲剖耳。《説文》：副，判也。籀文作疈。《太平御覽·人事部》引《史記》作"坼疈而生"，是其明證矣。

副，中古有芳逼切（职韵滂母入声）和敷救切（宥韵敷母去声）两读。上古的副（职部滂母入声）到中古分化出轻唇音去声之音，词义随着字音的不同而不同，去声不承担"裂开"之义，后起的音和义更为常见，导致后人不识古音和古义而改字。今在湖北某些地方，过年时为避讳而称"杀猪"

145

"杀鸡"为"副猪""副鸡",就是保留了古语的用法。①

第二节　辨别字讹

古籍在传抄的漫长过程中，经常会出现字的讹误现象，其中的原因大概有两种，一是由于字形的相似造成，二是因为字音的相近造成。后世的注释家、训诂学家以及校勘学家往往把辨明讹字作为疏通古籍的任务之一，王念孙在《读书杂志》中就做了大量的辨明讹字脱字衍字的工作，其中与古音有关的大致有以下三类：

一、通过辨别音读来辨明讹字

《读书杂志》对史书、子书以及集部书的校释，不仅对古籍本体进行勘正注释，也对后代注释家的校释多有研究，并辨其正误。其中对后代注释家的注音进行辨别就是他的一项任务。

"费筴"（第 198 页，《汉书·高惠高后文功臣表》）条下曰"'费'字当音彼冀反，今师古音扶味反，又云非季氏邑，皆所未详。"对"费"字的读音和所在之地，王念孙认为自己和颜师古皆有差异。颜师古注为"扶味反"，中古属于止摄合口三等去声未韵奉母字，上古音应在微部；王念孙注为"彼冀反"，中古属于止摄合口三等去声至韵帮母字，上古音在至部。颜、王二人关于"费"的声母没有多大差异，都归入唇音。王念孙认为"费"在至部，他的至部大致包括了王力的物部和质部，唐作藩《上古音手册》将之归入物部。颜师古注"扶未反"，是将"费"的古音归入了微部。实际上从现代古音学研究的成果来看，"味"和"冀"都应归入微部②，也就是说颜师古对"费"字的注音和王念孙的注音从中古音来看有异，但上推到上古音，差别并不大。

---

① 陆宗达对"副"的后起义有精彩的阐述。（陆宗达. 训诂简论 [M]. 北京：北京出版社，2002：194.）
② 杨剑桥. 上古和中古韵部例字表 [M] // 杨剑桥. 汉语音韵学讲义. 上海：复旦大学出版社，2005：194.

正是因为对后代注释家注释古书的音读有清醒的认识和甄别，所以王念孙有时也以此作为出发点来辨别讹字。

"秖"（第195页，《汉书·王子侯表》）

"秖節矦息。"師古曰："秖"卽"瓡"字也（瓡音狐），又音孤。《地理志》"北海郡秖"，師古曰："秖"卽"執"字。《史記·建元以來王子矦者表》"報矦劉息。"（今本"報"作"秖"，乃後人據《漢書》改之）《集解》：徐廣曰"一作秖"（今本作"報"，亦後人轉改）。《索隱》單行本曰："報"（今本刪此字），縣名，《志》屬北海，《表》作"秖"。韋昭以"秖"爲諸蟄反。念孫案："秖"與"報"皆"執"字之譌也。隸書執字或作。《史·表》之"報矦息"，卽《漢·表》之"秖矦息"，而韋昭音諸蟄反，則非"報"字明矣。《地理志》之"秖"，師古以爲卽"執"字，正與諸蟄之音相合。而《說文》《玉篇》皆有"執"無"秖"，隸書"執"字又與"秖"相似，則"秖"爲"執"之譌明矣。凡"執持"之"執"，《史》《漢》中無作"秖"者，惟縣名之"執"作此字。蓋"執持"之"執"，隸書作"秖"者，人皆知其爲"執"字之譌，故隨處改正。惟縣名之"秖"不敢輒改，遂相沿至今。師古旣云"秖"卽"執"字，又云"秖"卽"瓡"字，又音"孤"，前後自相矛盾，則涉河東郡之"秖譿"而誤也。《廣韻》入聲二十六緝，"秖"，之入切，縣名，在北海。而平聲十一模無"秖"字，是讀"秖"爲"執"而不讀爲"瓡"矣，但未知"秖"爲"執"之譌耳。又案《說文》"㚐"（女涉反）字，注云：讀若"瓡"，一曰讀若"簟"（女涉反）。"瓡"亦"執"之譌也。隸書"瓡"或作"執"或作，二形相似，故"執"譌爲"瓡"。"執"與"簟"聲相近，故"㚐"讀若"執"，又讀若"簟"。如讀若"瓡"，則聲與"簟"遠而不可通矣。又《說文》"執"從"丮"（居逆反），從"㚐"，"㚐"亦聲。"㚐"讀若"執"，故"執"從"㚐"聲，如讀若"瓡"，則聲又與"執"遠而不可通矣。

颜师古以瓠为瓠字，另于《地理志》以瓠为埶字。《史记》作报，《集解》引徐广作瓠。王念孙认为：瓠与报皆埶字之讹，归纳起来理由有下面几点：

（1）形近，有误写可能。

（2）师古有以瓠为埶字，而韦昭有"诸蛰反"之音，字与音正相合。

（3）《说文》《玉篇》有埶无瓠。

（4）师古前后字辨相矛盾，因涉瓠譶而误。①

（5）《广韵》入声二十六辑韵有瓠，"之入切"；平声十一模无瓠字，因此瓠为埶，而不读为瓠。

（6）《说文》牵字注：读若瓠，一曰读若爾。瓠与牵、爾声相远，而《说文》埶下注：埶从牵，牵亦声，故埶与牵、爾声相近。故瓠为埶字之误。辨今本《说文》"读若"字讹，佐证《汉书》及其有关注训之误。

"甦；埶；嚊"（第196页，《汉书·王子侯表》）

"廣城矦甦。"師古曰："甦"音竹二反。念孫案："甦"音"捷"，不音竹二反，"甦"當爲"竷"。《息夫躬傳》"卑爰竷强盛"，師古曰："竷"音竹二反。是"甦"爲"竷"之譌。又《古今人表》"衞甦，嗣伯子。""甦"亦當爲"竷"，"竷"下當有"伯"字。《史記·三代世表》"衞甦伯"。《索隱》曰："甦"音"捷"。《衞世家》"嗣伯卒，子甦伯立"。徐廣《音義》曰："妻"音"捷"。《索隱》曰：世本作"摯伯"。余謂"甦"與"摯"聲不相近，無由通摯，當本是"竷"字，聲與"摯"相近，故字亦相通

---

① "瓠譶"條（《讀書雜志》第204頁，《漢書·景武昭宣元成功臣表》）："瓠譶矦扜者。"師古曰："瓠"讀與"狐"同，"譶"音之涉反。《地理志》曰：河東郡狐譶。《史記·建元以來矦者表》"瓠譶矦扜者"，《集解》徐廣曰：在河東，"瓠"音"胡"。《索隱》曰：即"狐"字。念孫案：《功臣表》之"瓠譶"即《地理志》之"狐譶"，則"瓠"乃"瓠"之譌也。……《說文》《玉篇》皆無"瓠"字。《廣韻·十一模》亦無"瓠"字，《集韻·十一模》"瓠"，洪孤切。瓠譶，晉地名，又攻乎切。瓠譶，漢矦國，在河東。則"瓠譶"爲"瓠譶"之譌，明矣。師古注《王子矦表》之"瓠（音埶）節矦息"云："瓠"即"瓠"字，又音"孤"，即涉此而誤也。

也。徐及小司馬音"捷"，皆失之。隸書"疌""疌"相似，故
"疌"譌作"妻"。……

　　为了证明"疌"是"疌"的讹字，王念孙用了两种方法。一是指出颜师
古的注音与被注之字不相符。"疌"，《广韵》注为疾叶切，古音在从母入声
叶部；"疌"，《广韵》注为都计切（与"竹二反"的古音相同），古音在透
母入声质部。颜师古所注"竹二反"应是"疌"的注音。二是利用异文通假
来证明。《卫世家》中的"疌伯"，徐广注"疌"音"捷"，小司马认为世本
作"挚伯"，这就发生了矛盾，因为"疌"为从母叶部字，"挚"为章母质
部字，读音相隔甚远，无法构成通假。而透母质部字"疌"和"挚"韵部相
同，声纽章母和透母为准旁纽关系，符合二字音近的原则。再加上"疌"
"疌"隶书字形的相似，"疌"是"疌"的讹字就有理有据了。

二、辨别字讹和假借

　　王念孙是卓越的古音学家，他往往能够脱离字的形体，借助字的语音来
判断古籍的本来面貌。因此，他有时能够透过后代注释家解说字误或假借的
表面现象，甄别出是假借还是字误的实际。
　　字的讹误（这里专指文字形体的讹误），从发生的时候起，就只和形体
有关，和声音没有纠葛。但有时碰巧这个讹字和正字的读音相同或者相近，
那就麻烦了，假借和字讹就有了不易分辨的瓜葛。段玉裁对假借的阶段性有
过这样的阐述，他说："大氐假借之始，始于本无其字；及其后也，既有其
字矣，而多为假借；又其后也，且至后代讹字亦得自冒为假借。博综古今，
有此三变。"[①] 因为辨假借和辨字讹的工作都是解经之人必须要作的，时间
长了，对这一类音同音近的字讹行为，解经者有时就和用字的假借混为
一谈。
　　如"黝"条（第261页，《汉书·地理志》，引文略，见上一章节），颜

---

① 段玉裁. 说文解字注：十五卷上 ［M］. 上海：上海古籍出版社，1988：757.

师古将"黝"看作"黟"的借字。王念孙考证,"黟"古音在歌部,① 今音在支部;"黝"古音今音都在幽部。今音支部与脂之同用,幽部与尤侯同用,但支部不与幽部同用。古音歌部和幽部异类相隔较远,不宜相通。所以"黝"是"黟"的讹字,并不是借字。师古没有洞察古音,所以作了错误的音义注解。

又如"茬"条(第378页,《汉书·货殖传》)中说:"師古曰:'茬'古'槎'字也,音士牙反。引之曰:'茬'從'在'聲,古音屬之部。'槎'從'差'聲,古音屬歌部。二部絕不相通,無緣借'茬'爲'槎'。'茬'葢'差'字之譌也。'差''槎'古同聲,故通用。"颜师古不明白上古之部和歌部的界限分明而无缘通用的道理,所以错把字讹现象当成假借现象而进行说解。

以上两例是后人不识古音,错把讹字当成了假借字。另外相反的情况也存在,浅学者有时又因为不识古音,错把假借字解作了讹字。

"閼氏"(第200页,《汉书·高惠高后文功臣表》)

> "閼氏節矦馮解散。"(閼,於乾反。氏,音支。)《水經·清漳水注》曰:梁榆城卽閼與故城也,秦伐韓閼與,惠文王使趙奢救之,奢破秦於閼與,謂此也。司馬彪、袁山松《郡國志》竝言:涅縣有閼與聚,漢高帝八年封馮解散爲矦國。全氏謝山曰:閼氏非閼與,《索隱》曰:在安定,亦非。趙氏東潛曰:《史》《漢》表之閼氏,《索隱》以爲在安定,葢卽《地理志》安定郡之烏氏縣也。《續漢志》作烏枝,古篆文"烏"與"於"相似,後人又加一門,疑馮解散之封宝在彼。全氏以小司馬爲非,未之審耳。念孫案:趙云閼氏卽烏氏,是也。云篆文"烏""於"相似,後人又加門,則非也。"烏"之爲"閼",乃聲之通,非字之誤。"閼"字本以"於"爲聲,而"於"卽古文"烏"字,"烏氏"之爲"閼氏",猶

---

① 唐作藩将"黟"字古音归入支部,有的古音学家归入歌部(唐作藩. 上古音手册[M]. 南京:江苏人民出版社,1982:85.),从谐声系统来看,归入歌部更妥当些。《说文》:"黟,黑木也。从黑,多声。"

“商於”之爲“商安”也。（《鹽鐵論·非鞅篇》“封之於商安之地”。“商安”卽“商於”，“於”“烏”古同聲，“閼”“安”古同聲。“於”之爲“安”，猶“烏”之爲“閼”矣。又《襄二十九年公羊傳》“僚焉得爲君乎”。《釋文》“焉”本又作惡。《荀子·禮論篇》“無天地惡生，無先祖惡出，無君師惡治。”《大戴記禮·三本篇》“惡”竝作“焉”。《楚辭·天問》“焉有石林”。劉逵《吳都賦注》引“焉”作“烏”。《呂氏春秋·季春篇》“天子焉始乘舟”。《淮南·時則篇》“焉”作“烏”。“烏”與“惡”之爲“焉”，亦猶“烏”之爲“閼”矣。）故《史記·酈商傳》“破雍將軍烏氏”。《索隱》本作“焉氏”，音於然反。《匈奴傳》“涇北有烏氏之戎”。《呂氏春秋·當賞篇》“秦公子連去入翟從焉氏塞”。高《注》云：塞在安定，“焉氏”卽“烏氏”，故曰“塞在安定”，此皆聲近而通，非字之誤也。而《水經注》乃以安定之閼氏爲上黨涅氏之閼與聚，失之矣。或謂《史》《漢》表之“閼氏”皆“閼與”之誤，不知“與”“氏”二字形聲皆不相近，“與”字何由誤爲“氏”，又謂其地在涅氏縣，因涅氏譌作閼氏，則尤爲曲說。

王念孙同意赵氏东潜“阏氏”即是“乌氏”的说法，但赵氏认为“乌”与“於”的古篆文写法相似，因此“乌”讹作“於”，后人于“於”字加一门，从而讹作了“阏”。王念孙不同意这种说法，他认为“阏”与“乌”声音相通，“阏”借作“乌”，二字是假借关系，并非字形的讹误。《说文·门部》“阏，从门於声”。段玉裁《说文解字注》“乌”字注曰：“古者短言於，长者乌呼。於、乌一字也。”王念孙也说“於即古文乌字。”并且认为“於”和“安”古同声，“阏”与“安”古同声，并在夹注中，引用了大量的古籍例证，证明了“阏”与“乌”是声近相通的关系，而非字误。阏，古音在元部影母平声；乌，古音在鱼部影母平声；於，古音在鱼部影母平声；安，古音在元部影母平声。“阏”与“安”声同，“乌”与“於”声同，“阏”与“乌”声纽相同，韵部一在元部，一在鱼部，元（an）部和鱼（a）部元音相同，构成了通转关系，古音相近，符合假借的原则。再佐以大量例证，因此王念孙判断为假借，辩驳并非字误，这是值得认可的。

有的校勘家在校勘古籍时，在字的形体并不近似的情况下，也会根据其他的理由判断古籍在传抄过程中产生的误文现象，这是很了不起的，当然也会有校勘不当的时候。而王念孙就能运用他深厚的古音学功底，发现这类校勘的不正确，揭示文献用字的事实。

"平"（第201页，《汉书·高惠高后文功臣表》）

> "平嚴矦張瞻師。"《史·表》"平"作"繁"。或曰：《漢·表》作"平"誤，前有平悼矦工師喜，豈一地兩封乎？念孫案：此平縣即繁縣也。（《地理志》"繁縣屬蜀郡"。）"繁""平"聲近而字通。若《詩》之"平平左右"，《左傳》作"便蕃左右"矣。（見《襄·十一年》）。

后人看到《史记》作"繁"，又有平悼侯，所以认为《汉书》的"平"为误文。平，《广韵》为符兵切，梗摄开口三等平声庚韵并母；繁，《广韵》为附袁切，山摄合口三等平声元韵奉母。中古声不相近，不识古音者难以知道二字可以假借的道理。而在古音中，"平"属于耕部并母平声，"繁"属于元部并母平声。王念孙接受了钱大昕"古无轻唇音"的理论，知道古轻唇读作重唇的事实，所以"平""繁"古声纽相同。在王力先生的韵部通转关系中，耕部和元部没有通转的条件。但在王念孙的著作中，多次说明了耕、元二部相转的情况，如《经义述闻》第三卷中有平和辩、平和便、营和还、馨和膻、营和嬽等便是耕部和元部相转的证明。另外王念孙在"婺奞后"条（第16页，《逸周书》）中说到：

> "命"與"漫""姓"爲韻。"命"字古音本在鎮部，自周秦間始轉入諍部；"漫"字古音在願部，願部之字古或與諍部通。故"漫"與"命""姓"爲韻。

也就是说，"命"字在上古时已由真部转入耕部（现在的古音学家有的归为真部，有的归为耕部），"漫"字古音在元部，元部之字与耕部之字可相通，可见真部、耕部、元部的关系较为密切。并且在王念孙的古韵部理论中，支部和元部的关系也是很密切的，他在"歷曰縣長"条（第82页，《史记·孝文本纪》）中说：

> "歷日縣長。"念孫案： "縣"當爲"緜"字之誤也。……
> "緜"與"彌"聲近而義同，故"緜"或作"彌"。

緜，古音归元部明母；弥，古音归支部明母。二字声近，也就是说支（e）部和元（an）可以相转，再则有的古音学家将"弥"归入脂部①，脂部和元部的关系更近了一层，可以构成旁对转的关系。支部和耕部又是阴阳对转的关系，那么耕部和元部相通也是可能的。后人不识古音通转的原理，只看到有文误的可能，没有像王念孙那样看到《史记》多用本字，《汉书》多用借字的事实，并从古音学的角度判定实为假借而非文误。

要辨别这两种现象，必须具备敏锐的学术眼光和深厚的学术功底。王念孙正是能做这种工作的学者。

（1）要用上古音判断两字读音是否相同或相近。

后人校书，有不识古音者，往往以《广韵》之音来谈论假借。殊不知假借主要发生在上古时期，随着语言和语音的变化和流转，当时音同音近的字到后来变得迥异，也有当时读音殊别的字到后来变得同音或音近。说假借，如果不溯回到当初的语音形式，就会犯以今律古的错误，错解字词，曲解古代文献的本来意思。如上文所引的"雷矦"条，关于"雷"和"卢"的关系问题。雷，《广韵》鲁回切，蟹合一平灰来；卢，《广韵》落胡切，遇合一平模来。中古读音相近，因此有人认为是"古字通用"。但是"雷"和"卢"在上古时，虽然声母相同，都是来母，但韵部一为微部，一为鱼部。这两部之字发音相隔甚远，是无缘通用的。王念孙深谙古音理，又加上对隶书字形的熟悉，才得出了"雷"是"卢"的讹字而非借字的结论。郑玄去古未远，故认为是"字之误"，而不是"声之误"。

---

① 唐作藩，《上古音手册》85页脚注中说："从尔得声的字，有的古音学家归入脂部。"（唐作藩. 上古音手册［M］. 南京：江苏人民出版社，1982：85.）

（2）要有在古籍中通用的例证，否则不是假借，而是字误。

"慮"（第 272 页，《汉书·地理志》）

> "城陽國慮。"念孫案："慮"當爲"盧"，字之誤也。《水經·沂水注》曰：盧川水東南流，逕城陽之盧縣，故蓋縣之盧上里也。是其證。全氏謝山曰：今本《漢書》"盧"作"慮"，"慮"有"盧"音，如昌慮、取慮之類。念孫案：全說非也。"慮"字雖有"盧"音，而古書"盧"字無通作"慮"者。若"盧"通作"慮"，則注當云"慮音盧"，今注內無音，則本是"盧"字明矣。

慮，古音微鱼部来母去声；卢，古音为鱼部来母平声。慮和卢古音非常相近，难怪全氏谢山会认为是假借。但在辨别假借时，一定不能忽略三个原则，即字音相近，意义能通，还有就是要有文献使用的例证。在辨别假借现象时，这三条缺一不可。慮和卢的关系，前两条都适合，但王念孙说"古書'盧'字無通作'慮'者"，也就是没有例证，不符合假借的社会性原则，所以不是假借，而是字讹。

"盛山"（第 227 页，《汉书·郊祀志》）

> "七曰日主，祠盛山。"齊氏息園曰：案《封禪書》作"成山"，此《志》後文云：成山於不夜，成山祠日。又《地理志》亦作"成山"，則此文"盛"字譌也。然師古注云："盛"音"成"，則唐初本已作"盛山"矣。念孫案：古字多以"盛"爲"成"，則"盛"非譌字。

"盛"和"成"古音相同，都是耕部禅母平声字，字形又相似，既有可能是字误，也有可能是假借。王念孙不同意字讹的说法，认为"盛"假借为"成"，并认为这在古代是惯例，还列举了《系辞传》《春秋公羊传》《左传》《战国策》《荀子》等古籍中的正文及注文来证明。

王念孙对于古籍中既可能是字误，又可能是假借的情况，他的判断是很审慎的。即使字音相近，没有足够的证据，他也不轻言假借。如"避不肯與戰"（第283页，《汉书·荆燕吴传》）。

　　"楚兵擊之，賈輒避不肯與戰。"念孫案："避"本作"壁"，"壁不肯與戰"，謂築壘壁而守之，不肯與戰也。《吴王濞傳》曰："條矦壁不肯戰"是其證。《後漢書·耿弇傳注》曰：壁謂築壘壁也。後人不知其義，而改"壁"爲"避"，其失甚矣。《史記·荆燕世家》正作"壁不肯與戰"。

　　"避"和"壁"读音相近，但因为古籍文献中没有通假的例证，王念孙便判断为：后人因为不懂文献语意而改字。

三、为辨别字讹提供可信的理据

　　古书在传抄过程中出现的讹误现象，有一类尤其让后来注家烦恼，即讹误的字形与邻近字形刚好构成了一个常用的词或词组，且在文中还能够解释得通，这样一来，注释家往往会根据讹字作解，如此以讹传讹，对文献的正确传承非常不利。只有像王念孙这样小学功底深厚的校勘学家才能够厘清讹误，透过字形的表面深入到词汇或语法的深层阶段，作出正确的说解。

　　"遵道"（第666页，《荀子·儒效》）
　　遵道則積，夸誕則虛。

　　杨倞作注时解释了"遵道"。王念孙认为"道當爲遁字之誤也"。"遵道"和"遵循"都是常用的短语和词，要辨明这是字形的讹误，必须有让人信服的依据。王念孙在他的校注中作了三个层次的分析：
　　（1）从词汇和词义层面，辨明"遵遁卽逡巡"，为"有所顾虑而退却"的意思，且从文献中找出了一系列形异而义同的词。他认为：

　　遵遁卽逡巡。《文選·上林賦注》引《廣雅》曰：逡巡，卻退也。《管子·戒篇》作逡遁。《小問篇》作遵遁（與《荀子》同）。《晏子·問篇》作逡遁，又作逡循。《莊子·至樂篇》作蹲循。《漢書·平當傳贊》作逡遁。《萬章傳》作逡循。《三禮注》作逡遁。竝字異而義同。

遵遁、逡巡、逡遁、逡循、蹲循等词字形不同，但古音相同或相近，为一词多形现象，求诸其文则迂，求之其声则怡然自解。

（2）从语法的角度佐证说解的合理性。"相对为文"是王念孙在校勘群书时所用的体例，本条即在引证了大量的文献之后，说"遵遁與夸誕對文"。

（3）从上下文意义关联的角度进一步阐明自己的观点。"'遵遁則積'承上文'讓之則至'而言；'夸誕則虛'承上文'爭之則失'而言。故下文云'君子務積德於身而處之以尊遁'（今本亦誤作遵道），言以退讓自處也。若作'遵道'則與'夸誕'不對，且與上文不相應矣。"

可见，这一条校释运用了古音、语法、词汇、语境等多种方法来辨明字讹现象，引证丰富，说解精辟，确实让人信服。

下述例子也是在辨明字误之后，通过音韵、语法等进一步证明语境中意义的合理性。

"故君子之度已則以繩接人則用抴"（第653页，《荀子·非相》）

楊注曰：抴，牽引也。度己，猶正己也。君子正己則以繩墨，接人則牽引而致之，言急正己而馴致人也。或曰：抴當為枻。枻，楫也。言如以楫權進舟船也。韓侍郎云：枻者，檠枻也，正弓弩之器也。劉云：韓說是也。《淮南·說山訓》曰：檄不正而可以正弓。此即用枻之義，檄同檠。念孫案：《弓人》：弓人恆角而達，譬如終紲。鄭注曰：紲，弓檠也。《秦風·小戎篇》：竹閉緄縢。《毛傳》曰：閉，紲也。……紲與枻同，閉與柲韣同，即《淮南》所謂"可以正弓者也"。枻與繩對文，若訓為"牽引"，則與繩不對，若訓為"楫"，則於義愈遠矣。

杨倞的注解中对"抴"有两种看法，一是以本字作注，认为是"牽引"之义；二是将"抴"当作"枻"的误字，训解为"舟楫"之义。王念孙认为"抴"为字误是对的，但是前代注家找到正字之后，又犯了不明假借的毛病，没有进一步揣摩语境中意义的合理性，以正字之义解释，则于义不通。他从语法与音韵两个角度，从上下文语义之间的关系，从假借的关系，找到了本字"絓"，疏通了语义。王念孙既能够辨明字误，也能够从大量文献例证和古音学理论中找到更有力的证明，所以他对误字的校勘成就比前人更胜一筹。

第三节　纠正失韵

古籍整理和古汉语音韵学的关系非常密切，如古籍的标点、校勘、注音、明假借等工作都离不开音韵的问题，研究古籍中的有韵之文更是离不开古音学的知识。

王念孙在《读淮南子杂志》中，把音韵与校勘的关系总结出十八个条例，这些条例虽然是根据《淮南子》一书的校勘总结出来的，但实际上具有普遍意义，现略其书证，举其条目如下：

> 若夫入韻之字，或有訛脫，或經妄改，則其韻遂亡。故有因字誤而失其韻者，有因字脫而失其韻者，有因字倒而失其韻者，有因句倒而失其韻者，有句倒而又移注文者，有錯簡而失其韻者，有改字而失其韻者，有改字以合韻而實非韻者，有改字以合韻而反失其韻者，有改字而失其韻又改注文者，有改字而失其韻又刪注文者，有加字而失其韻者，有句讀誤而又加字以失其韻者，有既誤且脫而失其韻者，有既誤且倒而失其韻者，有既誤且改而失其韻者，有既誤而又加字以失其韻者，有既脫而又加字以失其韻者。①

总之，因为后人的误改误订，造成古籍韵文的失韵，从而湮灭了古书的本来面貌，这是需要纠正的。王念孙在《读书杂志》中做了大量的这样的工作，这篇总结性文章中结合《淮南内篇》，对每一个条例都列举了详细的例

---

① 王念孙. 读书杂志 [M]. 南京：江苏古籍出版社，2000：970-975.

证，非常精彩，读者可参考之，本文中不再赘述。除开《淮南内篇杂志》的书证之外，别的《杂志》中也有很多王氏纠正失韵的例证。略举几例如下：

加字而失韵例：

"舉旗以號令；無取侵暴"（第2页，《逸周书杂志第一》）

"觖勝人，舉旗以號令，命吏禁略，無取侵暴。"念孫案："取"字文義不明，"取"當爲"敢"字之誤也。"無敢侵暴"，卽所謂禁掠也。若"棠誓之言，無敢寇攘"矣。引之曰："舉旗以號"下疑衍"令"字，"號"卽令也。下句又有"命"字，則"令"爲贅文矣。且此以"號""暴"爲韻，下文以"虧""化"爲韻。若"號"下有"令"字，則失其韻矣。

此条王念孙辨讹字。王引之从两个方面辨衍字。一是字义重复，二是失韵。号字古音在宵部，暴字古音在药部。王氏的药归宵部，所以号暴为同韵相押。而令字古音在耕部，和暴声远不押韵。

改字而失韵例：

"譙臣"（第413页，《管子·形势》）

"譙臣者可以遠舉，顧憂者可與致道。"引之曰：……臣當作巨字，形相似而誤。巨，大也。譙巨者，謀及天下之大而非一家一國之謀也。……若作譙臣，則其義不可通矣。且巨與舉爲韻，憂與道爲韻（二字古音同在幽部）。若作臣字，則又失其韻矣。尹注非。

巨和举古音都在鱼部，臣字古音归真部。真部和鱼部不能押韵，所以臣字有误。王念孙把韵文的失韵和文字的形似而误综合运用，得出了令人信服的结论。若非谙熟古音学理论，是不能做到这一点的。

后人不识古音而认为合音或失韵甚至改字：

《读书杂志》第137页，"請對以臆"条下曰：

服乃歎息，舉首奮翼，口不能言，請對以臆。念孫案：《索隱》

本臆作意，注曰："協音臆"。《正義》曰："協韻音憶。"據此，則正文本作"請對以意"，謂口不能言，而以意對也。今本作臆者，後人以意與息、翼韻不相協而改之也。不知意字古讀若億，正與息、翼相協。《明夷象傳》"獲心意也，與食則得息"，國則爲韻。《管子‧戒篇》"身在草茅之中而無懾意"，與惑、色爲韻。《楚詞‧天問》"何所意焉"，與極爲韻。《呂氏春秋‧重言篇》"將以定志意也"，與翼、則爲韻。秦之《㮚刻石文》"承順聖意"，與德、服、極、則、式爲韻。《論語‧先進篇》"億則屢中"，《漢書‧貨殖傳》億作意，皆其證也。此賦以意與息翼爲韻，故《索隱》《正義》竝以意爲協韻。下文"好惡積意"，與息爲韻。《正義》亦云"協韻音憶"。若臆字，則本讀入聲，何煩協韻乎？又案《文選》作"請對以臆"，亦是後人所改據。李善注云："請以意中之事對"，則本作意明矣。而今本并李注亦改作臆，惟《漢書》作"請對以意"。顏師古曰："意字合韻宜音億"，《索隱》《正義》皆本於此，今據以訂正。

颜师古认为：意字与亿合韵；《索隐》认为：意与臆协音；《正义》认为：意与忆协韵。以上都认为意与入声职韵字亿、臆、忆不同韵。王念孙据此判断此条应是意，而非臆。后人更是从时音出发，认为意上古与中古一样为去声志韵，与入声职韵字息、翼韵不相协，便改意字为臆。其实，意在上古本来就是入声职部字。引用《明夷象传》《管子》《楚辞》《吕氏春秋》、秦之《㮚刻石文》等古籍中的韵文资料，证明意字古音与入声职部字押韵；又引用《论语》和《汉书》经史异文为证。颜师古、司马贞、张守节不识古音，但并不篡改古书，只是以协音、合韵去解释语言现象，这是他们的历史局限性。而后人不但不识古音，还以今律古，篡改古书。从段玉裁"凡谐声必同部"的原理来考查，意与亿（億）、臆、忆（憶）是一组谐声字，在古音时代同韵部。

"聖人不朽"（第169页，《史记‧太史公自序》）

"聖人不朽，時變是守。"念孫案：《史記》原文蓋亦作"聖人不巧"，今本作"朽"者，後人以"巧"與"守"韻不相協而改之也。不知"巧"字古讀若"糗"，正與"守"爲韻。……若改爲"聖人不朽"，則與"時變是守"之義迥不相涉矣。

巧，《广韵》苦绞切，属于上声巧韵；守，《广韵》书九切，属于上声有韵。中古时巧韵和有韵不相押，所以后人据此认为巧与守失韵，进而改字，却不知巧和守在上古都属于幽部字，可以相押。再结合上下文的语义，于是将后人不识古音，以今音律古韵的错误校正了。

第四节　纠正因假借而误的情况

王念孙在《读淮南子杂志书后》，系统地总结归纳了古籍错讹的各种现象和原因，概括为两大类：一是传写讹脱，二是凭意忘改，并细分为六十四类，每一类都举以例证说明。① 其中和假借有关的有五类：有因假借之字而误者、有不识假借之字而妄改者，有不识假借之字而妄加者，有不识假借之字而妄删者，有不识假借之字而颠倒其文者。分别举例如下：

一、因假借之字而误
"理達於理"（第166页，《史记·龟策列传》）

"理達於理文相镕迎。"念孫案："理達於理"，文不成義。"理達"當爲"程達"，程理右半相似，又涉下理字而誤也。程與呈古字通。

本字为"呈达"，但因为文献用的是借字"程"，所以传抄者误写为和"程"字形相似的"理"。王念孙能透过本字，逆推到借字，从而辨明文误的事实，这是一般人做不到的。

---

① 王念孙. 读书杂志 [M]. 南京：江苏古籍出版社，2000：962-976.

"磨"（第 576 页，《墨子·非攻中》）

念孙案：磨字義不可通。磨當爲厤，厤與歷通。

这里本字是"歷"，古书用的是借字"厤"。取分别之义。但因为"世人多見磨，少見厤，故書傳中厤字多譌作磨"。也就是由于借字不常用，因而讹作了常见字。

二、不识假借之字而妄改

后人因为不识假借之字而妄改古籍文献用字的情况主要有两种：一是以本字改借字或以借字改本字；二是错解借字，为了语顺而改动别的字以就之。

同一古书用字往往有一定的习惯，有的古书多用借字，后人不识，在传抄过程中有时以本字改借字，反而掩盖了古书的本来面目。王念孙在《读书杂志》中辨别了很多后人因不识借字而妄改的例子。如：

"申屠嘉"（第 82 页，《史记·孝文本纪》）

"淮陽守申屠嘉等十人。"念孫案：屠字，宋本游本皆作徒。此本謂王延喆本初刻作徒，後改爲屠，屠字獨小於眾字，剜改之迹顯然。而各本皆從之，蓋未達假借之旨也。《酷吏傳》有勝屠公，《索隱》引《風俗通義》曰：勝屠卽申徒。《通志·氏族略》亦引《風俗通義》曰：申徒氏隨音改爲申屠氏。

王念孙的意思是屠不必改作徒，因为屠即借作徒。应尊重古书原貌，不能将假借字看做讹字，而改以本字，用字假借是古人的一种习惯用法。又如第 138 页，"釋"条，王念孙认为《史记》本来用的借字"醳"，但后人改为本字"释"。

古书本用借字，后人以本字改之。这与王引之说的"以借字读之"是不同的。前者是篡改古书，后者是正确理解古书意义。

另又有以借字改本字，进而误解借字之义为文献语用义。如：

"載斾"（第 221 页，《汉书·刑法志》）

《詩》曰：武王載斾，有虔秉鉞。念孫案：斾本作發。今作斾者，後人依《毛詩》改之也。《荀子·議兵篇》《韓詩外傳》竝引《詩》"武王載發"。此《志》上下文所引皆《議兵篇》文，故其字亦作發。發謂興師伐桀也。《豳風·七月·箋》曰：載之言則也。"武王載發"，武王則發也。《律歷志》述周武王伐紂之事，曰：癸巳，武王始發。與此發字同義。《毛詩》作斾者，借字耳。《毛傳》訓斾爲旗，非也。據師古注云：言湯建號興師，本由仁義，雖執戚鉞，以敬爲先。"興師"二字正釋發字，而不言載斾。則所見本是發字明矣。

王念孙的意思是，《汉书》引用此诗句用的是本字"发"，因《毛诗》用的是借字"斾"（发和斾古音为月部叠韵，声母帮並旁纽）。后人依据《毛诗》改"发"为"斾"，并望文生义，训"斾"为旗帜。

第二种情况如："暴虐；暮改"（第223页，《汉书·食货志》）

"急政暴虐，賦斂不時，朝令而暮改。"景祐本"暴虐"作"暴賦"。念孫案：景祐本是也。"政"讀爲"征"（《周官》通以"政"爲"征"）征賦斂其義同，言急其征，暴其賦，而斂之又不以時也。下文"賣田宅，鬻子孫"，皆承"急征暴賦"言之。作"政"者，借字耳。"政"字，師古無音，則已誤讀爲"政令"之"政"。後人不達，而改"暴賦"爲"暴虐"，失之遠矣。《白帖》八十四引此，正作"急政暴賦"。《漢紀》及《通典·食貨》一、《通鑑》《漢紀》七竝同。"朝令而暮改"，"改"本作"得"，言急征暴賦，朝出令而暮已得。非謂其朝令而暮改也。今作"改"者，後人不曉文義而易之耳。《通典》已誤作"改"，《漢紀》正作"朝令暮得"。

传抄者不知"政"实为"征"的假借字，根据"政令"之"政"作解释，"暴赋"与文不协调，因此改"赋"为"虐"。殊不知周秦时代，以"政"通作"征"是客观现象，正如王念孙在夹注中说《周官》通以'政'为'征'"。连颜师古都没有注意到此二字假借的社会性，其他的注家更不用说了。

三、不识假借之字而妄加

这一类中最典型的情况是后人不识假借而误合本字借字于正文，从而在古籍文献中妄加字词。古书在传抄过程中，有因为传抄者的学力水平或学术严谨性的不同，有的将讹误的字传抄了下来，后人因此将文献正字和误字合在一起，造成妄加文献用字的情况。比如"柏夷亮父"条（第208页，《汉书·古今人表》），王引之提到："夷"因隶书字形和"亮"相似而讹作"亮"，有的版本写作"夷"，有的版本写作"亮"，"柏"又通作"伯"，结果"伯夷父"就讹作了"柏夷亮父"。另外一种加字的情况是，由于传抄者的用字习惯不同，不同的版本有时会出现不同的用字现象，有的本子用本字，有的本子用借字，后人由于不识假借，往往把借字和本字都抄入正文，造成古书本来面貌的改变甚至文义的扞格不通。《读书杂志》揭示了许多这样的例子。

《读书杂志》第138页，"眾終莫能就"条下曰：

> 臣欲使人刺之，眾終莫能就。念孫案：眾與終一字也。《鄘風·載馳篇》："眾稺且狂"，眾卽終字，猶言"終溫且惠"，"終窶且貧"也。（說見《經義述聞》）《史記·五帝紀》："怙終賊刑"，徐廣曰："終一作眾"。《周頌·振鷺篇》："以永終譽"。《後漢書·崔駰傳》"終"作"眾"。是古字多借眾爲終也。今本作"眾終莫能就"者，一本作眾，一本作終，而後人誤合之耳。

王念孙引用《诗经》《史记》《后汉书》等文，说明古书中"终"和"众"假借通用是常例，并多借"众"为"终"，《史记》此文用"众"或者用"终"，都于文义无碍，但二字合用，就是后人的错误了。

"不察其至實"（第44页，《战国策第一》）

> "大王覽其説而不察其至實。"念孫案：至卽實字也。……至字古讀若質，故聲與實相近。《豳風·東山篇》"我征聿至"，與垤、室、窒爲韻。《小雅·杕杜篇》"期逝不至"，《蓼莪篇》"入則靡至"竝與恤爲韻。《月令》"寒氣總至"，與室爲韻。《莊子·刻意

篇》"道德之質",《天道篇》質作至。皆其證也。"不察其至"卽
"不察其實"也。今本作"不察其至實"者,一本作至,一本作實,
而後人誤合之耳。《史記·張儀傳》作"大王賢其説,而不計其
實",是其明證矣。

从王念孙的二十二部来看,至字不归入声,而读去声至韵,但入声质韵
和至韵同在第十三部,为去人对转关系,可以相通甚至合韵,用《诗经》中
至字与质部之字押韵的例子,就是为了说明这种关系。从今天看来,至,古
音为质部章母入声;实,古音为质部船母入声。声纽旁转相通,韵部相同,
所以至与实读音相近,可以借用。王念孙认为有的版本用本字"实",有的
版本用借字"至",传抄者不识古音,不辨假借,于是错误地合本字和借字
于一文。王氏的说法是有道理的。

四、不识假借之字而妄删
"爲將"(第307页,《汉书·张冯汲郑传》)

"吾獨不得廉頗李牧爲將。"念孫案:《羣書治要》引此牧下有
時字,是也。今本無時字者,後人不解其義而刪之耳。時讀爲而。
言吾獨不得廉頗李牧而爲將也。而時聲相近故字相通。《賈誼傳》
"故自爲赤子而教固已行矣。"

根据《群书治要》校出脱字,并说明脱字的原因是后人不懂时而相通的
道理(后文列举了古籍时而相假借的例子),认为意思不通,进而删字。

五、不识假借之字而颠倒其文
"竢慶雲而將舉"(第365页,《汉书·何武王嘉师丹传》)

"《反離騷》曰:懿神龍之淵潛兮,竢慶雲而將舉。"念孫案:
龍潛於淵得雲而舉,不必竢慶雲也。"竢慶雲而將舉"本作"慶竢
雲而將舉"。此後人不知慶之讀爲羌,而妄改之耳。

"庆"和"羌"的古音相同,都是阳部溪母平声字。后人不知道"庆"在这里用作发语词,是"羌"的借字,庆和羌通用的情况在古书中很多。根据借字的本来意义来理解而文义不通,于是望文生义,颠倒文字来强就己意。王念孙通过辨明假借字,才纠正了后人误改文献的错误。

第五章

王念孙古音学理论和应用中有待商榷之处

对于王念孙王引之父子著作的评价，裴学海先生用一个词来概括，即"大醇小疵"，意思是：优点是主流，缺点是支流。① 王念孙的古音学在乾嘉时期乃至整个清代的学术史上都是成绩卓著的，特别在运用古音学知识进行训诂和校勘实践方面，更是取得了令人瞩目的成就。但智者千虑必有一失，他的古音学理论和运用古音学从事的校释实践也有自相矛盾，值得商榷的地方。

第一节 古音学方面的可商榷之处

一、古声纽体系的不够完善

从王国维根据《释大》推断出来的王念孙的古音二十三声纽体系，以今天的学术眼光来看，显得有点粗疏。王氏只是对宋人的三十六字母进行简单的归并，但对有些声母的分合不甚了了，主要表现在对喻母的处理和对照系声母的处理。他把喻母（包括喻三和喻四）简单地归入喉音类，实际上喻三应归入喉牙音并于匣母，喻四应归入舌音类，与端系声母相近。另外他把照系五母合并于精清从心邪，没有把照系声母分为两类，照二应归入齿音，照三应归入舌音。当然我们不应该以今律古，只是从学术发展的角度陈述事

---

① 裴学海. 评高邮王氏四种 [J]. 河北大学学报（社会科学版），1962（3）：43.

实，因为这不仅仅是王念孙研究的局限，也是当时时代的局限。

二、古韵分部的不足

从古音学考古派的角度而言，古韵分部到了王念孙这里，已经达到了清代的顶峰。但从后世学者提出的古韵分部的成果来看，王念孙的古韵分部还有应分而未分的地方，主要表现在微部没有从脂部中分出。直到王力先生提出"脂、微二分"，才使古韵部的轮廓更加清晰。王念孙的脂部包括中古的脂微齐皆灰等韵，王力先生在研究上古韵母系统时，根据段玉裁《六书音均表》的第十五部的韵例进行求证，发现脂、微二韵在上古时期分用的比例比合用的比例高，在用于分析的 108 例例证中，脂微分用的有 82 例，约占76%；脂微合用的只有 27 例，才占了 24%。① 根据古韵分部从分不从合的原则，王力先生认为脂部和微部应该分立，并配合成微物文和脂质真两组阴阳入相承关系的组合。王力先生"脂、微二分"的学说已经成为古韵分部理论的定论。如果王念孙能够厘清脂微二部的分界，其成果就会更加丰厚。

三、古音相通与不通的矛盾

《读书杂志》中根据音同或音近的原则进行训诂和校勘甚至分析押韵的地方很多，但有时一个地方说明某某声或某某韵可通，另一个地方又表示不能相通，造成了自相矛盾的结果。如：

之部和幽部相转与不转的矛盾。

"咎徵之咎"条（《逸周书杂志》第 17 页）有"負、婦二字古皆讀如否泰之否，不與咎爲韻。"负和妇和否，古音都在之部，咎，古音在幽部。王念孙认为之部和幽部不能相转合韵，但同时他又说"耻醜声近而义同，故古多通用"。（第 4 页《逸周书杂志》，"武有六制"条）醜，古音在幽部昌母上声；耻，古音为之部透母上声。也就是说，幽部和之部可以相转通用。在

---

① 参考王力《脂微分部的理由》。（王力. 汉语史论文集［M］. 北京：科学出版社，1958：138-143）。但当时王力先生只是认为脂微合韵的情形比其它合韵的情形要多，并断定脂微在上古是属于韵母系统的不同，而可以认为是同韵部的。直到他写《古韵脂微质物月五部的分野》，才认为"脂微分部是可以肯定下来了"。（王力. 语言学论文集［M］. 北京：商务印书馆，2000：173.

段玉裁《六书音均表》所划分的六类十七部中，之部属于第一部，幽部属于第三部，由三部转入一部，属于邻类韵转关系。从王力的古韵系统考察，之部和幽部是旁转关系，可以通用。又如《汉书杂志》第 183 页"罦罭"条："未央宫東闕罦罭災。宋祁曰：江南本罭作思。念孙案：江南本是也。《說文》無罭字。《漢書》作罦思，《考工記·匠人注》作浮思，《明堂位注》作桴思，皆古字假借。他書或作罦罭者，皆因罦字而誤加网也。"罦（之並平）和浮（幽並平）声母双声，韵部之幽旁转，故可以假借。说负妇不与咎为韵，不是事实。王念孙晚年又认为之幽可以为韵，在《合韵谱》中有《之幽合韵谱》，其中一条例证就是《楚辞》中的"疑"（之部）和"浮"（幽部）合韵。反映了王念孙古音学的发展。

职部和质部不相通与相通的矛盾。

"君子所誠"（第 521 页，《晏子春秋第一》）

> （王念孫案）作"屆"。今作"誠"者，俗音亂之也。……"屆"字以"屾"爲聲，於古音屬至部，其上聲則爲旨部，其入聲則爲質部。……若"誠"字，則以"戒"爲聲，於古音屬志部，其上聲則爲止部，其入聲則爲職部。……此兩部之音今人讀之相近，而古音則絕不相通。至於《老》《莊》諸子無不皆然。此非精於三代兩漢之音者，固不能辨也。

王念孙校《晏子春秋》时，对质部和职部的不能相通，可谓言之凿凿。但他在《战国策杂志》第 67 页"君之所揣也"条中说："意，詞也。讀與抑同。"意古音在职部影母，抑古音在质部影母。又在《汉书杂志》第 184 页"则"条中说："古字通以卽爲則。"《墨子杂志》第 569 页"也"条中也说"卽與則同"。"即"古音在质部精母，"则"古音在职部精母。这就是说质部和职部又是可以相通的。

微部和鱼部不相通与相通的矛盾。

《汉书杂志》"雷疢"条证明了微部（王氏属于脂部）和鱼部不相通（见《读书杂志》第 192 页），《合韵谱》中也没有脂鱼合韵的条例，这是合理的。王力的古音通转关系表中，这两部的关系也是异类相隔。但王念孙又在《管子杂志》中说："'棐''輔''榜'一聲之轉，或言'榜檝'或言'輔檝'或言'棐檝'，其義一也。""棐"是帮母微部字，"輔"是並母鱼部字。说"棐"和"輔""一声之转"，这是值得斟酌的。

第二节　古音学应用的可商榷之处

一、偶尔有以今音说解古字的疏漏

王念孙把"以古音说古字古义"作为他校释古籍的原则，因此取得了别人无法比拟的成就。但在具体的学术实践活动中，有时也有用今音去说解古字的毛病。

如："短褐之襲"条（第402页，《汉书·叙传》）中说解"襲""襲""襲"三字的关系时，王念孙说："《廣韻》'襲'在十七薛，'襲'在二十六緝，褺在三十帖。'褺'與'襲'聲相近，故《漢紀》《文选》皆作'襲'。若'襲'與'襲'則聲遠而不可通矣。"

这里的就《广韵》之音来说解虽然没有错误，但如果从古音方面来考察，会更有说服力。褺字古音在叶部定母，襲字古音在缉部邪母，襲字古音在月部心母。叶部和缉部旁转相通，而缉部和月部则声远不可通用。

"炮烙"（第361页，《汉书·谷永杜邺传》）

　　"榜箠癰於炮烙。"念孫案：炮烙本作炮格。格音古伯反。不音洛。

王念孙不认为是假借，而认为是讹字。根据文义的理解和古书引用情况，是有道理的。但说格、洛音不近就有问题了。格中古为古伯切，是梗摄开口二等入声陌韵见母字；洛中古为卢各切，是宕摄开口一等入声铎部来母字，的确音不相近。但就古音而言，格为铎部见母入声；洛为铎部来母入声。韵部叠韵相通，声纽见母来母上古相通的例证很多。王念孙在这里以今音说古字，没有把"就古音以求古义"的原则贯彻到底。

二、审音不当导致训诂有误

1. 音不相近，就言"一声之转"。

"沈斥"（第220页，《汉书·刑法志》）

> 渾與沆一聲之轉，渾渾沆沆猶言茫茫沆沆耳。

浑，古音在文部平声；沆，古音在阳部去声。文阳不相通，不符合声韵都要相近才能以声求义的训诂原则。

2. 音不相近，就言假借

"時之遷"（第32页，《逸周书第四》）

> 念孫案：諸書無訓還爲至者，還當爲遷。遷與逮同。……古字多以遷爲逮，與還字相似，故諸書遷字多誤作還。

遷，缉定入；逮，月定入。遷，古音属定母缉部，段氏在第七部；逮，古音属定母月部，段氏在十五部。两部相隔甚远，难以相通，王氏的古音学观点和段氏多相合。"遷"不必假借为"逮"，"遷"有至、及之义，和"逮"是同义词。

又如，王引之明确指出，古音之部和歌部绝不相通（见第378页《汉书·货殖传》"苴"条），但第682页"巧繁"（《荀子·富国》）条有"繁读为敏"，"繁"古音在元部，"敏"古音在之部，如果之部不能和歌部相通，那之部和元部相通的可能性也不大。所以，综合类似的条目来看，有所抵牾，值得商榷。

3. 不明古音相近导致误解

"劕"（第71页，《史记·五帝本纪》）

> "依鬼神以制義。"《正義》本：制作劕。云：劕，古制字。又論字例云：制字作劕，緣古少字通共用之。《史》《漢》本有此古字者，乃爲好本。念孫案：張説非也。制與劕聲不相近，無緣通用。

制字篆文與劕相似，因譌爲劕。非古字通用也。

制，月章入；劕，元端平。在王氏韵表中，"制"属祭部去声，在其
《合韵谱》二韵通合例中，有元祭合韵谱；段玉裁《古韵十七部表》中，
"制"在十五部，"劕"在十四部。王力的古韵分部中，更明确地说明了月
（祭）部和元部的阳入对转关系。端母上古属舌头音，章母上古属舌面音，
是舌音准双声关系。可见，"制"和"劕"古音是相近的。王念孙"制與劕
聲不相近，無緣通用"不是事实。如果从字音相同或相近是古字通用的条件
之一来看，这两字也有相通的可能，《汉语大字典》把"劕"通作"制"作
为一个义项列出。

4. 同源通用现象分析不彻底

王念孙在古书校释实践中，是注意分析同源词的，有时以形、音、义三
者相辅说解，非常精彩。如他对北和背的认识就是一例。

"追北"（第 174 页，《汉书·高纪》）

念孙案：《說文》：北，乖也，從二人相背。《廣雅》曰：背，
北也，北音背。則北爲古背字明矣。……師古不讀北爲背者，特以
北爲入聲，背爲去聲，不可合而一之耳。不知背北古同聲，故北爲
古背字。而背邶二字竝從北聲，敗北之北亦取乖背之義。

中古北、背不同音，一读入声，一读去声。而王念孙熟知古音，认为背
古读入声，与北同音，并引用《诗经》中背与职部字相押的韵文为证，这是
对的。北，从甲骨字形分析，为两人相背之形。唐兰《释四方之名》认为，
"北由二人相背，引申而有二义：一为人体之背，一为北方。"颜师古认为北
的败走之义，是由幽阴之处这个方位义引申而来，这也是不妥的。从唐兰的
解释看，背是北的分别字，从语言来说，二字同源。学者往往把这种现象和
古今字交杂在一起。从郑玄开始，历代学者就注意到古今字的现象。郑玄在
注释《礼记·曲礼下》的"君天下曰天子，朝诸侯，分职授政任功曰予一
人"一句中的"予"字时说："余予古今字。"段玉裁明确说明古今字就是
一种用字现象，他说："古今人用字不同，谓之古今字。"（《说文解字注》

"今"字注）又说："凡读经者，不可不知古今字。古今无定时，周为古则汉为今，汉为古则晋宋为今，随时异用者，谓之古今字。"（《说文解字注》"谊"字注）王念孙对古今字的看法可能和段玉裁一致，因为他推测颜师古之所以不把北、背看作古今字的原因是颜师古不识古音，而以今音来判断二字不同音，故而二字不是用字的不同。

实际上，从语言发展的角度来分析北、背二字的关系，王筠的分别文理论更贴合语言事实。王筠在《说文释例》卷八说："字有不须偏旁而义已足者，则其偏旁为后人递加也。其加偏旁而义遂异者，是为分别文。其种有二：一则正义为借义所夺，因加偏旁以别之者也；一则本字义多，既加偏旁，则只分其一义也。"王筠所说的那些为了区分某些义项而先后产生的分别文，从训诂学的角度分析，更贴近同源词的概念。北，被借作方位词之后，加偏旁另造背字来表示脊背、背弃等意义，但在一个很长的历史时期内，并没有完全摒弃北字，而是两字都可用在背弃、败走等义项上，这是符合语言的复杂性原则的。

可以说，王念孙已经注意到同源词的这种复杂性。可惜的是，对这类以分别字形式出现的同源词，他在《读书杂志》中分析得并不彻底。看下面的例子：

"憾"（第 99 页，《史记·吴太伯世家》）：念孙案：憾本作感。後人依今本《左傳》改之耳。古無憾字，借感爲之。《説文》無憾字。

"不智"（第 435 页，《管子·法法》）：念孙案：尹讀智爲智慧之智，非也。智與知同。

王念孙认为借"感"为"憾"，借"智"为"知"，原本没错。但他没有用"字异而义同""声近义同"等术语揭示这两组词的同源关系，不明白这是同源通用现象，而是等同于一般的同音借用。其实，这两组字就是王筠所说的分别字，有的学者认为是古今字，这只是从不同的角度来述说而已。

古今字是从文字产生的时代性来讲的，广义的古今字包括了分别字①，如"憾"产生在"感"之后，同样"智"产生在"知"之后。而分别字则主要是从语言层面来讲的，每组字的读音或同或相近，意义有联系但不完全等同，并且后字的意义是从前字的意义之一分化出来的。以王宁先生的理论来看，分别字是由于语词的孳乳而产生的。"在词的派生推动下，记录源词的字分化出新形而产生新字，叫作孳乳。例如：'眉'孳乳出'湄'，'正'孳乳出'政'，'间'孳乳出'涧'。"②

当然，我们不能拿今天的研究成果去检测《读书杂志》，但王念孙对同源词的声近义通现象缺乏更深入的认识，从而没有把同源通用的现象分析得更加彻底，这是事实，也是王氏的局限性。

三、审音不当导致"失韵"校勘有误

王念孙在校勘上古押韵之文的实践中，最重要的工作是对后人在传抄古文时导致的失韵现象进行勘正，他在《淮南内篇杂志》中做了大量这样的工作，非常精辟。但有时由于审音不当，也有失误的地方。如下例：

"腾上"（第8页，《逸周书第一》）

> 《寶典篇》"倫不腾上，上乃不崩。"孔《注》曰：不腾不越。
> 念孫案："腾上"當爲"上腾"。"腾"與"崩"爲韻。《九德》皆用韻之文。

腾和崩，古音都在蒸部。上字，古音在阳部。阳部和蒸部音相近，可旁转合韵。《合韵谱》中就有蒸阳合韵例，可见上古时"上"和"崩"是可以押韵的。此条仅依据分析押韵来辨倒文，说服力是不够的。

"焚其草木"（第32页，《逸周书第四》）

---

① 狭义的古今字专指那些先后产生的同音同义而不同的字，其实质就是一个词，如雷和槱。
② 王宁. 训诂学原理［M］. 北京：中国国际广播出版社，1996：50.

　　"故澤有獸，而焚其草木，大威將至，不可爲巧。"引之曰：
"木"字後人所加。下文"焚其草木，同獸依草而居"，故曰"澤
有獸，而焚其草"，不當兼言木也。且草與巧爲韻，加一木字，則
失其韻矣。上下文皆用韻，則此二句無不韻之理。

　　此条前面依据上下文有关的文句来校衍文，是有道理的，没必要再用
"失韵"校勘。"草"和"巧"，古音在幽部。"木"字在屋部。屋部和幽部
可以旁对转合韵，说"木"和"巧"失韵是不恰当的。

　　裴学海在《评高邮王氏四种》一文中，对《读书杂志》的失误多有辨
正，有些说法值得商榷，但大部分是可取的，可参考。① 总之，《读书杂志》
中的一些失误和巨大的成就相比，实在是白璧微瑕，王念孙的一些疏漏并不
足以否定《读书杂志》在学术界不可替代的地位。

---

　　① 裴学海. 评高邮王氏四种 ［J］. 河北大学学报（社会科学版），1962（3）：102.

结　论

　　历来对《读书杂志》的研究都偏重于校勘或训诂或语法等单方面的研究，其实《读书杂志》一书不仅仅是一本校勘、训诂方面的书，而且是一本兼收了文字、声韵、训诂等小学三方面内容的著作。古音学的知识在《读书杂志》中不总是以理论的方式出现，但古音学在该书中的运用很普遍。根据前几章对王念孙的古音学理论及其他问题的探讨，我们对王念孙的古音学观念和特色，及其在《读书杂志》校释实践中的运用有了较为清晰的认识和了解，现总结如下：

　　一、研究王念孙的著作及其学术成就，就要把王念孙的学术特点放到清代特别是乾嘉时期的学术特色当中去寻绎。清代的朴学之风是在反对宋明空谈义理的基础上建立起来的，顾炎武导乎先路，江永、钱大昕、戴震等接踵而至，到了乾嘉时期，考据学达到顶峰，无论是方法的讨论还是成果的辈出，都是令人惊叹的。在这种背景之下，王念孙继承和吸收前人或同时代学者的优秀成果，兼下己意，在小学方面取得不俗的成就。王念孙进行学术研究最大的特点是"通达"，他不仅在学术倾向和学术胸怀方面不守门户之见，调和汉学和宋学。而且在学术研究领域更是通博，不仅在文字、音韵、训诂等方面不让于人，更重要的是以此为基础和手段，研究遍及经史子集。

　　二、王念孙的古声组研究没有古韵部研究那样成系统，那样有成就，这是和当时学术界重韵部研究而声组研究比较薄弱的风气分不开的。王念孙的上古声组体系没有专门的理论和著作问世，王国维先生根据王念孙所著的《释大》，推断出王氏的上古声组体系有二十三个声母，以牙、喉、舌、齿、唇发音部位的不同分为五类，后人在此基础上略有说明，但没有什么发挥。

本论文从《读书杂志》的校释实践出发，精选 331 条声纽有关的条目，目的是再现和印证王念孙的上古二十三声母体系，发现王国维所推断出的二十三古声纽体系，和王念孙在学术实践中对古声纽的利用有不一致的地方。比如二十三声纽体系中，王念孙喻三喻四不分，都混于喉音类，但在《读书杂志》校释实践中，喻三和匣母相通，喻四和端组相通的情况很普遍。在二十三声纽体系中，照穿床审禅五母合并于精系声母，但在《读书杂志》中，照系有分为两类的趋势，一类多和端系声母相通用，一类和精系相互通用的情况很普遍。因此，王念孙的上古声纽体系还有待于进一步挖掘。

　　三、王念孙根据《诗经》、群经、《楚辞》等韵文和谐声字来研究古韵，从研究方法上来看，是属于考古一派。王氏在古韵分部上的贡献有四点：缉部、盍部独立成部，至部独立成部，祭部独立成部，给侯部配上入声。古韵分部的不足之处是：微部没有从脂部中分出来。这个问题直到章太炎分出一个队部，再到王力提出"脂微二分"的说法，才成为定论。王念孙早期分古韵为二十一部，晚年接受江有诰的观点，把冬部从东部中分离出来，形成了古韵二十二部的格局。王念孙是主张上古有四个声调的，因此他的古韵系统分为两类，一类是有入声的韵部，一类是没有入声的韵部。和不在古籍校释中明确阐释古声纽之间关系的做法不同，王念孙在《读书杂志》中有时很明确地申明他的古韵理论，特别是合韵和韵部通转的理论。如王氏在对史书、子书进行校释时，综合大量的包括经史子集各部的文献例证，明确论述志职、之幽、元月、东阳、真耕、之鱼等组合可以合韵，职部和铎部不能合韵。可以相通的韵部有：文元、鱼宵、之蒸、歌元、月元、侯东、东幽、脂文、之文、蒸侵；不能相通的韵部有：之脂、职月、微鱼、歌侵、歌幽、之歌、之支、质职、缉质、之月、职铎、东冬阳、歌脂、鱼侯。以今天的古音学成果来检验，有少数不符合相通原理，如东冬阳、歌脂、鱼侯等组实际可以通用，但绝大多数是成立的。另外从《读书杂志》校释实践中勾选出来的198 条因韵部相近而通用的条目中，以现代学术界的音转术语去概括，符合对转关系者占33%，符合旁转关系者占27%，异类相转只占到17%。综上所述，王念孙的古韵学理论和《读书杂志》反映的实际情况基本相符合。

　　四、王念孙研究古声和古韵，其目的不仅仅局限于古音学原理的研究。

王氏更注重的是把古音学运用于他的学术实践，以古声纽为纲绳串联同源字的《释大》就是对古声纽体系的实际运用。可以说，在王念孙的著作中，都可以看到古音学的身影，《读书杂志》即使被人们当作札记体例的校勘专书，也无人能否认古音学在其中的应用事实。实际上《读书杂志》是校勘和训诂并重的著作。古音学在训诂实践中的运用包括：破读假借字、说解同源词、注音辨义、分析连语和联绵词。《读书杂志》在破读假借现象时，并不严格区分同音借用和同源通用，有时一个词条中可以综合这两方面的现象，后人对此多有诟病，其实这是两种性质不同的语言现象，放在一个层面上进行比较本来就是后人的误解，并不是王念孙的谬误。《读书杂志》是通过声训法、音转现象、右文说等三种方式来分析同源词的，很多情况下是三种方法的综合运用。王念孙赞成"古字不以两音分两义"的说法，但他又明白语言在发展过程中的变化，后来就有了改变一个字的声或韵或调的方式来区分该字所承担的不同分化意义，根据这个理论，他在《读书杂志》中特别注意根据字的读音来区别字的意义。王念孙的连语理论，后人有多种不同的理解，最普遍的是把王氏所说的连语等同于联绵词。根据王念孙在《读书杂志》中对连语所下的定义，以及所举的例词来分析，发现王念孙所定义的连语并不能等同于联绵词，反而和"经传平列二字上下同义""复语"有内涵上的一致性。

五、王念孙古音学运用于《读书杂志》校勘实践也取得了了不起的成就。古书在传抄过程中产生的声误现象，因其形式和假借现象相同，后人往往难以识别，只能以假借处理，这就把古书的讹误和约定俗成的用字混为一谈，这两种现象是需要严格区别的。字讹现象也是古书流传过程中的普遍现象，因字形造成的讹误易晓，因字音相近造成的讹字，就需要运用深厚的古音学功底去分辨。在古书的流转过程中，因为不识假借而篡改古书的现象时而有之，只有运用古音学的知识结合其他的校勘方法，才能恢复古书的本来面貌。用古音学理论去纠正古书在流传过程中的"失韵"现象，是王念孙在校释有韵之文章时，经常要做的工作。总之，王念孙把古音学运用到校勘实践中的做法，成为后人校订古书的一种重要的校勘方法。

六、王念孙的古音学和在《读书杂志》中的运用，偶尔也有失误的地方。表现在古音学方面，主要是古声纽理论不够完善和精细，古韵分部还有脂微不分的不足，另外在具体的实践中又有古音此相通而彼不相通的矛盾。表现在训诂方面，主要是有时有依据今音说解古书的情况，有时由于审音不当导致训诂有误和对同源词的研究不够彻底。表现在校勘方面，主要是有时对"失韵"的校勘处理不够妥当。但是，王念孙的失误并不足以否定它在古音学及其运用中所取得的巨大的成就，对他的评价可以用"大醇小疵"来概括。

附 录

《读书杂志》涉及古音条目分析表[①]

《读书杂志》涉及古音条目分析表（之一 《逸周书杂志》）

序号	条目/页码	被析字及古音	训解术语	声韵关系	按语
1	政 P1	政、耕章去 征、耕章平	"某与某同" "古 字多以政为征，不 可枚举"	声韵同	归纳假借条例
2	力竞 P1	竞、阳见去 烝、蒸见平	"某古通作某，不 烦改字"	阳蒸旁转	辨明假借和字误
3	六極不赢 P2	耕喻平 同上	"某与某同"	声韵调同	明假借

① 附录为《读书杂志》中涉及古音的条目，作者在研究过程中，一边研读，一边分析，但由于《读书杂志》材料浩繁，也因作者学力未逮，条目有所疏漏在所难免，特别是按语，仅为作者的一家之言，仅供读者参考。另外，之五《管子杂志》和之九《淮南子杂志》整理的资料不够清晰，所以此处略去不录。

续表

序号	条目/页码	被析字及古音	训解术语	声韵关系	按语
4	正民 P2	振，文（谆）章平 正，耕章平	"某某古不同声"	古不同声	阐明韵部不相转的条例
5	美女破舌 P2	政，耕章去 正，耕章平	"某非某某之某，当读为某"	声韵同	同源通用
6	翠旗以号令 P2	号，宵匣去 药（宵）並入 暴	"某某为韵"	宵药对转	王念孙药韵未从宵部中分出，此即为宵部去声与入声押韵，从审音派的观点来看，此应为宵、药阴声韵与入声韵对转相押
7	五虏 P4	魗，幽昌上 耻，之透上	"耻魗声近而义同，故古多通用"	之幽相转	王念孙的假借理论，即用字义的借用和临时借用情况和同源通用情况区分开来，在《读书杂志》里，往往把同源通用的字归入假借字之类了
8	纸人死 P5	纸，脂章平 振，文章平	"纸之言振也"；"纸与振声近而义同故字亦相通"	脂文旁对转	同源通用

续表

序号	条目/页码	被析字及古音	训解术语	声韵关系	按语
9	强辅 P5	辅，鱼并上 暑，鱼书上 处，鱼昌上 贾，鱼见上 女，鱼泥上 下，鱼匣上	"某与某韵不相应"		元部和鱼部元音相同，可通转。只是辅为鱼部字，与暑等鱼部字押韵更加可相协，再加上文又更加可取，二者结合才判定"转"为"辅"字之误
10	代輿 P5	举，鱼见上 与，鱼喻上	"某字古通作某"	牙舌音相通	明假借
11	六客 P6	客，东喻平 客，铎溪入 蠹，铎端入 落，铎来入 恶，铎影入	"某与某为韵"		《唐韵正》"客，古读若恪。蠹，古音当各反，即读入声铎韵，不读去声。《说文》蠹作蠹从虫橐声，橐，古读入声铎部"
12	适無見過適適 P6	适，锡书入 谪，锡端入	"某读为某"	端母和书母准旁纽关系	
13	王始 P8	王，阳匣平	"王讀王天下之王"	四声别义	中古时，已经通过声调的区别来区分语法意义。清人认为四声别义自六朝经师始。

续表

序号	条目/页码	被析字及古音	训解术语	声韵关系	按语
14	成 P8	成，耕禅平 诚，同上	"诚古通作成，改字"	假借（同音）	
15	靡適無口 P8	苦，鱼溪上 鼓，鱼见上 武，鱼明上	押韵		押韵严整，韵部相同，声调相同
16	腾上 P8	腾，蒸定平 朋，蒸帮平	押韵		
17	復格 P13	格，质（至）精入 筶，铎（鱼）庄入	"格管一声之轉"		王力上古声母系统中，精（齿头）庄（正齿）准双声，而王念孙二十三声母表中只有精母，无庄母，二字则为双声关系
18	之不綏于卹 P14	誓，月禅入 哲，月端入	"某与某同"	端母和禅母准旁纽关系	
19	媚夫 P15	弇，谈影上 掩，同上	"字通作某"		同源通用。《管子·八观》"塞其涂，弇其迹。"《尔雅·释天》"弇日为蔽云。"郭璞注"即晕气五彩蔽日也。弇，掩。"

序号	条目/页码	被析字及古音	训解术语	声韵关系	按语
20	婴鞷孛后 P16	命，耕明平 漫，元明去 姓，耕心平	"某与某某为韵"	耕元合韵	命，有的古音学家归真部。"命"字古音本在真部，自周秦开始转入耕部。"漫"字古音在真部，愿部之字古或与净部通。故"漫"与"命"与"姓"为韵
21	腐草化爲螢 P17	蛙，支影平 圭，支见平 妍，真溪平 蹊，支匣平	"蛙從圭聲""妍讀如蹊徑之蹊，與圭亦相近"	见溪匣旁纽，牙音。见组与喉音影母为邻纽。真、支通转	声近假借
22	涅伏 P17	汰，月透入 赖，月来入 害，月匣入	押韵		汰赖害三字于古音属祭部，转入声则入月部。佚字古属质部，转去声则入至部。至与祭，质与月古音不相通。见段氏《六书音均表》，此唯精于周秦之音者乃能辨之
23	笤徽之笤 P17	负，之並上 妇，同上 否，之帮上	"負婦二字古皆讀如否泰之否"	帮滂旁纽	见《唐韵正》

续表

序号	条目/页码	被析字及古音	训解术语	声韵关系	按语
24	仁义所在 P18	任，阳匣上 王，阳匣平	"古者王任同声而互训" "王与任声同义同而字亦相通"	同源通用	
25	叡圉 P19	庄，阳庄平 壮，阳庄去	"庄之言壮也"	同源通用	《说文》因避诗而无注，段注："说解当曰：庄，草大也，从艹壮声，此形声兼会意字。壮训大，故庄训草大，古书'庄''壮'多通用"
26	从慝 P19	笪，东心上 从，东从平	"作 从 者，借字耳。"		假借（韵同）
27	醉之酒 P21	从，东从平 纵，东精平	"从与纵同"（夹注）		假借（韵、调同）
28	难决以物 P22	数，屋生入 速，屋心入	"数与速同"（夹注）		假借（韵、调同）
29	和氣 P22	知，支端平 智，同上	"知与智同"		同源通用（同音）

续表

序号	条目/页码	被析字及古音	训解术语	声韵关系	按语
30	廗然 P22	弗，物帮入 佛，物並入 拂，物滂入 髴，物滂入	"佛與弗皆髴之借字也""拂亦髴之借字"	唇音旁纽	假借（韵、调同）
31	口貌而有餘 P23	而，之日平 如，鱼日平	"而讀爲如"	之、鱼旁转	假借（声、调同）
32	言弗發 P23	发，月帮入 伐，月並入	"發讀曰伐"	帮、並旁纽	假借（韵、调同）
33	陰羽 P23	阴，侵影平 闇，侵影去	"闇謂之陰，故淺黑色亦謂之陰"		同源相训（声、韵同）
34	弇其目 P24	弇，談影上 掩，同上		见 19 条	同源通用（同音）
35	鮈犬 P24	鮈，侯群平 狗，侯见上	"彼作狗犬是本字，此作鮈犬是假借字"	见、群牙音旁纽	假借（韵同）
36	獨鹿 P25	独，屋定入 涿，屋端入	"獨涿古聲相近"	端、定舌头音旁纽	假借（韵、调同）

续表

序号	条目/页码	被析字及古音	训解术语	声韵关系	按语
37	古黄 P25	光，阳见平 黄，阳匣平	"光黄古同聲吉光即吉黄也"	见、匣牙部旁纽	假借（韵、调同）；同物异名
38	四足果 P25	果，歌见上 祼，歌末上	"果疑即祼字" "果黄祼同音故相楊祼程之祼亦通作果"	见、末相转	假借（韵、调同），似乎无相通的条件，但古音 g，l 关系密切，有的古音学家拟有复辅音 gl
39	文武之蔑 P26	蔑，月明入 末，月明入	"予謂蔑與末同"		假借（同音）
40	畢桓于黎民般于 P26	于，鱼匣平 於，鱼影平	"于於古字通"	影、匣喉牙邻纽	
41	大開方封于下土 P27	方，阳帮平 旁，阳並平	"方旁古字通"	帮、並唇音旁纽	明假借
42	固 P27	固，鱼见去 婟，鱼匣去	"固讀爲婟"	见、匣牙部旁纽	
43	僞 P28	僞，歌疑上 为，歌匣平	"僞讀曰爲"	疑、匣牙音旁纽	见《史记·淮南衡山传》
44	稽道謀告 P28	道，幽定上 首，幽书上	"道從首聲，故與首字通用"	定、书舌头、舌面准旁纽	用诸声关系证音近可通用

序号	条目/页码	被析字及古音	训解术语	声韵关系	按语
45	盡忘吾其度 P30	忘，阳明平 亡，同上	"忘與亡同"		
46	非舜而誰能 P31	誰，禪平 財，之從平 熙，之曉平	"誰於古音屬脂部，財熙於古音屬之部，兩部絕不相通"		归纳古音通转条例
47	東隅 P31	東，屋书入 隅，屋定入	"束隅，叠韻字"		辨明连绵词
48	在口言 P32	故，鱼见去 固，同上	"故今通作固"		朴脱文并误假借
49	楚其草木 P32	草，幽清上 巧，幽溪上 木，屋明入	"草與巧爲韻，加一木字則失其韻矣"	屋部、幽部不押韵	归纳不合韵条例
50	曘之遝 P32	遝，緝定入 遝，月定入	"古字多以遝爲遝"		王言"古字多以遝爲遝"，应是说形误，而不是论假借。遝，古音属定母缉部，遝，古音属定母月部，段氏在第七部，段氏在十五部，两部相隔甚远，难以相合通，王氏的古音观点和段氏多相合

续表

序号	条目/页码	被析字及古音	训解术语	声韵关系	按语
51	须國 P32	顷,耕溪平 倾,同上	"頃與傾同"		顷、倾谐声同源
52	剛柔 P32	阳,长,刚,阳部 同上	"此倒文以协韻也"	押阳韵	
53	生事 P33	故,鱼见去 诈,铎庄入 事,之崇上	"故與詐爲韻"	鱼部、铎部对转押韵;之部与铎部非韵	《唐韵正》"诈,古音庄助反。"(399页)即"诈"归鱼部
54	以觀人情利有等 P33	久,之见上 始,之书上 右,之匣上 紀,之见去 止,之章上 等,蒸端上 改,之见上	"此文以久始右紀止等改爲韻"	之部、蒸部阴阳对转押韵	《唐韵正》"等古读若商音角徵羽之徵。"即"等"古读若之部
55	舉其脩 P33	脩,幽心平 条,幽定平	"脩即條字也" "條脩古字通"	齿头音心母、舌头音定母相通。(舌齿邻组)	引师古《汉书注》曰"脩讀曰條"

续表

序号	条目/页码	被析字及古音	训解术语	声韵关系	按语
56	四 梧 綦 豐 一 觼 P33	独，屋定入 楼，同上	"某与某同"		明假借
57	序德 P34	行（xíng；háng） 阳匣平	"行讀言行之行"	古有两读	以音别义

《读书杂志》涉及古音条目分析表（之二 《战国策杂志》）

序号	条目/页码	被析字及古音	训解术语	声韵关系	按语
58	而又又知 P35	亐，鱼喻上 与，同上	"亐讀爲與"		说明古字字可以互为借字，如"與共之與"通作與，猶賜子之子通作與
59	秦與天下俱罷 P36	与，鱼喻上 为，歌匣平	"与犹为也""为与一字声相转而义亦相通"	"为""与"中古分属喻三和喻四，上古一归匣母，一近舌面章组。鱼歌通转	用大量术语来说明"与""为"之间的音义关系
60	計聽知覆逆者 P39	唯，微喻平 虽，微心平	"唯与虽同"	舌面喻母和齿头心母母纽相通	明假借

189

续表

序号	条目/页码	被析字及古音	训解术语	声韵关系	按语
61	公仲侈 P39	倗, 蒸並平 朋, 蒸並平 冯, 蒸並平	"冯與朋聲相近" "朋 冯古字通" "倗朋古字亦通"		"倗"本为倗友义，"朋"本为朋贝义，有倗、有冯；冯为借字时，本字有朋，有倗。古书的用字假借现象相当复杂，经常会出现本字多个，或借字多个的情况，造成一词多形的现象
62	苏代倗爲齐王曰 P39	为, 歌匣平 谓, 物匣入	"爲與谓同义，故二字可以互用"	歌部和物部旁对转	同源通用
63	挈领 P40	挈, 月見入 絜, 月溪入 契, 同上 鍥, 同上	"挈讀爲絜" "絜契鍥並字異而义同"	见溪旁纽	王氏在《杂志》里提到同义词的时候，读者一定要仔细分别，不然会对王的意思领会有错。62条也同此
64	韓魏 P40	辟, 锡帮入 匹, 质滂入	鲍云：盖辟匹声近，匹又讹作正	锡部、质部通转；帮、滂旁纽	此条王引鲍说
65	棓而杀之 P42	倍, 之並上 背, 职帮入 负, 之並上	"倍與背同" "负亦背也" "背倍负三字古同声而通用"	之职对转；帮並旁纽	倍为背的借字，背、负声近义通

续表

序号	条目/页码	被析字及古音	训解术语	声韵关系	按语
66	惮 P42	单，元端平 惮，元定去	"惮作单古字假借耳"	端、定舌头旁纽	明假借
67	朝爲天子 P42	为，歌匣平 于，鱼匣平	"爲與于同" "爲于二字古同聲而通用"	鱼歌相转	明假借
68	冠舞以其劍 P43	冠，元见平	"冠，古亂反"		夹注辨音释义。明上冠读去声，下冠读平声 联系前几条，可知王氏是赞成以声调成声母辨义的
69	信反 P44	肯，倍			见65条
70	不察其至賣 P44	至，质章入 实，质船入	"此讀周秦之人聲之誤也" "實與至聲相近而義亦相通"		周秦时，至读入声，与实声近，故容易发生声误现象，古籍在传抄过程中，因此易造成字讹
71	髮漂漂 P46	漂，宵滂平 秒，宵明上	"漂讀爲秒"		此条王氏还列举了秒的异文，有时将异文和通假混为一谈

续表

序号	条目/页码	被析字及古音	训解术语	声韵关系	按语
72	归反模 P47	足，屋精入 朴，屋並入 辱，屋日入	"足屡辱焉韵"		辨别韵脚
73	朐足 P47	而，之日平 能，之泥平	"而与能同"	泥、日舌音准双声	明假借
74	有十二诸侯 P48	有，又，之匣上			明假借
75	虔爵 P50	曼，元明平 万，元明去			声、韵同，而调不同；中古时完全同音
76	两虎相搏 P50	据，鱼见去 载，铎见入	"据读若载"	鱼铎对转	根据徐广之音，以正字（博没有载音），再明假借
77	墨黑 P52	朦，黛	"玉篇黛同朦"		黛并非朦的借字，而是"朦"的俗体字（徐错说）。《说文》只有"朦"，没有"黛"
78	以其类招 P52	招，宵章平 旳，药端入	"招旳也""招的古擎相近故旳字亦相通也"	宵药对转	王氏二十一部的宵部未分立，包括王力的宵药两部。以王立系统定之，招旳对转相通；以王氏二十一部定之，则同部相通

续表

序号	条目/页码	被析字及古音	训解术语	声韵关系	按语
79	莫知 P53	喜，之晓上 媒，之明平	"喜讀平聲與媒爲韻也"		实际此处是说喜可通作平声。也就是说古音是有四声的，这是王氏的声调理论在此条的实际应用
80	葦閼安于 P54	安，元影平 焉，元影平	"安與焉古同聲而通用"		人名用字和一般的假借有所区别
81	曲吾 P55	逆，铎疑入 逴（音籰），同下 吾，鱼疑平	"逆字古讀若逽，不煩改吾爲逆也"		王氏认为地名以音记之，依古音推求，便可知后人写之不同，实是记之以音，非为误字也
82	以王因饒中山 P56	构，侯见去 讲，侯见上	某与某同	声韵同	明假借
83	馬服之子 P56	敝，月並入 幣，同上 弊，同上	"敝幣弊字異而義同"		后二字是"敝"的借字
84	秦兵攻魏 P58	按、案，元影去 安，元影平 焉，元影平	"按字或作案又作安又作焉"		虽未明言声近，实已知之。并对古书使用这一组语词的习惯作了归纳

续表

序号	条目/页码	被析字及古音	训解术语	声韵关系	按语
85	燕郭之法 P58	燕，元影平 偃，元影上	"燕偃聲相近"	声韵同	明假借
86	有所卻 P59	卻，铎溪入 卻，铎群入	"卻字異而義同"		"卻"为本字，其他为借字
87	東夷之民不起 P60	以，之喻上 已，同上	"以與已同"		明假借
88	道涉山谷 P61	甽，阳明平 冥，耕明平 溟，郹，蒸明平	"字異而義同"		这是音转义同的情况，和方言的情况一样
89	衣焦不申頭塵不去 P62	焦，宵精平 憔，同	"焦讀為憔"		明假借
90	誃 P62	誃，之晓平 譖，同上	"誃與譖同"		明假借
91	虎掔 P64	贲，元见平 弯，元影平	"贲讀為彎弓之彎"	见，影喉牙邻纽	"頤，弓名也。《廣韻》作瓬，音與頤同，云弓名。出《韻略》。古無瓬字，借頤為之耳"，此为用字之假借，本字后出

续表

序号	条目/页码	被析字及古音	训解术语	声韵关系	按语
92	驰南阳之地 P64	驰，歌定平；弛，施，书平移，歌喻平	"驰读为移""驰字或作施而皆读为移""字又作弛"	定、书、喻舌音相通	多借字通一本字
93	位正 P65	位，物匣入；淲，质来入	"位读为淲"与淲义同而而謦相近故字亦相通"	物、质旁转；牙音匣母、舌头来母相通	同源通用
94	即有死蚌 P67	两，阳来上；蚌，东並上	"两与蚌为韵"	职部、质部相通	归纳合韵条例
95	君之所揣也 P67	意，职影入；抑，质影入	"读与抑同"	职部、质部相通	明假借
96	见祥而不为 P68	可，歌溪上；祸，歌匣上	"可与祸为韵"		辨押韵
97	商歊为赍 P69	歊，宵溪平；摧，药溪入；较，宵见去	"摧通作歊""较与摧古字通"		"凡从高从隹之字古多通用"归纳假借条例

《读书杂志》涉及古音条目分析表（之三《史记杂志》）

序号	条目/页码	被析字及古音	训解术语	声韵关系	按语
98	剬 P71	制,月章入 剬,元端平	"制與剬聲並不相近,無緣通用"		如果从字音相同或相近是古字通用的条件之一来看,这两字也有相通的可能,作《汉语大字典》把"剬"通作"制"作为一个义项列出;但王念孙所说二字字形相似也是事实
99	逆河 P72	逆,铎疑入 御,鱼疑上 迎,阳疑平	"迎逆御古聲並相近故古文作逆河今文作逆河也"	鱼、铎、阳三部阴阳入可对转相通	在河名的使用中,古文《尚书》用"逆",今文《尚书》用"迎",所指称的概念未变,形体有异,字音相近;另一方面,正因为"逆""迎"音转可通,即音转可通,才可能分别用于古文和今文为同一词
100	炮格 P72	格	注音辨义		引前人注音(直音和反切)辨为"格"字,非"烙"字
101	置廷宫中 P76	廷,耕定平 庭,同上	当作		明假借
102	焉 P76	焉,元匣平 於,鱼影平	"焉猶於也"	影、匣喉牙邻纽;鱼、元通转	详见《释词》

196

续表

序号	条目/页码	被析字及古音	训解术语	声韵关系	按语
103	饭土塯 P68	塯，幽来去 簋，幽见上 塯，幽见上	"塯與罶相近故字亦相通"		《说文》："簋，黍稷方器也。"二字意义相近，音也相近，字形有异，可归入同源词
104	翟景 P78	景 yǐng，阳影上 jǐng，阳见上 疆，阳群平 强，同上	"景與疆聲相近，景與疆通，故又與强通也。"		用声音的线索来辨明人名
105	母从俱死 P80	特，职定入 但，元定去 徒，鱼定平	"特但徒一聲之轉，其義一也"	职鱼旁对转，鱼元通转	声转同源
106	犁明孝惠遝 P81	犁，脂来平 迟，脂定平	"遲犂聲相近"	来母和定母为舌头音旁纽	迟，在比及又上读 zhì 直利切，去声；不读 chí 直尼切，平声
107	刘氏危 P81	微，微（脂）明平 妃，微滂平	押韵		此条归纳了多部古书中危押韵情况，以及不与危为韵者化，目的即为了证明《史记》用微韵者确，用危者化。引用《唐韵正》，再加己的例证

续表

序号	条目/页码	被析字及古音	训解术语	声韵关系	按语
108	申屠嘉 P82	屠，鱼定平 徒，同上	"盖未达假借之旨也"		应尊重古书原貌，不能将假借字看做做讹字，而改以本字，用字假借是古人的一种习惯用法
109	歷日縣長 P82	緜，元明平 偭，元明上 弥，支明平（从尔得声的字，有的古音学家归入脂部）	"緜與彌聲近而義同故緜或作偭"；"偭緜古同聲，彌之通作偭，猶緜之通作緜也"		偭与弥为音近假借，而绵与弥为音近同源通用的。在王氏的著作里，这两者是不分的，都归入假借一类
110	堵敖 P84	杜，鱼定上 堵，鱼端上	"杜堵聲相近"		《左传》作堵敖，《史记》《汉书》作杜敖，不能以《左传》改《史记》
111	張越 P85	戉，月匣入 越，同上	"戉與越同音"		《史记》作戉，《汉表》作越
112	將卒 P85	率，物生入 帅，同上	当为		明假借
113	臭莝 P86	睪，铎喻入 泽，铎定入	"睪即泽之借字"		先辨误字，再明古文，后明和该字有关的文献假借

198

续表

序号	条目/页码	被析字及古音	训解术语	声韵关系	按语
114	函及士大夫 P86	绐、谈匣去 咍、谈定去 咍、谈定去 侵定平	"咍即绐之异文" "咍字从台得声是咍与绐古同声" "咍与罩古亦同声"		依据通转关系表，幽侵二部没有相通的条件，王氏却从语言实际出发发现了此二部的相通之例，这和章太炎所论的"所有闭口韵都可和幽、宵二部发生对转"的观点一致
115	廣鸞 P87	厉，月来入 鸞，月来入 月来入	"厲字本作𠛬"		王力的月部，有去声和入声，如祭韵之字为去声，薛韵之字为入声。声误与字误、假借等的区别
116	又不由人 P89	正，改			同源通用
117	度骇 P89	验、谈疑去 敛、谈来上		牙音疑母和舌头来母相转	
118	歲名焉逢攝提格 月名畢聚 P89	聚，侯从上 陬，侯精平		齿头音精、从旁纽	
119	天矢 P92	天，宵影平 妖，宵影平	"字之误"		辨讹字
120	而食益盎 P93	而，之日平 如，鱼日平	"读曰"	之鱼旁转	明假借

续表

序号	条目/页码	被析字及古音	训解术语	声韵关系	按语
121	前方而后高兑而卑 P93	兑，月定入 锐，月喻入	"兑与锐同"	舌头定母与舌面喻母相转	明假借
122	卿云见 P93	卿，阳溪平 庆，同上	"卿与庆同"		
123	岁星所在五谷逢昌其对为冲岁乃有殃 P94	逢，东並平 丰，同上	"逢与丰古字通"		
124	河戒 P95	戒，职见入 界，月见入			在王念孙的二十二部里，"志"属于之部上声，"祭"、"月"为祭部的去、入声。两部音不近，故不能相通
125	义门子高 P96	彀，屋见入 彀，屋见入 後，侯匣去	"彀有彀音，彀与後聲相近"	见、匣牙音旁纽；侯、屋对转	通假，也可能是音误
126	賽 P97	賽，塞	本作	声韵同	汉以前没有"賽"字，"酬神祭"之义，賽为塞之借字，根据王筠的理论，以"塞"为之，賽塞之分别文

续表

序号	条目/页码	被析字及古音	训解术语	声韵关系	按语
127	释 P97	泽，铎定入；释，铎书入	本作	通假（韵同）	古书本用借字，后人以本字改之。这与王引之说的"以借字读之"是不同的。前者是篡改古书，后者是正确理解古书意义
128	後绌耻辱 P97	绌，物透入；黜，同上	"黜與绌同"	通假（同音）	
129	憾 P99	感，侵见上；憾，侵匣去	"古無憾字，借感爲之"	见匣邻纽	憾为后起本字，《史记》文不可能用"憾"，而用借字"感"。王念孙对语言的时代性是有一定的概念的
130	崔杼歸 P99	毋，鱼明平；无，同上	"凡史記有無字多作毋"	通假（同音）	归纳《史记》用字惯例
131	所知 P100	知，支端平；咨，脂精平	"知當爲咨聲之誤也"	声母舌头齿头准双声；韵部支脂通转	之所以是声误而不说通假，是因为通假的条件不仅仅要音同或音近，还应该有文献例证，也就是要符合语言的社会性原则。古文献中鲜有把"知"借作"咨"的情况

续表

序号	条目/页码	被析字及古音	训解术语	声韵关系	按语
132	北迫 P100	措,铎清入 笮,铎庄入 迮,铎庄入	"字本作笮" "又作迮"	声母正齿、齿头准旁纽	术语"字本作"在王书中有时说明异体字,有时说明假借字
133	如公孙疆不脩厥政叔鐸之祀忽诸 P101	如,鱼日平 而,之日平	"如读为而"	之、鱼旁转	通假(声、调同)
134	有 P101	有,之匣上 又,之匣上 同上	"有读为又"	通假(同音)	归纳了经传用字的通例。"凡经传字有多作有"
135	坼剖 P102	副,职滂入	"後人误读副为去声遂不得其解"	中古"副"由重唇音分化出轻唇音	音误导致字误
136	越章王 P102	戚,麖,觉清入就 觉从入 麖,屋精入	"戚字古声与麖相近说(见庸韵正)而麖从就声"		古书记录古人名号用字有随音记字的特点
137	伪谓楚王 P102	伪,歌疑上 为,歌匣平	"伪读曰为人谋之为 不忠之伪"	牙音疑、匣旁纽	通假(韵同)
138	搏其土卒 P102	搏,元定平 专,元章平	"搏当为博字之误也博与专音近与叀同"	舌头定母与舌面章母准旁纽	通假(韵同)

续表

序号	条目/页码	被析字及古音	训解术语	声韵关系	按语
139	邹 P103	邹,侯庄平 骝,同音	"邹本作骝古多以骝爲邹字"	通假(同音)	后人改借字爲本字。说明古书用字用字通例
140	镇 P103	填,真定平 镇,真章平	"镇本作填古多以填爲镇撫字"	通假(韵同)	类同上
141	導諟 P103	谄,谈透上 导,幽定去 禅,侵定上	"声转而字异"	闭口韵与幽部相转	声转同源
142	甫瑕 P104	假,鱼见上 瑕,鱼匣平	"瑕假聲相近故字亦相通"	见、匣牙音旁纽	古书本来用的是借字，后人依据他书改爲本字
143	上佼 P106	佼,宵见上 交,宵见平		通假(声、韵同)	
144	無忌 P107	己,之见上 忌,之群去		见群邻纽	人名通用
145	歸 P108	施,歌书平 移,歌喻平	"施讀爲移" "施 與移古同聲 而通 用"	喻四上古属于舌面音,与定母音近	通假(韵同)

续表

序号	条目/页码	被析字及古音	训解术语	声韵关系	按语
146	粟予民 P109	禀帮上、廪来上	"廪与禀古同声而通用"	通假（韵同）	禀有彼锦、力锦二反，可与廪通用
147	释之愉 P109	释喻入、舍书上、舒书平	"舍字古读若舒" "释通作舍故又通作舒"	舌面书母、遇母旁纽；鱼部铎部对转	通假
148	伍徐 P110	徐鱼邪平、逢东並平		声不相近	由声不相近推出字误，再找出本字
149	奇两女 P110	奇群平、倚影上	"倚与奇通"	喉音影母与牙音群母邻纽	通假（韵同）
150	如齐故俗诸儒以百数 P111	如日平、而日平	"如与而同"	通假（声同）	
151	觏若昼一 P111	觏侯见去、讲侯见上、较宵见去	讲，和也；较，明也		《说文》《玉篇》《广韵》皆无觏字，可见今本《集韵》两引或作觏，《史记》觏字应为觏字之讹。此条笃信《集韵》，并进一步阐发
152	曹侯世家 P112	直职章入、特职定入	"直之言特也" "直与特古同声而通用"	舌面章母与舌头定母准旁纽	同源通用

续表

序号	条目/页码	被析字及古音	训解术语	声韵关系	按语
153	樓臨 P114	溱, 真庄平 臻, 同上	"溱與臻同作溱者 字之誤"	通假（同音）	辨字误，明假借
154	遁自以爲也故説者與祝如焉 P116	他, 歌透平 也, 魚喻上	"他字古或通作也"	透、喻舌头舌齿准旁纽；鱼歌通转	通假
155	距来 P120	距, 巨	"距鉅巨古並通用"	物名用字通用	距黍为号名，没有固定的用字，只是依声作字
156	愈充腹 P121	偷, 侯透平 愈, 侯喻上 偷, 侯喻平	"愈即偷字也" "偷愈偷字異而義同"		愈、偷 "其心字或在旁或在下轉寫小異耳"，也就是说，愈、偷古同字
157	塞郫陀 P122	安, 元影平 閼, 月影入 焉, 元影平	"安即閼字也"	通假	后人不知古书用借字，而依据他字改字。
158	數讓之 P123	数, 屋生入	"讀數爲頻頻數之數非也" "數讀如數之王命"	用"读为""读如"拟音注音法来辨义	四声辨义 上古只有一音，中古依据不同意义分化为不同之音
159	王業 P123	王 王, 阴匣平	"王讀王天下之王"	四声辨义	

续表

序号	条目/页码	被析字及古音	训解术语	声韵关系	按语
160	折韋 P123	折，月章入 制，月章入	"折讀爲制" "折古字通"	通假（同音）	
161	雖無出甲 P123	雖，微心平 唯，微喻平	"雖讀曰唯唯與雖古字通"	齿头心母与舌面喻母为邻纽	通假（韵调同）
162	兩虎相搏 P124	據，鱼见去 载，铎见入	"據徐廣音載"	注音	依据徐广音订正讹字
163	喜 P125	喜，之晓上 憙，同上	"喜字古通作憙"		通假（同音）
164	邢邱 P125	邢，耕匣平 陘，同上	"邢卽陘之借字也"	通假（同音）	辨地名
165	爲 P126	为，歌匣平 与，鱼喻上	"與爲一聲之轉故謂與曰爲"	一声之转	中古的喻三上古归入匣母，但喻四归入舌面音，与舌头定母音近
166	偶人 P127	禺，侯疑平 偶，侯疑上	"偶人之偶古通作禺"		通假（声、韵同）
167	如有 P127	有，之匣上 或，职匣入	"或與有古同聲而通用"	之职阴入对转	通假（声同）见释词

续表

序号	条目／页码	被析字及古音	训解术语	声韵关系	按语
168	朝趨市 P127	朝		注音辨误文	
169	發 P128	廢，月帮入 发，月帮入	"廢卽發借字"	通假（同音）	后人以本字改借字
170	危哉 P129	危，微疑平 诡，微见上	"危讀爲詭"		通假（韵同）
171	魏公子列傳 P129	閒			古两义在中古多用借字清音匣见母字"间"和浊音匣母字"闲"
			172条—183条略		
184	請對以臆 P137	意，職影入 息，職心入 翼，職喻入 亿，職影入	"後人以意與息翼韻不相協而改之也" "不知意字古讀若億正與息翼相協"	押韵	顔師古、司马贞、张守节不识古音，但并不妄改古书，只是以协音、合韵去解释语言的历史音。这是他们不识古音的历史局限性。而后人不但不识古音，还以今律古，篡改以改古书
185	其生若浮兮其死若休 P137	浮，幽並平 修，幽心平 舟，幽章平	"浮休舟三字皆於句末爲韻"	押韵	根据《索隐》、句式、押韵辨借文

207

续表

序号	条目/页码	被析字及古音	训解术语	声韵关系	按语
186	释 P138	译，释喻入 释书入	"释本作译古多以译为释字"	假借（韵、调同）	王念孙的喻母没有分出喻三和喻四，并将喻母归入喉音，但他在实际应用的时候，对喻母的分别还是有认识的
187	众终莫能就 P138	众，冬章平 终，同上	"古字多借众为终也"	假借（同音）	这是后人因不识假借而改古书的一种方式：有的本子用本字，有的本子用借字，把本字和借字都抄入正文
188	皮面 P139	皮，歌并平 披，歌滂平	"皮之为言犹披也"		同源通用
189	目摄之 P139	摄，叶书入 慑，同上	"摄读为慑"	假借（古同音）	用"不合语意"判断《索隐》释义非；用"古无此训"判断《正义》释义非
190	揿其匈 P139	揿，侵端去 扰，侵端上	"揿之为扰犹湛之为沈也"		明假借
191	腐心 P139	腐，侯并上 拊，侯滂上	"腐读为拊"	声母并、滂旁纽	中古声母轻唇音旁组，上古无轻唇音，为重唇旁组（古无轻唇音）
192	胥人者去其几也 P140	胥，鱼心平 须，侯心平	"胥者须也"	鱼侯相转	以释义的方式说明假借，《管子杂志》有"胥，待也"。直接用本字的释义来解释借字，这是值得注意的

续表

序号	条目/页码	被析字及古音	训解术语	声韵关系	按语
193	疆上骚除 P140	由,幽喻平 沈,侵定上 同上	"由與猶同騷除與帝同"	假借	夹注说明假借
194	阿縞 P140	阿,歌影平 縞,阳见平 綯	"阿字或作綯"	假借	望文生义、错解名物词
195	特劫於威疆耳 P142	强,阳群平 阳群上	"疆讀勉彊之彊"	一字两音两义	多音多义词的辨析
196	能 P142	能,之泥平 乃,之泥上	"乃與能古聲相近,故義亦相通"	同源通用	说见《释词》
197	须臾 P143	须,侯心平 臾,侯喻平 从,东从平 容,东喻平	"從容須臾,語之轉耳"		用语转训释单纯词
198	子頹 P145	頹	"若作頹則不與瞋同音矣"		根据注文释义注音来改正讹字
199	黄金百斤 P146	百,铎帮入 诺,铎泥入	"百與諾爲韻"		押韵
200	與 P146	与,鱼喻上 以,之喻上	"與猶以也" "以與猶之轉"		说见《释词》

续表

序号	条目/页码	被析字及古音	训解术语	声韵关系	按语
201	乃以刀决张道从醉卒直隧出 P146	道，幽定上 导，幽定去	与某同		通假
202	所 P148	所，鱼生上 许，鱼晓上	"許與所聲近而義同"	正齿音生母与牙音晓母相通	同源通用
203	顺清 P149	清，耕清平 静，耕从平	"清讀爲動静之静"	声母旁纽	通假
204	流汗出潚 P149	潚，脩	"潚當爲潚讀與脩同" "作潚者假借字耳"		先辨讹字，再明假借
205	億抑 P151	亿，职影入 抑，质影入	"億讀爲抑與之與之抑"	二字中古同音，但上古音的韵部还是相隔的	
206	如 P151	与，鱼喻上 如，鱼日平	"如與聲相近而與亦當也"	舌面喻日旁纽	说见《汉书朝鲜传》
207	鸴 P152	毌，元见平 弯，元影平	"不知毌爲鸴之借字"	见、影喉牙邻纽	后人以本字改借字

续表

序号	条目/页码	被析字及古音	训解术语	声韵关系	按语
208	澤纁镾 P155	澤,鐸定入／斥,鐸昌入		舌头舌面准旁纽	王氏虽没有直接注明假借,但从他所引之文中可判断
209	相如乃與馳歸家居徒四壁立 P156	居,鱼见平／家,鱼见平	"家居二字古聲義並相近"	同源释义	后人以注文混入正文
210	綢繆 P157	綢,幽定平／繆,幽明平	"綢繆……音義與綢繆迥別"		叠韵联绵词
211	厎菥 P157	厎,锡心入／菥,支心平	"厎菥聲相近故古字通用"	阴入对转	通假
212	爲僞 P158	爲,歌匣平／僞,歌疑上	"僞即爲字也"	牙音旁纽	这两个字在古籍中经常互相借用,王氏在此还点明了一些古书的行文习惯,如《史记》多用借字"伪"来表示"为"的意义
213	從容 P160	容,东喻平／誒,侯喻平	"誒容一聲之轉"	一声之转	声转同源
214	蝮蟜 P162	蝮,觉滂入／愎,职並入	"蝮讀爲愎"	中古敷母上古读重唇浮母,古无轻唇音。声母並纽;韵部旁转	明假借

续表

序号	条目/页码	被析字及古音	训解术语	声韵关系	按语
215	善眩人 P162	眩，真匣平 幻，元匣去	"颜师古曰眩读与幻同"		明假借
216	侦而轻之 P163	侦，负	"侦竝与负同"		形声字通假
217	余不敢言之也 P163	也，鱼喻上 邪，鱼邪平	"也与邪同"	通假牙音疑母与舌面音喻母	
218	况 P164	兄，阳晓平 况，阳晓去	"古多以兄为况字"		归纳假借条例
219	伉 P164	伉，阳溪去 抗，同上	"抗本作伉"	通假	后人以本字改借字
220	夸严 P165	严，谈疑平 谶，同	"严读为谶" "谶与严古今字也"		王氏混淆了通假字和古今字的界限
221	务以赘民 P165	民，真明平 氓，阳明平 成，冥，耕部	"民当为氓"	真部不与阳部押韵；阳部、耕部韵近	以押韵的韵例来甄别讹字
222	理达於理 P166	程，呈	"程与呈古字通"		先辨讹字，再明假借

续表

序号	条目/页码	被析字及古音	训解术语	声韵关系	按语
223	诸灵数蓟 P166	剌蓟，锡清入／策，锡初入	"剌与策声相近"	正齿、齿头准双声	先辨讹字，再用注音进一步证明
224	幣 P166	斃，月並入／幣，同	"古字多以斃爲幣"		通假字的社会性；后人以本字改《史记》借字
225	果隋 P167	隋，歌邪平／堕，歌定上	"隋與隋通"		张守节以唐时俗语释古语；《广韵》隋字有定母一音
226	千章之材 P167	秋，萩			先辨讹字，再明假借
227	甌于石 P167	甌，叶端入／甂，侯精平		不相通	音不相通；名物不同；辨别用字
228	圣人不朽 P169	巧，幽溪上／守，幽书上	"後人以巧與守韻不相协改之也"	押韵	后人不识古韵而致字讹
229	诸侯谋之 P169	谋，之明平／台，之透平／疑，之疑平	"疑韻不相协故改之谋爲謀"	押韵	今音不押韵，后人不识古韵而改古文
230	洞疑 P169	洞，东定去／恫，同上	"洞讀爲恫"		后人不识假借而误解文意

续表

序号	条目/页码	被析字及古音	训解术语	声韵关系	按语
231	姜姓解诂 P171	鲜,元心平 斯,支心平	"鲜之言斯也" "斯与鲜声相近故字相通"		声训

《读书杂志》涉及古音条目分析表（之四《汉书杂志》）

序号	条目/页码	被析字及古音	训解术语	声韵关系	按语
232	追北 P174	北,职帮入 背,职帮入	"北古读爲背,取背而去之之义"		同源通用
233	遅明 P175	遅,脂定平 黎,脂来平	"黎遅犛相近"	定来旁纽	《汉书》用本字遅,《史记》用借字黎。"黎"《说文通训定声·履部》未骏声假借为遅,为迟
234	楚子诸侯人 P180	予,鱼喻上 与,同上	"予卽与字"		古书中"予"与"与"经常互相借用。此文《史记》用"与",《汉书》用借字"予"
235	辨告 P181	辨,元並上 班,元帮平	"辨读爲班"	帮並旁纽	
236	祭潏 P182	绝,月从入 最,月精入	"绝最声相近"		见《唐韵正》绝字下

续表

序号	条目/页码	被析字及古音	训解术语	声韵关系	按语
237	猶豫 P183	犹,幽喻平 豫,鱼喻去	"猶豫雙聲字"		认识到连绵词用字的记音本质,驳正师古沿袭《颜氏家训》而割裂裂连绵词的错误
238	罘罳 P183	罘,之並平 浮,幽並平 罳,幽並平	"皆古字假借"		古无轻唇音,今轻唇音在上古均读为重唇音
239	薦草莽 P184	薦,元精去 茡,文从去	"薦與茡同"	精从旁纽	现代汉语"茡"作为"薦"的简化字,古时为读音不同的两个词
240	則 P184	即,质精入 则,职精入	"古字通以即爲則"		后人以本字改借字。班固是古文学家,《汉书》多存古字古义
241	論臣 P185	论,文来平 抡,同上	"字本作掄"		明假借
242	崇嵩 P186	崇,冬崇平 嵩,冬心平		声母旁纽	汉书时代,嵩山皆用崇山,经传用崇是古今异同是古今异同;后泛称用崇,专名则用嵩,分化为两个词,则为同源关系
243	射蛟 P187	蛟,鮫	"蛟當讀爲鮫"		从两个词不同的内涵判断

续表

序号	条目／页码	被析字及古音	训解术语	声韵关系	按语
244	絮而不殊 P188	散,元心上 絮,月心入 絮,月心入 絮,元清去	"絮之言散也" "散絮絮絮絮语之转"	元月阳入对转;清心齿头旁纽	辨同源关系
245	盍宽饶 P189	盍,月见入 盍,叶匣入	"盍作盍字假借也"	王认为二字在同一部,唐作潘《上古音手册》归月叶二部,为通转关系	
246	雷戾 P192	雷,微末平 戾,鱼末平	"或谓古字通用非也""盧在模部雷在灰部灰部不得与模部通"		王认为灰韵不得与模韵通用,也就是认为古音微部不能与鱼部通用
247	辟土 P193	辟,锡帮入 壁,锡帮入			《史记》作辟,《汉书》作壁,传写者因《史记》本字而误分《汉书》所用借字为二字

续表

序号	条目/页码	被析字及古音	训解术语	声韵关系	按语
248	前侯 P193	叢，东从平 蕺，幽庄平 緅，侯庄平 取，侯清上	"叢蕺皆以取爲聲，故皆有緅音也"	侯东对转，清从齿头旁纽，庄清正齿齿头准旁纽	谐声关系
249	賁 P195	賁，物群入 賁，物游入 费，物游入 祕，质明入	"不得與费通" "聲與賁同故字亦相通"		賁与费，虽在同一韵部（物部），佀声纽各在牙音群纽和唇音游纽，相隔甚远，故王氏认为二字不能通用
250	觚 P195	觚，鱼匣平 執，缉章入 鞴，质章入 轑，质明入			师古以觚为觚字，另于《地理志》以觚作报，《集解》引徐广作报。《史记》作报为執字之讹。 念孙认为：觚与报皆執字之讹。
251	干乘 P196	枸，侯见平 胸，侯群平	"枸者胸之借字也"	见群旁纽	明假借
252	韰執嘆 P196	韰，叶从入 掔，质章入 韰，质透入	"韰字聲與掔相近故字亦相通"	照三章组与端组声近	明假借

续表

序号	条目/页码	被析字及古音	训解术语	声韵关系	按语
253	岂無刑辟 P197	辟，锡並入 僻，锡滂入	"辟與僻同"		同源通用
254	费矦 P198	费，物游入	辨音读		辨古书字音应以古音为准，颜师古对"费"字的注音和王念孙的注音看有异，但上推到古音来看差别并不大
255	阳信 P198	新，真心平 信，同上			明假借
256	河陵 P199	河，歌匣平 阿，歌影平	"阿河形聲相亂，故阿讹作河"	声误	此处王氏不提假借，而说是形声误加上声和声误。在《读书杂志》中，王念孙将假借和声误的现象分得很清楚
257	頴 P199	頴，瞋 瞋，物疑入	"頴讀如瞋瞋之瞋"		先辨明讹字，再为正字注音
258	羹祖矦陳鐪錯 P200	震，文章平 祇，脂章平	"震祇古字通"		此条也辨驳了颜师古未辨讹字，从而注音也误
259	閼氏 P200	閼，元影平 焉，鱼影平 於，鱼影平 安，元影平	"'焉'、'之'、'焉'、'閼'，乃聲之通，非字之誤"		辨明假借与写字误

续表

序号	条目/页码	被析字及古音	训解术语	声韵关系	按语
260	平 P201	平,耕並平 繁,元並平	"繁平聲近而字通"	耕元異类相转	后人看到《史记》作"繁",又有平平悼侯,所以认为《汉书》的"平"为误文
261	侯意 P201	意,之晓平 菩,之晓上	"意與菩古字通"		先辨明讹字,再明假借
262	單右車 P201	左,歌精上 佐,同上	"左疑當讀爲佐"		声训,同源
263	舞陽 203	親,灙	"親與灙同"		地名假借
264	下酆 P204	酆	"师古音非也"		师古不明讹字,注音有误
265	瓡讘 P204	瓡,孤,鱼匣平	"師古曰瓡讀與狐同"		此条师古古注音正确,与250条相对应
266	題侯 P205	堤,支定去 題,支定平	"聲相同故字相通"		注释家多认为"題"为地名,实则是"堤"的借字,缇侯者,爲其足踶開戶以救大子
267	柏夷亮父 P208	柏,铎帮入 伯,铎帮入			后人合本字借字于一文

续表

序号	条目/页码	被析字及古音	训解术语	声韵关系	按语
268	寺人 P209	寺，之邪去 侍，之禅去	"侍與寺同"	齿头舌面邻纽	明假借
269	雍人廪 P209	廪，侵来上 林，侵来平	"廪林聲近而字通"		明假借
270	衡塗公荔 P209	荔，宵帮平 剿，宵並平 飘，宵滂平	"字之误""聲相近故字相通"	荔，幽清平。王认为不能与荔、剿音近而通	辨明假借与字误
271	著於其中 P211	著，鱼端去 处，鱼昌上 貯，鱼端上	"著之言處也"	端昌准旁纽	同源通用
272	夫妇之道苦 P216	行，阳匣平	"遐孟反又如字轟胡剛反"		上古音不分，到中古，变声调或韵或未区别不同的意义。325条同
273	慶陰陰 P219	庆，阳溪平 羌，阳溪平	"慶讀爲羌"		"读为""读曰"一般是说明假借的术语，有时也表示同源关系
274	壞巖 P219	壞，巖	"壞與巖同"		形声字假借。颜师古虽明假借，但词义解说有误
275	遠姚 P220	姚，宵喻平 遥，宵喻平 同，上	"姚讀爲遙，古人自有複語耳"		辨明假借，说明古人词义类型（古人自有複语）

续表

序号	条目/页码	被析字及古音	训解术语	声韵关系	按语
276	沈斥 P220	沈，阳匣去 莽，阳明上	"沈與莽聲相近"	声纽唇音明母和牙音匣母相通	用声训证明沈与莽的音义关系，莽为沈的语源
277	載湉 P221	載，之精上 則，职精入	"載之言則也"	之职阴入对转	用"之言"术语解释同源，二词皆可作副词
278	議事以制 P221	议，歌疑平 仪，同上	"議讀爲儀 字多以讓爲儀"		"古字多以某为某"说明了假借现象的社会性
279	暴虐 P223	政，征	"政讀爲征，周官通以政爲征"		《周官》通以政爲征"说明假借的社会性和客观性。301条同
280	五穀不爲多 P224	为，歌匣平	"爲音于嬀反，不音于僞反"		"于嬀反"与"遠支切"相同。辨音释义
281	苦惡 P225	苦，鱼溪上 盬，鱼见上			见272条
282	七日日主祠 盛 P227	盛，耕禅平 成，耕禅平	"古字多以盛爲成，則盛非讀爲字"		归纳假借通例，辨明假借和字讹
283	怪迂 P227	迂，鱼影平 訏，鱼晓平	"迂讀爲訏"	声母喉牙相通	师古不识假借之字而误解借字为正字，并以借字之义作解

续表

序号	条目/页码	被析字及古音	训解术语	声韵关系	按语
284	臣望東北汾陰直有金寶氣 P228	直、職章入 特、職定入	"直特古字通"	声母古齿舌面相通	师古不识假借之字而误解借字为正字，原因是断句有误
285	蕙 P228	蕙			见261条
286	冕侯 P229	侯、侯匣平 句、侯见去	"句侯聲近而通"	见匣牙音旁组	辨形近讹字、辨明假借
287	竢 P232	侯、竢	"侯竢古字通"		辨假借
288	遥興輕翬 P232	遥、摇	"摇與遥通"		前人不识假借的原因是不懂方言意义
289	背穴 P232	背、職帮入 之、之並上	"背字或作倍"	之职对转	王在这里似乎没有说明同源关系。背倍实为同源词（见《同源字典》262页）
290	日哀鳥 P233	哀、微影平 依、微影平	"哀依古同聲哀即依也"		既辨讹字，又明假借
291	隨星 P233	隨、歌邪平 隋、歌定上	"隨字古音在歌部讀與隋相近，故音與隋相通、隨非誤字"		后人不识古音，将假借现象看作字误行为。这是两种不同性质的现象，其中假借为约定俗成，具有客观性，后者纯粹是一种错误现象

续表

序号	条目／页码	被析字及古音	训解术语	声韵关系	按语
292	鸟喙 P233	喙，侯端去 啄，屋端入 注，侯章去	"喙或作啄通作啄 又通作注"	中古知组声母，上古有读为端组，也有读为章母的	通过古籍文献中假借用例，和汉魏碑文用字来辨别讹字
293	扬 P234	扬，杨	"今本作扬，乃后人所改"	同声相训	唐以后改"扬"为"杨"。《禹贡正义》同声之字为训；汉魏碑文不误
294	相遇 P236	遇，侯疑去 禺，侯疑平 偶，侯疑上	"遇本作禺，禹读为偶"		《史记》《汉书》用了不同的假借，而传《汉书》者以《史记》之字改之。这是校勘工作中很难发现的一种情况，没有王氏那样渊博的学识和独特的校勘视野，根本无法辨别出这样的讹字，还原文献的本来面目。这点也可为现代的校勘学所借鉴所吸收
295	弓匄 P236	弓，蒸见平 匄，蒸溪平	"弓匄声近而义同故字亦相通"	见溪旁纽	后人不识借字，以《史记》之文改借字为本字。《汉书》多用借字，《史记》多用本字
296	枯槀 P236	枯，鱼溪平 闾，鱼来平	"枯槀音闾为读"		后人不辨古神韵而误倒其文

续表

序号	条目/页码	被析字及古音	训解术语	声韵关系	按语
297	西南行一刻而止 P238	所，鱼生上 许，鱼晓上	"妄改" "肇近而义同"	牙音晓母与正齿生母相通	先辨讹字，再明假借。后人不识假借而妄改文句，造成衍文
298	施 P238	施，歌书平 驰，歌审上	"施皆读爲弛"		"经传通以施爲驰" 说明假借的社会性和客观性
299	無冰 P241	无，鱼明平 亡，阳明平	"凡汉书无字皆借亾"	鱼阳对转	后人依《春秋》改借字为本字
300	而菓 P242	而，之日平 如，鱼日平	"而读曰如"	之鱼旁转	后人不识假借之字而妄改
301	力政 P243	政，征	"政读爲征"		见279条
302	翼養 P247	翼，奚	"翼本作奚" "奚爲本字翼爲借字"		后人以借字改本字。班固是古文字家，文中多用借字，《汉书》多存古字古义，但用本字也是常见的
303	滴水 P248	涝，宵来平 潦，宵来上	"潦当爲涝或作潦通作涝"		先辨讹字，再说明在其他异文中出现过的假借字现象

续表

序号	条目/页码	被析字及古音	训解术语	声韵关系	按语
304	鲷阳 P253	鲷，东定平 钧，幽定上	"钧字古音在幽部，同字古音在东部，东部多与幽部相通"	东部与冬部旁转，再与幽部对转	为了证明东部与幽部相通，王念孙列举了大量古籍文献用例，有押韵，有假借，有异文
305	比阳 P255	比，脂帮上 沘，质帮入	"比沘一声之转"	脂质对转	王引之用一声之转来证明 "比" 字不误，因为古文献异文中有转 "比水" 为 "沘水" 的，如果是 "泚水" 则无法相转
306	芯题 P259	心，侵心平 莎，歌生平	"字从心莝者不得有莎音"	生母（sh）与心母（s）是正齿与齿头准双声关系	从音不同来辨别讹字，王氏父子对字音相近原则的把握还是严谨的
307	水亦至范阳 P259	濡，侯日平；渜，元日上	"遼西之濡字本作渜"		辽西之 "濡" 实际为 "渜" 之讹字，音乃官反；涿郡之 "濡" 音而于反
308	沁 P260	尤，之匣平 饴，之喻平 治，之定平	"尤字古读若饴""左傳作尤漢志作治古今字異耳"	喻三归匣，中古知组定母读近。上古与端组声母，上古与端组读音近。中古尤部上古读为之部	王念孙有时谈到 "古今字"，实为假借现象，经传用字的区别

续表

序号	条目/页码	被析字及古音	训解术语	声韵关系	按语
309	黝 P261	黟,支影平 多,歌端平 黝,幽影上	"幽部之字無與支 歌部通者"		唐作藩也认为"黟"从多声,有的古音学家归歌端部。(《上古音手册》153 页) 辨别假借与字误
310	洭 P262	洭,阳溪平 湟,阳匣平 汇,微匣上	"故與湟通"		王念孙通过其他古籍异文的通假现象来辨明讹字
311	监原 P263	原,沅	"监原當依水經沅 水注作监沅聲之誤 也"		不言假借,言声误,是因为古籍没有假借的例证
312	潘水 P265	潘,潜	"字本作潘水經作 潜者借字耳"		后人不识假借字而改本字为借字
313	至武都 P265	养,阳喻上 漾,阳喻去	"古書多以養爲漾"		辨明假借字
314	圜水 P267	圜,元匣平 圖,元疑平	"圜與圖聲相近, 古無圖字故借圜爲 之"		韦颜误以借字为本字之讹,实际上《汉书》时代并无"圖"字,"圜"声借借"圖"字来记录,"圖"为后出本字

续表

序号	条目/页码	被析字及古音	训解术语	声韵关系	按语
315	庠奚 P270	庠、庪，支定平	"竝有懸音，易於相亂"		形体相近，读音也相近，容易相乱
316	泚水 P270	泚			与 307 条对应
317	慮 P272	慮，鱼来去 卢，鱼来平	"慮當爲盧字之誤也"		辨明字误和假借
318	慮與閭 P275	慮，鱼来去 閭，鱼来上			明假借
319	與不得已 P276	与，鱼喻上 如，鱼日平	"與者如也"		见《释词》
320	乃 P280	乃，之泥上 仍，蒸日平	"仍乃聲相近故字亦相通"	之蒸阴阳对转	章太炎提出"古音娘日二纽归泥"的论断
321	尚鲁元公主 P281	尚，阳禅去 当，阳端平	"古字當與尚通"	声母舌音相通	释"尚"字之义、识别古籍中用本义和用借义的现象
322	陽爲有 P281	伪，为	"爲字古通作僞，古書爲字多作僞"		归纳古书用字通例
323	又 P281	又、有	"又讀爲有"		明假借条例

续表

序号	条目/页码	被析字及古音	训解术语	声韵关系	按语
324	唯信亦以爲大王弗如也 P281	唯，微喻平 虽，微心平	"唯讀爲雖"		师古有时因为断句有误，有时因为释义不当，误以借字为本字。没有注意到古字假借的习惯用例
325	未肯擊前行恐吾阻險而還 P282	行，阳匣平	"行字仍當音戸郎反"		见272条 辨音释义，断句读
326	幾是平 P283	几，微见平 岂，微溪上	"幾讀爲豈"	见溪旁纽	辨明假借
327	同情相求 P284	情，成	"情成爲韻"	押耕部	以押韵例来判断讹字佐证
328	轉胡衆 P284	转，元端上 抟，元定平 专，元章平	"専摶轉肇相近"	中古知彻澄上古读为端组或读为章组	所以中古知组声母上古可和端组声母相近的关系
329	豈不危哉 P284	危，微疑平 诡，微见上	"危與詭古同聲手通用"	"危"字，有的古音学家入歌部或支部（《上古音手册》134页）	后人不识假借而以借字为本字
330	肺附 P285	肺，月滂入 附，侯並去	"作肺者假借字耳" "肺附語之轉"	滂並旁组声近	肺为柿的借字，柿、附、朴、柿为一组 同源词

续表

序号	条目/页码	被析字及古音	训解术语	声韵关系	按语
331	忾恨 P286	恨，很	"恨读爲很"		以古籍文献中大量的例子来证明"恨"通作"很"
332	攻其蔮垣 P291	桓，元匣平 和，歌匣平	"桓读爲和，和與桓声相近"	元歌对转	先辨讹字，再说明假借
333	鄲矣 P292	鄲，元端平 多，歌端平	"寒歌二韵古声相近故单声之字多有转入歌韵者"	元歌相转	与304条对应
334	尤好書 P294	好	"好字仍当读去声不当读上声"		辨音释义
335	離騷傳 P296	傅，鱼帮去 赋，侯帮上	"傅当读爲傅傅與赋古字通"		先辨讹字，再明假借
336	愈飲水 P296	愈，侯喻上 偸，侯透平	"愈读爲偸"	舌面喻母与舌头透母准旁纽。中古喻四上古与定母相近	明假借
337	漸靡 P296	漸	"漸读漸漬之漸"		注音辨义
338	接刃 P297	接，叶精入 插，叶初入	"接读爲捕"	精初相通	师古无音，读假借之字以本字

229

续表

序号	条目/页码	被析字及古音	训解术语	声韵关系	按语
339	意變 P299	意，亿	"意讀萬年之億"		明假借，与337条辨义不同
340	遹在 P299	在，之从上 才，之从平	"在讀爲纔"		明假借
341	廉愧 P300	魄，幽昌上 耻，之透上	"廉魄卽廉恥，語之轉耳"	声母昌透准双声，韵部之幽旁转	语转辨同源
342	因恬而不知怪 P300	固，鱼见去 顾，同上	"因當爲固字之誤也固與顧同"		先辨讹字，再明假借
343	智詟之指 P301	智，知	"智讀曰知"		"智"为"知"的分别字，如以"知"表示"智"，是同源关系
344	縣匱 P302	县，元匣平 悫，同上			明假借
345	財幸 P304	财，裁，才			同340条
346	遇以刀决帳道從醉卒直出 P304	道，导			见《史记》
347	材官騶發 P305	騶，侯庄平 趣，侯清平 骤，侯崇去	"騶趣立與驟通也"	声母齿音相通	明假借

230

续表

序号	条目／页码	被析字及古音	训解术语	声韵关系	按语
348	积死 P305	瀆瀆積瘠	"積讀爲"瀆瀆積瘠竝字異而義同"		辨别一组形异音近义同的词
349	竇廣虚 P305	广，阳见上 旷，阳溪去	"廣與曠同"	见溪旁纽	明假借
350	不挈 P306	謙，元疑去 挈，月疑入	"同聲故字亦相通"	月元入阳对转	明假借
351	爲將 P307	时，之禅平 而，之日平	"時讀爲而"	禅日旁纽	后人不识假借而妄删
352	道諛 P308	道，諂	"道諛卽諂諛之轉聲"		见《史记》
353	訟 P308	讼，诵	"訟古通作誦"	音同	各注家不识假借，认为是误字
354	蹈雍之河 P308	雍，东影平 甕，东影去	"雍讀爲甕"		明假借
355	讒惡 P311	惡，铎影入 誣，同上	"惡與誣同"		前人不识假借而以借字为本字

续表

序号	条目/页码	被析字及古音	训解术语	声韵关系	按语
356	周内 P311	内，物泥入 纳，缉泥入		"内" 有的古音学家入缉部	如入物部，则与缉部通转
357	逴犊 P313	迟，锡溪入 企，支溪上	"犟相近"	韵部对转	用了多种方法判断讹字，其中之一就是利用假借
358	至它 P313	至，质章入 郅，同上	"至与郅通"		明假借
359	将数十骑从 P314	从， 纵	"张读从爲放纵"		王与前人均释假借，但对本字之义的理解不一样
360	物故 P316	殁，物明入 物，同上 没，物明入	"殁物聱近而字通"		诸家不识借字而求文义
361	隆崇律崒 P319				辨别衍文：注文无音；押韵例
362	軙辥 P319	軙，质喻入 选，质定入	"軙读若选"	中古喻四母上古与定母音近	明假借
363	勺藥 P320	勺藥，適歷	"勺藥之適歷也"		以音辨单纯词
364	娱游往来 P321	娱， 虞	某音某不音某		注音辨讹字

序号	条目/页码	被析字及古音	训解术语	声韵关系	按语
365	下碩歷之扺 P322	扺	押韵	音义互证	
366	族居 P322	居,举	"居讀爲舉"	多音多义	师古不辨假借,以借字为本字
367	失在巖穴 P327	失,质书入 佚,质喻入	"失讀爲放佚之佚"	书喻旁纽	"古多以失爲佚見九經古義"
368	毋桐好逸 P330	桐,侗	"作桐者假借字耳 侗與桐古字通"		明假借
369	庸身 P330	庸,用	"庸用古字通"		辨句读,明假借
370	癉熱 P331	癉,僤,憚	"字通作僤又作憚"		明假借
371	皆從 P331	從,东从平 聳,东心上	"從讀爲聳"	从心旁纽	明假借
372	南挂於越 P332	挂,絓	"挂讀爲絓"		明假借
373	乘旦 P334	旦,鱼清上 駔,阳精上	"旦與駔同"	鱼阳对转	先辨讹字,再明假借,证字讹
374	终生 P337	终,众	"終當讀爲眾"	古字多以终爲眾	归纳假借条例

续表

序号	条目/页码	被析字及古音	训解术语	声韵关系	按语
375	以如也 P339	亡,阳明平 蔑,月明入 庆,月明入	"以如猶云蔑如" "蔑與以一聲之轉"	阳月通转	同缘关系
377	設祖道供張 P344	为	"為于偽反"		注音辨义
378	厲其庶而 P346	庶,鱼书去 齐,脂从平 脂,脂从平	"庶與齊韻不相協"	不押韵	以韵不相协发现讹字,用押韵来找出正字
379	大熱 P347	以,之喻上 已,同上	"以與已同"		后人不识假借之字而妄改
380	以往知來 P348	智,知			见343条
381	感感 P350	感,覺清入 蹙,屋精入	"感讀爲蹙"	韵部通转	明假借
382	待用之 P351	待,之定上 特,职定入	待特聲相近故字相通	之职对转	明假借
383	違 P351	韦,违	韋字本作韋	音同	后人不识同源分化之理,以后出之分别字改古本字
384	其 P353	其,期	其與期同		明假借

续表

序号	条目/页码	被析字及古音	训解术语	声韵关系	按语
385	鞠躬 P354	鞠躬	双声字		双声联绵词不可分训，颜对、宋子京则训为动宾合成词
386	右與 P355	左、右、佐、佑	凡經典中佐佑字皆作左右		这和一般的假借字和古今字性质都不一样，王力将这种现象称之为同源。佑佐为后起分别字
387	簿 P358	簿、薄	古字以薄爲簿也		簿为后起本字。本字后起的假借现象
388	奔走 P358	奔、賁	奔與賁、傅與敷古字通用		断句，结合上下文义判断假借
389	靖言 P359	静、竫、靖	竝字異而義同		揭示《尚书》古文与今文用字的不同，并说明《汉书》引用的用今文
390	能或減之 P360	能，之泥平 耐，之泥去 乃，之泥上	"能字古讀若見耐說訓正""聲與乃皆雙聲故義亦相同"		借鉴《唐韵正》识古音，辨假借

续表

序号	条目/页码	被析字及古音	训解术语	声韵关系	按语
391	炮格 P361	格，铎见入 洛，铎来入	格音 古 伯 反，不 音洛		不认为是假借，而认为是讹字。原因是格、洛音不近。这是王念孙的局限性。混淆了中古音和古音的界限，二字今音的确音不协，但于古音都为铎母来母上古相通的例证很多（见《音转研究》）
392	專攻 P362	政，正	政当为政字之误也 政与正同		先辨讹字，再明假借
393	畔牢愁 P356	牢，幽来平 刘，幽来平 镏，同上	牢字古读若刘		先辨明假借字，再明连绵词
394	焕 庆 云 而 举 P356	庆，阳溪平 羌，同上	后人不知庆之读为羌而妄改之耳		不识假借而误倒其文
395	鹈鴂 P356	鹈鴂，支定上；支 见去 杜鹃，鱼定上；元 见平	鹈鴂杜鹃一声之转	韵部相转	辨名物，异名同物
396	鸟昕 P366	昕，顽	某借为某		先辨讹字，再明假借

续表

序号	条目/页码	被析字及古音	训解术语	声韵关系	按语
397	枚桭 P367	枚，夬	某当作某		辨别字误和假借
398	爪華踣衰 P368	衰，微生平渗，文未去	衰與渗爲韻，則作衰者是也	微文对转合韵	以押韵倒反驳各家注家讹之说，认为文献不误
399	罌或 P369	或，職匣入有，之匣上	擘相近字亦相通詋		识假借
400	列眥 P369	列，裂	某作某		辨后起本字
401	忼純天地 P369	忼純	忼純竝通用		明假借
402	沈沈曚摩鉉中 P369	沈，容	沈容双聲字		辨连绵字
403	儲胥 P370	儲，胥	儲胥叠韻字		连绵词不应分为二义
404	五劀 P370	劀，幅，副，国	"古音在職部" "古音在质部"	韵部通转	应用辨假借，分析押韵来辨明讹字
405	頟頤 P372	頟，頗	正字，讹字		既明假借，又辨讹字
406	人丛 P372	乃，昆，回	某在某部	韵部相转	注音辨讹字；古今韵之别

237

续表

序号	条目/页码	被析字及古音	训解术语	声韵关系	按语
407	偶人 P376	偶，侯疑上 寓，侯疑去	古同聲而通用字或作耦		辨明讹字致误的原因
408	收司 P376	伯，鐸幫入 陌，鐸明入	伯與陌同	声母旁纽	后人不识假借而以借字为本字
409	阿邑 P377	阿，歌影平 邑，缉影入	阿邑雙聲字		辨双声连绵字
410	茬 P377	茬，之崇平 槎，歌崇平	某古音屬某部	韵部通转	以古音不相近判断讹字
411	圉華成家 P378	圉，禦	圉讀曰禦		明假借
412	發貯 P379	發，廢	發讀爲廢		明假借
413	人爭取賤賈 P379	賈，盬	賈讀爲盬		列举假借为"盬"的一系列借字和例证
414	歆其德 P380	歆，侵溪平 歆，侵曉平	聲相近字相通	声母牙音旁转	先辨讹字，再明假借
415	靜悍 P381	靜，精	靜與精同	声韵同	明假借

续表

序号	条目／页码	被析字及古音	训解术语	声韵关系	按语
416	见衷 P381	衷，爱	衷者爱也	声韵同	声训
417	肉食 P382	用，东喻平 以，之喻上	义同而声亦相近	韵部通转	押韵例；古籍文献异文假借
418	爲 P385	与，鱼喻上 为，歌匣平	一声之转	韵部通转	声近义通
419	保就 P387	聚，侯从上 就，觉从入	一声之传	韵部旁对转	声近义通
420	孤胡 P394	孤，胡	叠韵者	韵部相通	为国名，不可分训
421	卽爲所 P395	为，		声调有分化	四声别义
422	俊俭 P398	俊，文清平 遵，文精平	後读爲遵	声母旁转	明假借
423	陷假 P398	假，鱼见上 瑕，鱼匣平	假读爲瑕	声母旁纽	明假借
424	拂其頸 P398	拂，物滂入 刜，物並入	拂读爲刜	声母旁纽	明假借

续表

序号	条目/页码	被析字及古音	训解术语	声韵关系	按语
425	荷鋪 P398	倚，歌影上 荷，歌匣上	声相近故字亦相通	声母喉牙相通	应用押韵佐证二字古音近
426	備 P399	服，伏，职並入 备，职並人 职並人	读如某之某	音同	借鉴《六书音均表》
427	愁民 P400	愁，掔	愁读为掔		明假借
428	短褐之褻 P402	褻，叶定人 襲，绢邪人 褻，月心人	声近而通，声远而不可通	声母相通	辨讹字之法：注音；假借法；韵的分合
429	說難既酋 P404	就，酋	掔近而义同故字亦相通也		明假借
430	邪沂 P404	汜，之邪上 垠，文疑平	汜垠语之轉韵部通转		借助方言说明同源词
431	方命 P405	方，放	某某本作某		《汉书》用的今文尚书，用本字；古文《尚书》用借字
432	亦有绍土 P405	绍，宵禅上 楚，旅，鱼初上	"后人不知古音而改，则文不成义矣"		今韵不同不等于古韵也不同，不识古音者难以辨之

续表

序号	条目/页码	被析字及古音	训解术语	声韵关系	按语
433	薰胥 P406	淪，文來平 薰，文曉平	聲相近	聲紐相通	据经典异文用字不同来判定假借
434	连语 P407			"连语"条具体分析见著作正文	《汉书杂志》第十六条以举例的方式说明连语的语言现象，与所谓的连绵词有联系，但也有区别

《读书杂志》涉及古音条目分析表（之六《晏子春秋杂志》）

序号	条目/页码	被析字及古音	训解术语	声韵关系	按语
592	不顧于行義 P518	戏，鱼（歌）晓平 來，之來平 之（止）來上 里，同"里" 理，职來入 力，职明入 罢，微（旨）从平 灭，月明入 衰，微（脂）生平	歌、之、止、职、旨、月、脂非韵	韵部不相合	古人用韵，同声相协者为多，异声相协者为少，异声相协中，平上相协、去入相协者多。古人用合韵是有条件的，对声调也是有考虑的，不光是韵部之同读音要相近，不能只知道其合而其分

241

续表

序号	条目/页码	被析字及古音	训解术语	声韵关系	按语
593	懷黉 P519	嗛, 谈溪上	某者某也	嗛、慊上古均为谈部溪母上声，中古一归上声忝韵，一归入声帖韵	据王氏释义，应是慊的借字
594	尤侁 P520	謟, 洎, 幽透平	读若注音		用"读若"注音，古已有之，特别是在反切发明之前，但读若有时又为说明假借
595	君子所诚 P521	诚, 职（志）见入 届, 质（至）见入	至部与志部古音绝不相通	韵部不相近	王氏认为：至之上声为旨，其入声为质（可见校读这条时，王氏的至部未从脂部中分出）；志之上声为职，入声为职。由此可见，王氏的古音学说经历了漫长的理论定会影响他的理论定会影响他校读古籍的实践活动
596	导高款 P522	有, 之匣上 又, 同上	读为假借		明假借
597	祀祠古字通 P522	祀, 之邪上 祠, 之邪平	某某古字通		明假借
598	人之没 P523	立, 缉来入 泣, 缉溪入	"某即某字"假借	声母牙舌音相通	上古汉语里，牙喉音与唇音、舌齿音舌齿音相通是客观事实

续表

序号	条目/页码	被析字及古音	训解术语	声韵关系	按语
599	其邾 P524	其，之群平 邾，之见平	"读为""假借"	声母旁纽	谐声关系
600	歋曰四句 P524	界，鱼群去 玃，鱼群去 瞿，鱼群去 懼，铎见入	同源通用	鱼铎阴入对转，见群同系相转	王氏之意：正字应是懼，写作玃，是误字，而本字又是界。此四者为同源词关系，意义皆从声源字"眼"而来
601	穗平 P527	躬，冬见平 胘，蒸见平	"某古读若某"	冬、蒸旁转	明假
602	居其室 P528	此，支清上 差，歌初平	凡字之从某从某者，声相近亦相通	上古庄组（照二）读音和精组接近	
603	攟格 P529	格，铎见入 铬，铎来入	"某即某字"假借	牙音与舌音可以相通	见、来异类相通，见第7条
604	導眚 P530	循，文（谆）邪平 遂，物邪入 脂，（脂）邪平	"一声之转"音转义通	文物阳入对转	王氏"脂"部包括了王力的脂、微、物三部
605	内篇同上 P531	兑，月定入 穼，物定入 隧，（脂）邪入	"读为""声相近"	舌齿异音相转，物月旁转	舌音齿音相通也是客观事实，谐声有许多证据，《说文》

续表

序号	条目/页码	被析字及古音	训解术语	声韵关系	按语
606	翠州 P534	惛,文(谆)晓平 闷,文(谆)明平	"某者,某之借字也"	晓、明异类相转	古音中,喉、唇相转的现象很普遍
607	岁事 P535	行,阳匣平			见第1条,异读别义
608	民有如利 P535	倍,之並上 背,职(之)帮入	"某与某某古字通"	之、职阴入对转,声母帮、並同类相转	王氏古韵部中,入声职部没有从之部中独立出来,这是清代考古派的特点
609	荣君 P536	荣,耕日平 营,耕喻平	"某读为某"假借	日、喻母上都归舌音,算同类相转	明假借
610	廌苴学 P536	蘆,屋(侯)来入 麤,鱼清平	"某某与某某同"假借	鱼侯旁转,再侯屋对转;声母舌齿异类相转	《同源字典》认为舌齿音音近,喉牙音近,故古音齿音可相通
611	行已 P537	行,阳匣平		声调异	与第1条同
612	定禄 P538	行,去声			当"行"为名词,读去声时,王氏一般加以注明
613	好辩以为忠 P539	行,去声			同上

续表

序号	条目/页码	被析字及古音	训解术语	声韵关系	按语
614	廉政 P540	政,帮章去 正,帮章平	"某与某同"	古音声韵同调异	明假借
615	高山仰止景行行止之者其人也 P540	鄉,阳晓平	"某读某之某"		辨音辨义
616	國都之市 P541	都,鱼端平 诸,鱼章平	"某某古字通"	古舌音端系章系同类相转	明假借
617	不缘 P542	佼,宵见上 绞,宵见上	"字通作某"	古同音通用	明假借
618	危行 P542	危,微疑平 诡,微见上	"某读曰某"	牙音同系相转	和押韵不同,古音假借一般不考虑声调
619	不待時而人見 P543	时,之禅平 待,之定上	"某即某字也"	端系、章系为舌音同类异系相通	当后人不明借字,并且加字和借字组合在一起似乎可通时,能辨明借字的就更难了
620	犯其禮 P544	知,支端平 折,月(祭)章入	"某声近相近,故字亦相通"	声母同类相通	明假借

续表

序号	条目/页码	被析字及古音	训解术语	声韵关系	按语
621	弃國 P545	队, 物定入; 隊, 物邪入	"某与某同" 假借	声母舌齿音异类相转	明假借
622	婴诚革之 P546	诚, 耕禅平; 靖, 耕清上	"读为"	声母只有清浊之分	明假借
623	女子而男子饰 P547	睦, 觉明入; 买, 支明上; 觉, 觉明入; 鬻, 明喻入	"某与某同"		此条校语最能体现王氏精深的古字、古音、古义功底
624	不踊 P547	通, 东透平; 踊, 东喻上	"声之通"	上古喻母发音和定母相近, 故可与透母相通	明假借
625	怨利生孽 P549	怨, 元影平; 蕴, 文(谆)影上; 委, 微(脂)影上	"一声之转"	文微对转, 元文旁转	声转义通
626	安邦而度家 P550	度, 铎(鱼)定入; 宅, 铎(鱼)定入	"读为"		见 17 条
627	垠君 P550	垠, 文匣去; 很, 文匣上	"某之借字也"	声调异	明假借

续表

序号	条目/页码	被析字及古音	训解术语	声韵关系	按语
628	不任 P550	佞,霄见上 佞,霄见上	"某与某同"	音同	明假借
629	耳矣 P551	耳,而已,	"疾言之,徐言之"耳为而已之合声		顾炎武根据古书中合声的现实,认为反切由中国自己发明,并将反切的产生推得更早
630	释衣冠自鼓缶 P551	义,谊,仪,歌 疑平	某字本作某	古音同	后世与古用字不同
631	泰山之上 P552	可,歌溪上 何,歌匣平	"读曰"假借	声母牙喉相通	明假借
632	正谏 P552	正,耕章平 证,耕章去	"某与某同"		明假借
633	櫭 P553	櫭,觉(幽)心入 椒,幽清平	"某即某字也"	声母齿头音同系相通,韵部阴入对转	明假借
634	谁有此乎 P553	泽,铎(鱼)定入 舍,鱼书上	"某古某字也"	声母舌音同类相通,韵部阴入对转	见《管子·戒篇》
635	人则求君之嗜欲能顺之能舆而同 P554	能,之泥平 而,之日平	"某与某同"	日母发音与泥母近,乃同类相通	章大炎认为娘母日母上古归母泥母

续表

序号	条目/页码	被析字及古音	训解术语	声韵关系	按语
636	见不足以知之 P554	施，歌书平 移，歌喻平	"某读为某"	喻母古属舌音，与书母同类相通	明假借
637	君之惶 P555	惶，阳匣平 惑，职（之）匣入	"某某语之转"	职阳旁对转	语转义同
638	道衰 P555	遁，文（谆）定去 循，文邪平	"某与某同"假借	定、邪舌齿异类相通	明假借
639	路世之政事之教 P555	单，元端平 亶，同上	"某读为某"	音同	明假借
640	足游浮云 句 P556	廖，幽来平 寥，同上	"某某即某某"	音同	辨明叠音词

《读书杂志》涉及古音条目分析表（之七《墨子杂志》）

序号	条目/页码	被析字及古音	训解术语	声韵关系	按语
641	遊淩 P559	遊，幽喻平 流，幽来平	"某即某字也"	来喻准双声	明假借
642	譖懜 P559	潛，侵精平 憯，谈从平	"某与某古字通"	侵谈旁转；精从旁纽	明假借

续表

序号	条目/页码	被析字及古音	训解术语	声韵关系	按语
643	義 P559	義、我，歌疑平 / 歌疑上 / 弗、物（脂）帮入	"某从某声"谐声关系	声韵同	又我声近，又弗声远，故又从我声，非从弗声
644	必擇所堪必謹所塔 P560	堪，侵溪平 / 塔，侵定上 / 漸，談精平	"某当读为某，某与某同"二次假借	侵谈旁转	与王氏同时代或以前的学者，均认为堪通作塔，独王氏突破了常规的思维，从语境意义出发，合音与塔更近的塔字，而求出塔字，正如钱大昕所说"疑于义者以声求之，疑于声者以义正之"
645	故食不可不務也 P561	力、职（之）来入 / 立、缉来入 / 节、质（至）精入	非韵		王氏强调古韵之分，缉质、职质、厚俦非韵。但王氏晚年所成《合韵谱》有职质合韵，并举《诗经·鸥鹚》子室、《大戴礼·诰志篇》闭翼、《楚辞·离骚》节服等为例。陆宗达考证王氏《韵谱》之时，而《合韵谱》写在其后，可见王氏韵学至晚岁有所改变
646	五穀不孰謂之大侵 P562	餽、微（脂）群去 / 匱、物（脂）群入	"某与某通"	微物阴入对转	明假借

续表

序号	条目/页码	被析字及古音	训解术语	声韵关系	按语
647	雍食 P562	饔，东影平 雍，同上	"某某古字通"	同音假借	明假借
648	命曰骊虞 P563	虞，鱼疑平 吾，鱼疑平	"今本书传中骊虞字多作骊吾"异文	古同音今韵母异	异文
649	尚贤为政之本 P564	故，鱼见去 胡，鱼匣平	"某与某同"	喉牙相通	明假借
650	毋无 P565	唯，微喻平 虽，微心平	"甲与乙同""乙与甲同"互为假借	喻母心母相通	明假借
651	失措 P566	捝，文心上 扶，文匣平	"某读为某"	匣心相通	明假借
652	隆 P567	隆，冬来平 降，冬见平	"古者某与某通，不烦改字"	见来相通	明假借
653	女何择言人 P568	否，之帮上 不，之帮平	"某与某古字通"	声韵同	有的学者认为是同源
654	无故 P568	攻，东见平 功，同	"某即某字也"	声韵调同	明假借

续表

序号	条目/页码	被析字及古音	训解术语	声韵关系	按语
655	脱一字 P569	游、幽喻平 淫、侵喻平	"某某即某某语之转耳"	幽侵相转	章太炎《文始七》说：所有的闭口韵都可和幽音两部发生对转。这两部对转关系，但这种语言现象古时确实存在，王念孙虽未明确申说各部的对转关系，但从文献实例中足可证之
656	情請爲通 P569	请、耕清上 情、耕从平	"某即某字也"假借	清从旁纽	归纳《墨子》用字惯例：多以请为情
657	也 P569	即、质(至)精入 则、职(之)精入	"某与某同"	质职相通	明假借。此二部相通情况有前后矛盾之处
658	助治天助明 P570	辩、元並上 偏、真帮去	"某读为某"假借	真元旁转；帮並旁纽	古偏字多作辩，说见《日知录》
659	唯 P571	唯、微喻平 虽、微心平	"古者某与某通，不烦改字"	喻心相通	与第10条同
660	情 P571	情、耕从平 诚、耕禅平	"某即某字"	禅从邻纽	明假借
661	脱文九 P571	且且；麤粗	"且且即麤粗"		异文，同《晏子》19条

续表

序号	条目／页码	被析字及古音	训解术语	声韵关系	按语
662	连獨無兄弟者 P572	连，元来平 鳏，文（谆）见平 蜱，药端入 卑，药透入	"声与某近"； "某与某同"	端透邻纽	归纳不相通条例； 同源通用
663	人與 P572	与，鱼喻上 如，鱼日平	与者，如也	喻、日古归舌音，同类相通	声训
664	費 P573	费，物游入 拂，物游入	"古者某与某通，不烦改字"		明假借
665	弗之而非 P574	知，支端平 之，之章平	"俗者某某相乱，古某误为某"．俗音相乱	端、章舌音同类相通 支、之旁转而通	见《晏子》19条
666	偏 P575	偏，真游平 偏，真帮去	"古多以某为某，不烦改字"	帮、游同系相通	归纳假借条例
667	磨 P576	歷，锡（支）来入 离，歌来平	"某之言某也"	歌支相转	同源通用
668	遏至 P576	缢，缉定入 遏，月定入	"某与某同"		说见《释词》

续表

序号	条目/页码	被析字及古音	训解术语	声韵关系	按语
669	序 P576	训，文晓平 顺，文船平 序，鱼邪上	"训与顺同"	晓船牙舌音相通	序为顺之语源
670	兄 577	兄，阳晓平 况，阳晓去	"某与某同"		音误与音借不同，音误是一个历时的过程，音借产生于文献所著时代，与文献为共时关系
671	之绝 P577	委，微影上	"委读委输之委"	委中古有不同声调	注音辨义
672	籍敛 P578	籍，铎从入；措， 籍从入；昨， 人；作， 铎精入 铎清 铎心入	"某某与某同"	作、措通作籍，三 字古音韵部均为铎 部，声纽精、清、 从都是齿头音，只 有清浊的区别	明假借
673	蕴蓄 P578	蕴，微 蓄 文部 部； 罩	"某字或作某"； "某之为某"	微文阴阳对转	今音、古音的分合。王氏云：文吻同与脂旨至古音多互相转。文吻同古音归文部，脂旨古音归之部，脂归微部，至古归物部，脂微部王氏未分，统归脂部，王力的微部即从脂部分出。根据古音转规律，之、脂，微均可与文部相通，故王氏所言不假。 以《广韵》对照研古音，是治古音的途径之一

续表

序号	条目/页码	被析字及古音	训解术语	声韵关系	按语
674	傅 P579	傅，元定平 转，元端上	"某与某通"	同韵部，声母端定 舌音清浊相转	
675	扶 P579	以，之喻上 已，同	夹注引毕云		
676	者五 族人 月 数 P579	其，之群平 朞，同	夹注引毕云		
677	三蔑 P580	蔑，元匣平；遗， 元群平 负，之上；肯， 职（之）帮入；倍， 之並上	"负之言背也" "古同肇而字亦相 通又通作"	之职阴入对转，声 母帮並唇音清浊 相转	声训； 肯、负实际为同源通用。 假借和同源混合在一起。
678	反其所 P580	惟，微喻平 虽，微心平	"某与某通"	韵部相同，声母 喻、心古音齿音相 通相通	
679	久哭 P580	襄，阳心平 以，阳明平	"某字从某声"		说字
680	南己 P580	己，之见上 纪，同	"若是某字，则不 得与某通"	巳，古为鱼帮平， 不得与纪通	以假借辨讹字

序号	条目/页码	被析字及古音	训解术语	声韵关系	按语
681	請謂 P581	情，耕从平；请，耕清上；诚，耕禅平	"某与某通，不烦改字" "墨子书某某二字並与某通"	舌齿异系邻纽相通	归纳本书假借通例
682	幽门 幽涧 P582	閒，元见平；闲，元匣平	"某读若某" 古今字	声母见、匣相通	閒，后分化为闲，同一字
683	次 P582	次，支清去；即，质精入	"某某声相近而字亦相通"	支、质通转，精清同系相通	运用《说文》异体字坌、坚，形符同声符字异现象，朴充说明次，即声符相近
684	雷降 P583	實，匣上；頤，匣上同	"某与某同"	声韵同	明假借
685	既可得雷而已 P583	智，支端平；知，支端同	"某即某也" 同源通用	声韵调同	归纳该书用字通例，墨子书知多作智，並说明《管子》也有此用法
686	天之意 P583	之，之章平；志，之章去	"古某字作某（借）" "某即某字也"	声韵同调异	明假借
687	别 P584	别，月並入；徧，真帮去	"某读为某" "古或以某为某"	真、月旁对转，帮並同系相通	明假借

续表

序号	条目/页码	被析字及古音	训解术语	声韵关系	按语
688	溝塄 P584	抑,质影入 塄,真影平	"某之言某也"声训	真、质阳入对转	同源关系
689	法美 P585	当,阳端平 尝,阳禅平	"某读为某"假借	声母精心同系相通	明假借
690	畜豢 P585	枭,宵心去 繹,宵精上	"某盖某之借字" "某某同音故字亦相通"	同音假借	明假借
691	借若 P586	借,脂见平 皆,脂见平	"某与某通"		名假借
692	敢問神 P586	明,阳明平 芒,阳明平 名,耕明平	"某古读若某,不得与某通"		阐明可假借与不可假借之例
693	由 猶 P586	谦、谈清平;兼、谈见平 欲、屋喻入;犹、幽喻平 由、同上	"某即某也,某某古字亦通"	清、见齿牙相通;幽、屋旁对转相通	明假借

续表

序号	条目/页码	被析字及古音	训解术语	声韵关系	按语
694	請品先 P587	請，耕清上；情，耕从平	"某字即某字也，墨子书通以某为某，不烦改字"	见16条	
695	菆位禁社 P587	菆，东从平；菆，同上；菆，幽精平	"某与某同，某亦与某同"	声母精、从同系通，韵幽东部对转	王氏在此辨明菆聚之菆木通作菆，但又说："菆艸謂之菆聚之菆菆菆菆一也"，也就或从艸或从形符又相夫其声符相同的异是说此三字为形符相同的异体字。实际这组字应分为两种情形，菆体字。菆为异体字，菆为麻杆菆为异字，菆为麻杆
696	刻住人面 P588	佳，微章平；隹，微喻平	"古某字但作某"古今字	章、喻古音同类相转	古今字本应是字形有异音读音相同的一组字，但由于它们又处于历时过程，并且在发展过程中，古字与今字并存发展，又有了各自的意义，因此语音有所变化也是可以理解的，但它们的语音不会相差太大。绝大部分古今字为音同关系，如186条"列"为"裂"的古字
697	尚書 P588	尚，阳禅去；上，阳禅上；尚，阳禅平	"某与某同"	调异	

续表

序号	条目/页码	被析字及古音	训解术语	声韵关系	按语
698	邃野 P589	野，鱼喻上 宇，鱼匣上	"某即某字也，古 读某如某，故与某 通"	匣、喻喉舌相通	
699	邌者 当年 P589	邌，脂定平 稺（稚），质定入	"某读为某"	脂、质阴入对转	音近字注音释义；应是音近义近关系
700	升粟 P590	叔，觉书入 菽，觉书入	"某与某同"	同音假借	
701	繰 P590	繰，见 50 条 綃，宵心平	"某读若某"	精、心同系相通	明假借
702	舞佯 佯黄 言孔 章 P590	常，阳禅平 尚，阳禅去	"某读……之某" 某读为某" 注音	声调异	谐声；假借，见《史记平原君传》
703	废 P591	废，月帮入 发，月帮入	"某某古字通"	同音假借	谐声
704	盍盍 P591	盍，月见入 盍，叶匣入	"某与某同"	声母见、匣牙喉相 通，月、叶通转	见 57 条
705	邌樸 P592	遇，侯喻去 愚，侯疑平	"某与某同"	喻、疑相通	谐声借用

续表

序号	条目/页码	被析字及古音	训解术语	声韵关系	按语
706	共扬 P593	扬,文匣 损,文心上	"某某古字通"	匣、心相通	扬,损为假借关系是有问题的,音近且都是失义,应是同源通用
707	亲亲有术 P593	殺,月(祭)生入 术,物(脂)船入	"某与某声近而字通"	声母船、生舌齿异类相转,韵月物、月旁转	王氏认为杀为殺的古字,殺从术声,术也从术声,故杀与术声相近。殺转去声音色介反,即生母去声;术转二去合三去至邪。蟹开一去声怪生,今音止合三去邪。即从今音考察,声母生、邪母从齿音同类相通,月韵物、月旁转,至相通。王氏的意思是说此二字不但古音相近,今音声亦相近,这就涉及了语音的历时性发展
708	亲伯父宗兄而卑子 P594	而,之日平 如,鱼日平	"某读为某"	之、鱼旁转	假借
709	祗裯 P594	裯,真匣去;元,元疑平;裯,元端平;端,端平	"某某即某也"	声母疑、匣牙喉相通,韵部真元旁转	元为借字,裯为本字,玄(赤黑色)为裯的语源。端为裯的语源,取端正之意

续表

序号	条目/页码	被析字及古音	训解术语	声韵关系	按语
710	用偏 P595	偏,真滂平 偏,真帮去			见26条
711	儒學 P596	议,歌疑平 仪,歌疑平 同	"某某古字通"	同音假借	谐声
712	烹烹豚 P596	烹,阳滂平 享,阳晓平	误读	滂、晓相通	误读导致误字
713	苟生 P596	苟,职见入 喣,职 同	"某读为'某'"		
714	赢飽 P596	赢,耕喻平 盈,耕喻平 同	"某之言某"声训		
715	鑪閒產也 P597	鑪,鱼来平 罏,鱼来平 同	"某为某之借字"	同音假借	谐声
716	故言也者諸口能 之出民者也 P598	能,之泥平 而,之泥平	"某与某通"		章太炎认为上古没有娘、日二纽,后世的娘、日二纽字都读泥纽。依据王力先生的研究成果,日纽虽然不能完全归入泥母,但上古舌面音日母和舌头音泥母发音极为相近

序号	条目/页码	被析字及古音	训解术语	声韵关系	按语
717	见之智也吉之使智也 P598	智，支端平 知，同	"某与某同"		见45条
718	宇南北在日有在莫也 P598	有， 又，	"某读为某"		
719	犀也物而以明之也 P600	也，鱼喻上 他，歌透平	"某与某同""墨子书通以某为某"	喻、透舌面舌头同类相通，鱼、歌通转	
720	折金 P602	晢，月透入 折，月章入	"某与某声近而义同"	透、章舌头舌面同类相通	黄侃提出：照系二等归精系，照系三等归知系
721	一南一北一西一东 P603	云，文匣平 西，脂心平	"某与某为韵"	脂文旁对转合韵	从合韵情况可看出韵部之间的相通关系
722	谦 P603	智，支端平 知，同			见77条
723	能欣者欣 P603	欣，文（谆）晓平 睎，微（脂）晓平	"某当读为某"	微、文阴阳对转	王氏认为：谆部之字多与脂部相通。81条谆、脂通押，如果声母音同或音近，则脂部字古读若谆。王力韵部系统脂部分为脂部、物三部，这只是分韵宽严的问题，与谆部的相通关系仍是看法一致的：的、微、脂，文物阴阳对转、微、文阴阳对转、脂、微、脂文旁人对转

续表

序号	条目/页码	被析字及古音	训解术语	声韵关系	按语
724	荆 P603	耕，耕见平 荆，耕见平	"某某声相近，则某字盖某字之误而衍者"		声近而误衍字
725	脱文二 P604	服，职並入 福，职帮入	"某某为韵"		
726	商盍 P604	盍，见64条 盍	"某字古与某通"		因与讹字（盍为奄的讹字）相通而又讹
727	成 P605	成，耕禅平 诚	"古或以某为某，不烦改字"		
728	脱文十一 P606	精，鱼心上 所，鱼生上	"精先吕反今江东音所"	心、生齿头正齿同类相通，为准旁纽	方言
729	缝衣 P606	缝缝逢逢	字某而义同	同音假借	缝缝简化异体，三字均是逢的借字
730	戾虔 P607	戾，月来入 厉，同上	"某沉某也"		
731	吾 P607	吾，鱼疑平 禦，鱼疑上	"某读为某某之某"	声韵同调异	明假借

续表

序号	条目/页码	被析字及古音	训解术语	声韵关系	按语
732	非愿 无 可 焉 者 P608	顾，鱼见去 固，鱼见去 同上	"某与某通"	同音假借	明假借
733	纇讐 P608	费，物滂入 悖，物並入	"某读为某"	古无轻唇音 滂、並旁纽双声	明假借
734	盛 P608	盛，耕禅平 成，耕禅平	"某与某同" "古 字或以某为某"	同音假借	明假借
735	执 P609	哑，职见上 职，职见入	"读某某之某"	声母有别	声母别义
736	涿弋 P611	椓，屋端入 涿，屋端入 同上	"某字本作某"	同音假借	明假借
737	脱文一 P611	弧，鱼匣平 奚，支匣平	"一声之转"	生母声调同，韵 部转通	声转同源
738	也 P612	也，鱼喻上 他，歌透平	"某古通作某，不 烦改字"	舌面音喻母发音近 舌头音，喻透为准 旁纽关系；鱼、歌 通转，即元音相 同，韵尾发音部位 不同	

续表

序号	条目/页码	被析字及古音	训解术语	声韵关系	按语
739	高磨 P613	磨，锡末入 櫯，支心平	"某某叠韵字"		叠韵连绵词。王念孙承认锡是支部的入声，但考古派并未将入声从阴声韵中分离出来，所以支部字和锡部字为叠韵字
740	智知 P614	智，支端平 知，同	"智即知字也墨子书知字多作智"		归纳本书假借惯例
741	人壇 P615	單，元端平 襌，元端上 亶，元端上 壇，元定上	"凡字之从某者或从某"	單、亶两字音上古中古皆有分化，但要公声调有别，要公声母在端组，庄组舌头古面之间变化，发音差别不大	归纳发音相近的声符组成之字的假借惯例
742	而出出佻且比 P616	佻，宵透平 挑，同上	"某与某同"		
743	羊黔 P616	玲，侵 玲，侵 耕 城，耕禅平	"某与某为韵"	耕部相押	侵部不与耕部押韵

续表

序号	条目/页码	被析字及古音	训解术语	声韵关系	按语
744	磨鹿 P616	磨,锡来入 鹿,屋来入 庐,鱼来平	"某某犹某,语之转耳"	磨鹿与鹿庐为双声,鹿、磨、庐部旁转；磨、鹿锡屋部对转；庐鱼部。在王氏的古音系统中,则是支、侯、鱼旁转关系	在王氏的理论和实践中,声转和语转的实质相同,都可为声母相同,韵部相转的关系。有些学者认为声转是声母相同,韵部相转；语转则是韵部相同,声母相转。语转往往更注重说明同一词的方言发音的不同,这是继承了《方言》的传统
745	樵 P616	樵,宵从平 醮,宵精去	"某盖某之借字也"	精、从齿头音旁纽相通	明假借
746	脱文一 P617	直,职章入 置,职端入	"某与某同"	端母章母准双声	明假借
747	除火 P617	辟,锡帮入 避,同上	"某与某同"	同音假借	辟,有的古音学家归侯部。幽侯分立是古音学上的大事,可见这两部发音本来就很相近,两部之字假借也就正常了
748	贾土 P617	者,鱼章上 诸,鱼章平	"某与某同"	声韵同	同100条,归纳本书假借例

续表

序号	条目/页码	被析字及古音	训解术语	声韵关系	按语
749	䏓督 P618	督,幽明去 鋚,侯明平	"某,某字假音"		督为踣之借字,仆与踣音义皆音近,并非假借。《释名·释姿容》"仆,踣也。"二字同源,都是向前扑倒的意思
750	請守 P620	请,耕清上 情,耕从平	"某某读为某"		归纳假借条例
751	軵部䟫如進數 P620	仆,屋(侯)滂入部,之並上踣,之並入	"某读为某""某某古字通"		此条例既说明借借之字,又解释借借之语境意义
752	䥥 P621	雍,东影平 饔,东影去	"某读若某"	假借	段注:䥥与聚音义皆别
753	父老小 P621	举,鱼见上 与,鱼喻上	"某读为某某某之某"	见母、喻母相通	同源通用
754	三䥥 P622	聚,侯 䥥,侯从上	"某与某通"		同源通用
755	常司上之 P622	之,之章平 志,之章去	"某读为某""墨子書或以之爲志字"		见 46 条,归纳假借条例

续表

序号	条目/页码	被析字及古音	训解术语	声韵关系	按语
756	無 P622	无，鱼明平 巫，鱼明平 同上	"因声同而误"		声误
757	欲爲利 P623	利，质来入 吏，之来去	"某某俗读相乱"	之质通转	声误。之部和质部上古很少相混，但声误的发生并非由古籍产生之时，而是在流传过程中产生，可见在历史发展中，之部字和质部字在慢慢合流，相混，以致俗读相乱。 王力在纠正顾炎武《诗本音》的错误时，提出：顾氏认为又古音𪡎，实则又属之部，𪡎属质部，大不合（《清代古音学》12 页）
758	枚木 P625	内，物泥入 纳，缉泥入	"与某同"	物部、缉部通转	
759	少 P625	殆，之定上 怠，同	"某某古字通"	同音假借	
760	樗 P625	撙，耕 打，同	"某与某同"	同音假借	
761	憊 P625	愤，文並上 畐，文帮去	"某某某同"	帮母、並母旁转 相通	

267

续表

序号	条目/页码	被析字及古音	训解术语	声韵关系	按语
762	寇至随棄去 P626	棄,叶喻入 媒,叶定入	"某与某同"	喻母、定母准旁纽相通	曾运乾提出"喻三归匣、喻四归定"的理论。喻三和匣母合流,这是没有异议的。喻四只能说是和定母发音相近,但并未并为一母
763	步界 P627	部,之並上 步,之並上 犇,铎並入	"俗读某声相乱"	之部、铎部旁对转	有的古音学见归部为侯部。二字中古只有声调的不同。上古之部、铎部旁对转,而王氏铎部未从鱼部分出,之鱼旁转

《读书杂志》涉及古音条目分析表(之八《荀子杂志》)

序号	条目/页码	被析字及古音	训解术语	声韵关系	按语
764	绝江河 P630	海,之晓 上;里,之来上;河,歌匣平	押韵	之部为韵;之部与歌部相隔基远,不当为韵	辨别韵脚字
765	生 P630	生、耕 生 平;性,耕心平	读为	古声母精组和庄组发音相同或相近	黄侃和董同龢都论证过"庄组归精",但尚无定论

续表

序号	条目/页码	被析字及古音	训解术语	声韵关系	按语
766	蒙鸠 P630	蒙, 东 明 平; 甍, 月 明 入	一声之转; 音义近	东部和月部相转	属于异类相转
767	强自取柱 P631	柱, 侯 定 上; 祝, 觉 章 入	读为; 某与某通	侯部觉部对转; 章定准旁纽	"读为"是古人注音的惯例, 有时表示通假现象
768	积善成德而神明自得圣心备焉 P631	备, 职 並 人; 德, 职 端 人	押韵	职部同韵部相压	依韵例驳前人校勘之误
769	衢道 P632	岐, 支 群 平; 衢, 鱼 群 平	一声之转	支部渔部旁转	声近义通, 揭示同源关系
770	掔之经 P633	经, 耕 见 平; 径, 耕 见 去	读为	声韵部同	通假
771	顿之 P634	顿拕, 文端去	古無拕字借顿爲之	同音假借	顿, 引也, 为拕之借字, 为无字之假借, 拕为后起本字
772	不道 P634	飨, 文 心 平; 元清平	分韵	文部元部旁转; 清心旁纽	王氏以中古音论之分韵, 其实可通用
773	匪交匪舒 P634	匪, 微 帮 上; 彼, 歌 帮 上	假借	微部歌部旁转	古注者有时不辨假借, 以借字改本字

续表

序号	条目/页码	被析字及古音	训解术语	声韵关系	按语
774	天见其明地见其光 P635	光,阳见平;广,阳见上	古通用	声韵部同	明假借
775	扁善之度 P635	扁,真帮平;徧,真帮去	读为	声韵部同	明假借
776	浩通 P636	达,月定入;僈,元明去	押韵	月部元部对转	依韵例辨误字
777	以不善先人者谓之谄 P636	导,幽定去;谈透上;禫,侵定上	之言;声之转;声转而字异	侵部谈部旁转;透母定母旁纽	侵谈旁转,但是谈幽较远,声转义通有待商榷
778	耗(俗作耗)P636	眊耗,明母宵部	古同声而通用	声韵部同	通假
779	知虑渐深则一之以易良 P637	渐,谈从上;潜,侵从平	读为	侵谈旁转	明假借
780	卑湿 P637	燥,湿,书母缉部	古字通	声韵部同	通假
781	爱人 P637	人,仁,真日平	古字通	声韵部同	两字平列例与明假借并用

续表

序号	条目/页码	被析字及古音	训解术语	声韵关系	按语
782	横行 P638	横，阳匣平；广，阳见上	读为	见匣旁纽	明假借
783	或不爲爾 P638	耳，之日上；尔，支日上	古字通	之支旁转	明假借
784	篤志而體 P639	履，脂来上；体，脂透上	古字通	透来旁纽	明假借
785	渠渠然 P639	渠，瞿，鱼群平	犹	声韵部同	明假借（辨前人虽明假借，但找错了本字）
786	君子安燕而血氣不惰勞勤而容貌不枯 P639	枯，鱼溪平；楛，鱼溪上	读为	声韵部同	明假借
787	容 P641	容，东喻平；裕，屋喻入	之言	东屋对转	王氏未将屋部从侯部中独立出来，所以说"古者東侯二部共人而互轉"
788	義 P641	义，议，歌疑平	读为	声韵部同	明假借
789	不以悖君 P643	悖，物並入；勃，物並入	读若；字异而义同	声韵部同	明假借

续表

序号	条目/页码	被析字及古音	训解术语	声韵关系	按语
790	竭 P643	竭、揭,月群入	古字通	声韵部同	明假借
791	稿泄者人之殃也 P644	世,月书入;大,月定入 泄,月心入;泰,月透入	通用;异文	书定准旁纽;心透邻组	明假借;求异文
792	小涂则殆 P644	怠、待,之定上	读为	声韵部同	明假借
793	不说 P644	说、悦,月书入;月喻入	读为	喻书旁纽	明假借
794	無志 P645	志,之章去;识,职书入	读为	之职对转;章书旁纽	明假借
795	駒錄敦比其事业 敦比於小事 P646	比,脂帮上;庀,脂滂上	读为	帮滂旁纽	明假借
796	陶诞 P646	陶,幽定平;謟,幽透平	读为	透定旁纽	明假借
797	君子安雅 P647	雅,鱼疑上;夏,鱼匣上	古者二字互通	疑匣旁纽	明假借

续表

序号	条目/页码	被析字及古音	训解术语	声韵关系	按语
798	习俗 P647	习, 缉 邪 入; 俗, 屋邪入	双声字	声同	即王氏所说的"连语", 二字上下平列, 不可分训
799	瘇之偎之 积靡 使然也 P648	偎, 元 晓 平; 还, 元匣平	声近而义同	晓匣旁纽	明假借
800	岂非 P648	儿, 微 见 上; 岂, 微溪上	本作; 读为	见溪旁纽	后人不识古字, 以本字改借字
801	为溝塍中脊 P649	脊, 锡 精 入; 脊, 支锡去	读为	支锡对转; 精从旁纽	明假借
802	其功盛姚远矣 P649	盛, 耕 禅 平; 成, 耕禅平	古同声而通用	声韵调同	明假借。盛古音只有一读, 平声清韵去声劲韵两读, 从中古就有平声清韵去声劲韵两读, 且又有不同
803	越劲 P651	娀, 越, 月 匣 入	本作; 古字通	声韵调同	明假借
804	故曰息 P652	灭, 月 明 入; 绝, 月从入	为韵; 失韵	韵同	以失韵判断化字
805	守法数之有司极 礼而饵 P652	缨, 支 透 上; 弛, 歌书去	之言	歌支相转; 书透准旁纽	声训, 音近义通
806	故君子之度已则 以绳接人则用 枻 P653	继, 月 心 入; 枻, 月喻入	某与某同	心喻邻纽	辨误字; 明假借

续表

序号	条目/页码	被析字及古音	训解术语	声韵关系	按语
807	居錯 P655	居，鱼见平；举，鱼见上	读为；古字通	声韵同	明假借
808	致質 P655	致，质端入；质，质章入	读为	端章准双声	中古质有去声至韵、入声质韵两声，意义也有分化，作读信讲时和致均属质部的。但古音普均属质部，可同声通用
809	慢差等 P656	慢，曼，元明去	读为	声韵同	明假借
810	及劋蔡之 P656	劋，文邪平；鉛，元喻平	古声相近，故字亦相通	元文旁转；邪喻邻纽	同源、假借
811	類 P656	类，律，物未入	之言	声韵调同	辨同源关系
812	財萬物 P657	裁，财，之从平	某与某同	声韵调同	明假借
813	好 P658	好，幽晓上	当读上声不当读去声	声调不同	四声别义
814	離縱而跂訾 P658	跂，支溪去；訾，支精平	叠韵字	韵部同	叠韵连绵词，又存平声

续表

序号	条目/页码	被析字及古音	训解术语	声韵关系	按语
815	委然 P660	绥（微心平）：绥；委（微影上）：妥（歌透上）	读如；从某从某之字古多想通	微歌旁转；影透相通；心日邻纽	明假借，归纳假借条例
816	嗛 P660	嗛，谈溪上；谦，谈清平	某与某同	溪清相通	明假借
817	慎比 P660	慎（真禅去）：顺（文船平）	某某古多通用	船禅旁纽；真文旁转	明假借，归纳假借条例
818	信而不忘慊谦 P660	谦（谈清平）：嫌（谈匣平）	读为	匣清相通	明假借
819	厭然猶一 P662	厭，懕，谙，影去	本作，或作，又作	声韵调同	同源通用
820	窈闾漏屋 P662	漏，陋，侯来去	读为	声韵调同	明假借
821	豫贾 P663	豫（鱼喻去）：抒（幽喻平）；偖（鱼书平）：书（鱼定平）	一声之转；古声相近	鱼幽旁转；书定准旁纽	同源通用

续表

序号	条目／页码	被析字及古音	训解术语	声韵关系	按语
822	若夫谪德而定次量能而授官 P664	谪（质 见 入）：决（月 见 入）	古字通	质月旁转	明假借
823	敦慕焉 P665	莫、慕，鱼明去	声近义通	声韵调同	同源
824	杆杆 P665	干，鱼匣平；迁，鱼影平	读为	影匣邻纽	明假借
825	遵道 P666	遵，文精平；循，文邪平逡，文清平，文邪平巡，文邪平	字异而义同	精清邪纽	辨正字误
826	比周而誉俞少 P666	誉、与，鱼喻平	古字通；读为	声韵调同	明假借
827	脩脩兮 P667	脩（幽 心 平）：条（幽定平）	读为	心定邻纽	明假借
828	汜 P668	汜，该 游去；汎，侵游去	以音成义	侵谈旁转	同源关系
829	至共头而山山隧 P668	队（物定入）：坠（物定入）	读为	声韵调同	明假借

续表

序号	条目/页码	被析字及古音	训解术语	声韵关系	按语
830	其衣冠行僞已同於世俗矣 P668	为,歌匣平;伪,歌疑上	读为	匣疑旁纽	以音辨义
831	随其長子事其便辟其上客其 P669	举(鱼见上):与(鱼喻上)	读为	见喻相通	明假借
832	唵然 P669	弇奄唵,谈影上	并通	声韵调同	明假借
833	一朝而伯 P669	伯(铎帮入):白(铎並入)	读为	帮並旁纽	明假借,辨正本字
834	人論 P670	伦伦,文来平	读为	声韵调同	明假借
835	汙漫 P670	污汗,鱼影平;漫,明平;洝,微明平 元明平	某与某同	微元旁对转	解释同义复语
836	小事殆乎遂易遂人 陵 P672	遂,物邪入;墜,物定入	读为	邪定邻纽	明假借
837	偏 P672	偏(真滂平):徧(真帮去)	读为	帮滂旁纽	明假借
838	下漏 P672	漏(侯来去):渎(屋来入)	之言	侯屋对转	同源关系

续表

序号	条目/页码	被析字及古音	训解术语	声韵关系	按语
839	懷交接 P673	壞懷，微匣平	古字通	声韵调同	明假借，辨句读
840	飾勱 P674	飾（职书入）：飭（职透入）	读为	书透准旁纽	明假借
841	互羲 P674	互羲，歌疑平	读为	声韵调同	明假借
842	王者之等賦政事財萬物所以養萬民也 P674	政、正、耕章去；征，耕章平	读为	声韵调同	明假借
843	相地而衰政 P675	政、耕章去；征，耕章平	读为	声韵同	明假借
844	乘白 P675	白（铎并入）：伯（铎帮入）	读为	帮並旁纽	明假借，与833条互为假借
845	審詩商 P676	商（阳书平）：章（阳章平）	读为，古字通	章书旁纽	明假借
846	百素 P676	素（鱼生平）：疏（鱼心入）	古字通	鱼铎对转；生心准双声	先辨字误，再明假借

续表

序号	条目/页码	被析字及古音	训解术语	声韵关系	按语
847	閒樹藝 P676	閒，元见平；閑，元匣平	某与某同	见匣旁纽	明假借
848	制與在此以平人 P677	与，鱼喻上；举，鱼见上	读为	见喻相通	明假借
849	無安而有用爲人數也 P677	为（歌匣平）：于（鱼匣平）	读曰	鱼歌通转	明假借
850	生也 P677	生，耕生平；性，耕心平	读为	生心准双声	明假借
851	出死斷达而偷 P678	偷（侯喻平）：偷（侯透平）	读为	喻透准旁纽	先辨脱字，再明假借
852	忠信調和均辨之至也 P679	辨（元並上）：平（耕並平）	读为，古字通	耕元相转	明假借
853	巧繁 P682	繁（元並平）：敏（之明上）	声相近，字亦相通	之元相转；并明旁纽	之元二部相隔较远，能否相通，值得商榷
854	一日而曲列之 P684	辨（元並上）：别（月並入）	古字通	月元对转	明假借，辨讹字
855	不湿秩 P691	营（耕匣平）：还（元匣平）	古同声而通用	耕元相转	辨字误与明假借结合

续表

序号	条目/页码	被析字及古音	训解术语	声韵关系	按语
856	违其恶 P692	违（微匣平）：讳（微晓去）	读为	晓匣旁转	同源通用
857	辨其故 P693	辨（元並上）：变（元帮去）	读为	帮並旁纽	明假借
858	隐忌 P694	意（职影入）：隐（文影上）	声相近	职文通转	明假借；归纳韵转条例
859	负服矢 P697	负（之並上）：服（职並入）	古同声而通用	之职对转	明假借，辨衍字
860	洽邻敵 P697	洽（之定上）：殆（之定平）	读为	声韵同	明假借
861	敦恶 P699	敦（文端平）：谆（文章平）	声之转	端章准双声	声转同源
862	修上之法 P700	顺（文船平）：循（文邪平）	古同声而通用	船邪邻纽	辨误字，明假借
863	修道而不贰 P703	贰，之部；贰，脂部	非韵	之脂不相通	归纳非韵条例，王念孙后期对之脂的合韵情况有所修正

续表

序号	条目/页码	被析字及古音	训解术语	声韵关系	按语
864	形能 P704	能（之泥平）：耐（之泥去）：态（之透去）	读为	透泥旁纽	明假借
865	物畜而制之 P706	思栽，之部；制，月部	不为韵	之月不相通	归纳非韵条例
866	枯磔 P711	辜（鱼见平）：枯（鱼溪平）	之言	见溪旁纽	同源通用
867	人有是 P713	有（之匣上）：域（职匣入）	读为	之职对转	明假借
868	無啫 P715	荒（阳晓平）：幠（鱼晓平）	一声之转	鱼阳对转	声转义通
869	有鳳有皇 P718	朋（蒸並平）：心（侵心平）	押韵	古音蒸侵相近	归纳合韵条例
870	凡人之有鬼也必以其感忽之閒疑玄之時正之 P721	正（耕章平）：定（耕定去）	声之误	章定准旁纽	辨明字讹

主要参考文献

古代著作

[1] （汉）班固. 汉书 [M]. 北京：中华书局，1996.

[2] （汉）高诱. 吕氏春秋 [M]. 上海：上海书店，1986.

[3] （汉）高诱. 淮南子 [M]. 上海：上海书店，1986.

[4] （汉）刘向. 战国策 [M]. 上海：上海古籍出版社，1978.

[5] （汉）司马迁. 史记 [M]. 上海：上海书店，1988.

[6] （汉）荀悦，（晋）袁宏. 两汉纪 [M]. 北京：中华书局，2002.

[7] （唐）陆德明. 经典释文 [M]. 北京：中华书局，1983.

[8] （唐）颜师古. 汉书注 [M]. 北京：中华书局，1962.

[9] （元）马端临. 文献通考 [M]. 北京：中华书局，1986.

[10] （清）顾炎武. 音学五书 [M]. 北京：中华书局，1982.

[11] （清）钱大昕. 廿二史考异 [M]. 南京：凤凰出版社，2008.

[12] （清）钱大昕. 十驾斋养新录 [M]. 上海：上海书店，1983.

[13] （清）戴震. 戴震集 [M]. 上海：上海古籍出版社，1980.

[14] （清）段玉裁. 说文解字注 [M]. 上海：上海古籍出版社，2003.

[15] （清）王念孙. 广雅疏证 [M]. 北京：中华书局，1983.

[16] （清）王念孙. 读书杂志 [M]. 南京：江苏古籍出版社，2000.

[17] （清）王引之. 经义述闻 [M]. 南京：江苏古籍出版社，2000.

[18] （清）王引之. 经传释词 [M]. 南京：江苏古籍出版社，2000.

[19] （清）阮元. 十三经注疏 [M]. 上海：上海古籍出版社，1997.

[20] （清）朱骏声. 说文通训定声 [M]. 北京：中华书局，1984.

［21］（清）王先谦. 荀子集解［M］. 上海：上海书店，1986.

［22］（清）孙治让. 札逐［M］. 北京：中华书局，1989.

［23］（清）俞樾. 古书疑义举例五种［M］. 北京：中华书局，2005.

［24］（清）戴望. 管子校正［M］. 上海：上海书店，1986.

近现代著作（以姓氏音序为序）

［1］白兆麟. 新著训诂学引论［M］. 上海：上海辞书出版社，2005.

［2］蔡文锦，董广智. 国学大师王念孙王引之评传［M］. 北京：中国文史出版社，2008.

［3］陈垣. 校勘学释例［M］. 北京：中华书局，2004.

［4］陈一平. 淮南子校注译［M］. 广州：广东人民出版社，1994.

［5］陈祖武. 清儒学术拾零［M］. 长沙：湖南人民出版社，2002.

［6］程千帆，徐有富. 校雠广义［M］. 济南：齐鲁书社，1998.

［7］丁声树. 古今字音对照手册［M］. 北京：中华书局，1981.

［8］管锡华. 汉语古籍校勘学［M］. 成都：巴蜀书社，2003.

［9］郭锡良. 汉字古音手册［M］. 北京：北京大学出版社，1986.

［10］郭在贻. 训诂学［M］. 北京：中华书局，2005.

［11］何九盈. 中国古代语言学史［M］. 广州：广东教育出版社，2000.

［12］何九盈. 古汉语音韵学概要：修订本［M］. 北京：中华书局，2010.

［13］胡继明. 广雅疏证同源词研究［M］. 成都：巴蜀书社，2003.

［14］黄侃. 黄侃论学杂著［M］. 上海：上海古籍出版社，1980.

［15］黄侃. 文字声韵训诂笔记［M］. 上海：上海古籍出版社，1983.

［16］黄汝成. 日知录集释［M］. 长沙：岳麓书社，1994.

［17］蒋绍愚. 古汉语词汇纲要［M］. 北京：北京大学出版社，1989.

［18］梁启超. 清代学术概论［M］. 上海：上海古籍出版社，1998.

［19］梁启超. 中国近三百年学术史：新校本［M］. 北京：商务印书馆，2011.

［20］李方桂. 上古音研究［M］. 北京：商务印书馆，2003.

［21］李开. 汉语古音学研究［M］. 上海：上海人民出版社，2008.

［22］刘明永. 国学纲要［M］. 上海：商务印书馆，1947.

[23] 陆志韦. 陆志韦语言学著作集（一）[M]. 北京：中华书局，1985.

[24] 陆宗达. 训诂简论 [M]. 北京：北京出版社，2002.

[25] 陆宗达，王宁. 训诂与训诂学 [M]. 太原：山西教育出版社，1994.

[26] 陆宗达，王宁. 训诂方法论 [M]. 北京：中国社会科学出版社，2005.

[27] 罗振玉. 高邮王氏遗书 [M]. 南京：江苏古籍出版社，2000.

[28] 罗竹风. 汉语大词典 [M]. 上海：汉语大词典出版社，1994.

[29] 漆永祥. 乾嘉考据学研究 [M]. 北京：中国社会科学出版社，1998.

[30] 裘锡圭. 文字学概要 [M]. 北京：商务印书馆，1988.

[31] 单殿元. 王念孙、王引之著作论析 [M]. 北京：社会科学文献出版社，2009.

[32] 宋子然. 中国古书校读法 [M]. 成都：巴蜀书社，2003.

[33] 孙雍长. 训诂原理 [M]. 北京：语文出版社，1997.

[34] 唐作藩. 上古音手册 [M]. 南京：江苏人民出版社，1982.

[35] 唐作藩. 音韵学教程 [M]. 北京：北京大学出版社，1997.

[36] 王国维. 观堂集林 [M]. 北京：中华书局，1984.

[37] 王力. 龙虫并雕斋文集 [M]. 北京：中华书局，1980.

[38] 王力. 同源字典 [M]. 北京：商务印书馆，1982.

[39] 王力. 汉语史稿 [M]. 北京：中华书局，2001.

[40] 王力. 中国语言学史 [M]. 上海：复旦大学出版社，2006.

[41] 王力. 汉语语音史 [M]. 北京：商务印书馆，2008.

[42] 万献初. 音韵学要略 [M]. 武汉：武汉大学出版社，2008.

[43] 吴泽顺. 汉语音转研究 [M]. 长沙：岳麓书社，2006.

[44] 徐兴海.《广雅疏证》研究 [M]. 南京：江苏古籍出版社，2001.

[45] 徐朝华.《尔雅》今注 [M]. 天津：南开大学出版社，1987.

[46] 徐中舒. 汉语大字典 [M]. 武汉：湖北辞书出版社，成都：四川辞书出版社，1995.

[47] 薛正兴. 王念孙、王引之评传 [M]. 南京：南京大学出版社，2008.

[48] 杨树达. 积微居小学金石论丛 [M]. 北京：中华书局，1983.

[49] 杨树达. 汉书窥管 [M]. 上海：上海古籍出版社，1984.

［50］张金霞. 颜师古语言学研究［M］. 济南：齐鲁书社，2006.

［51］张民权. 清代前期古音学研究（上、下）［M］. 北京：北京广播学院出版社，2002.

［52］张舜徽. 清代扬州学记［M］. 扬州：广陵书社，2004.

［53］张舜徽. 张舜徽集·清儒学记［M］. 武汉：华中师范大学出版社，2005.

［54］章太炎. 国故论衡［M］. 上海：上海古籍出版社，2003.

［55］赵尔巽. 清史稿·儒林传［M］. 北京：中华书局，1977.

［56］郑权中. 通借字萃编［M］. 天津：天津古籍出版社，2008.

［57］周大璞. 训诂学初稿［M］. 武汉：武汉大学出版社，1987.

［58］周祖谟. 周祖谟学术论著自选集［M］. 北京：北京师范学院出版社，1993.

［59］宗福邦. 故训汇纂［M］. 上海：商务印书馆，2003.

［60］邹晓丽. 传统音韵学实用教程［M］. 上海：上海辞书出版社，2002.

期刊论文

［1］曹炜，曹培根. 试论《读书杂志》在语法学上的贡献［J］. 扬州师院学报，1993（3）.

［2］成采白. 从王念孙校《荀子》谈因声求义方法的具体应用［J］. 四川教育学院学报，1990（1）.

［3］程艳梅.《读书杂志》利用"类比手法"释词浅析［J］. 韶关学院学报：社科版，2009（4）.

［4］高倩. 浅析《读书杂志》的考释方法［J］. 安徽文学，2009（2）.

［5］管锡华. 读《读书杂志》札记［J］. 中国语文，1984（4）.

［6］管锡华.《读书杂志》指瑕录［J］. 中山大学研究生学刊，1984（4）.

［7］黑维强.《读书杂志》"意疑"析［J］. 陕西师范大学学报，1997（4）.

［8］李先华.《读书杂志》误校《汉书》一则［J］. 安徽师范大学学报，1998（3）.

［9］刘精盛.《读书杂志·汉书杂志》"庸身"条［J］. 现代语文，2006

(6).

　　[10] 刘精盛. 王念孙《读书杂志·逸周书》校雠补正 [J]. 古籍整理研究学刊, 2007 (3).

　　[11] 刘精盛, 陈卫南. 从修辞角度论王念孙《读书杂志》校勘得失 [J]. 讨论与争鸣, 2008 (2).

　　[12] 陆宗达. 王石臞先生《韵谱》《合韵谱》遗稿跋 [J]. 国学季刊, 1932 (3).

　　[13] 陆宗达. 王石臞先生《韵谱》《合韵谱》遗稿后记 [J]. 国学季刊, 1935 (5).

　　[14] 彭慧. 由《读书杂志》看王念孙"寻文究理"的校释方法 [J]. 古籍整理研究学刊, 2015 (1).

　　[15] 曲文军. 颜师古、王念孙误释"奔堤"辨正 [J]. 武汉教育学院学报, 2001 (2).

　　[16] 万玲华.《读书杂志》与古书校勘 [J]. 上海师范大学学报, 1999 (3).

　　[17] 王云路. 读王念孙《读书杂志》札记 [J]. 中国语文, 1986 (1).

　　[18] 王云路. 王念孙"乘"字说浅论 [J]. 杭州大学学报, 1988 (1).

　　[19] 王云路.《读书杂志》志疑 [J]. 古汉语研究, 1988 (1).

　　[20] 王云路.《读书杂志》失误举例与分析 [J]. 文史新探, 1988 (3).

　　[21] 王云路. 试论《读书杂志》的校释特色 [J]. 古文献研究, 1989 (6).

　　[22] 王云路.《读书杂志》方法论浅述 [J]. 杭州大学学报, 1990 (2).

　　[23] 王小莘. 王氏父子"因声求义"述评 [J]. 华南师范大学学报: 社科版, 1988 (4).

　　[24] 温美姬. 王念孙训释《荀子》的方法及其特点 [J]. 江西社会科学, 2005 (4).

　　[25] 吴蕴慧.《读书杂志·汉书杂志》训诂二则 [J]. 苏州职业大学学报, 2005 (1).

　　[26] 萧德铣.《读书杂志》与训诂学习 [J]. 怀化师专学报: 哲社版, 1987 (1).

[27] 虞万里. 王念孙《读书杂志》整理本序 [J]. 史林, 2014 (1).

[28] 张家英. 读《读书杂志·史记杂志》札记 [J]. 绥化师专学报, 1997 (2).

[29] 张维. 王念孙和《读书杂志》[J]. 阅读与写作, 1998 (12).

[30] 赵永磊. 王念孙"古韵二十二部"形成源流考 [J]. 中国学术年刊, 2016 (36)

[31] 徐宏勤. 论高邮王氏《墨子》校理 [J]. 古籍整理研究学刊, 2019 (2).

[32] 孙强, 雷瑭洵. 汉语古音学的当代论争及未来走向 [J]. 社会科学战线, 2019 (7).

[33] 赵晓庆. 王念孙《合韵谱》《古韵谱》比较研究 [J]. 汉语史学报, 2019 年辑刊.

[34] 刘艳梅. 章炳麟古音学中的古声组研究 [J]. 汉语史与汉藏语研究, 2020 年辑刊.

后　记

　　本书在博士学位论文基础上写成，学位论文在本师罗积勇先生悉心指导下完成。本书准备出版之时，怀着忐忑的心情请罗积勇教授赐序，没想到老师欣然同意了，令我不胜感激。

　　博士毕业后，从樱花烂漫的珞珈山来到了红枫璀璨的文华学院任教，一晃八年过去了，这所美丽而又有理念的学校让我有了事业和精神上的归属感。这些年里，文华学院人文学部及中文系的各位同仁给了我诸多帮助，特别是申凡教授、谭邦和教授、舒咏平教授等德高望重的先生对我的学术研究方向和研究方法给予了精心的指导，令我铭感于心。2016 年，我以博士学位论文为基础文本申报了湖北省社科基金资助项目，有幸获批，为本书的出版奠定了基础。本著作原计划在 2018 年出版，但遗憾的是，由于种种原因，竟然拖延至今。

　　时常忆及在武汉大学古籍所接受古典文献整理与研究训练的种种，在攻读硕士到攻读博士的那段时光，是我人生当中接受学术训练最严谨的几年，本师罗积勇教授，授业师骆瑞鹤教授、万献初教授、于亭教授、邓福禄教授等先生渊博的学识和学术大家的品行对我的影响是深远的，本书的前期成果也受到了他们的细心指导，这才有了出版这本书的信心。本书所用的文献材料驳杂，阅读难度大，需要大量地查考、统计和修改，在撰写过程中，沉重的心理压力和苦闷心态，让我几次想过放弃，所幸从事古典文献语言学研究必须具备的务实的学术精神，我还没有完全丢失，总算坚持了下来。

　　本书的完稿受到了很多朋友的帮助和支持，在此，谨对他们致以诚挚的敬意和谢意！

　　深深地感谢我的家人！我的先生向来支持我的任何工作，在我写作过程